全国革命老区县发展史丛书——河南新乡卷

长垣市革命老区发展史

长垣市老区建设促进会 编著

中国文史出版社

图书在版编目（ＣＩＰ）数据

长垣市革命老区发展史/ 长垣市老区建设促进会编著.-- 北京：中国文史出版社，2022.6

ISBN 978-7-5205-3604-2

Ⅰ．①长… Ⅱ．①长… Ⅲ．①长垣—地方史Ⅳ.①K296.14

中国版本图书馆CIP数据核字(2022)第137049号

责任编辑：窦忠如
封面设计：孙广峰

出版发行：中国文史出版社
社　　　址：北京市海淀区西八里庄路69号院
邮　　　编：100412
电　　　话：010-81136606　81136602　81136603(发行部)
传　　　真：010-81136655
印　　　装：廊坊市海涛印刷有限公司
经　　　销：全国新华书店
开　　　本：710*1010　　1/16
印　　　张：15.5
字　　　数：218千字
版　　　次：2022年8月北京第1版
印　　　次：2023年2月第2次印刷
定　　　价：58.00元

编审委员会

总　序

在举国欢庆新中国成立70周年前夕，中国老区建设促进会王健会长请我为《全国革命老区发展史》丛书作序，作为一名在老区战斗过并得到老区人民生死相助的老兵，回首往事，心潮澎湃，感概万千，深感义不容辞，欣然应允。

中国革命老区，是以毛泽东为代表的中国共产党人在领导人民推翻帝国主义、封建主义和官僚资本主义三座大山，争取民族独立和人民解放伟大斗争中建立的革命根据地。在这片红色的土地上，诞生了无数可歌可泣的革命英雄儿女，为后人树起了一座不朽的丰碑，她是新中国的摇篮，是党和军队的根。

在艰苦卓绝的战争年代，老区人民把自己的命运与中华民族的命运紧紧地联系在一起，与中国共产党和人民军队的命运紧紧地联系在一起，他们生死相依，患难与共。我曾亲历过战争年代，并得到过老区红哥红嫂的救助，切身感受到发生在身边的一幕幕撼天动地的革命故事，在那极其艰难的条件下，老区人民倾其所有、破家支前，不怕艰难困苦，不怕流血牺性。"最后一碗米送去做军粮，最后一尺布送去做军装，最后一件老棉盖在担架上，最后一个亲骨肉送去上战场"，这是当时伟大的老区人民为建立新中国做出巨大牺牲的真实写照，它将永远镌刻在中国共产党、中国人民解放军、中华人民共和国的历史丰碑上。他们的光辉伟绩永载史册，他们的革命精神必将影响一代又一代的革命新人，造就一代又一代的民族脊梁。

在社会主义革命和建设时期，革命老区和老区人民响应党的号召，面对落后的面貌、脆弱的经济、恶劣的生态环境，他们本色不变，精神不丢，自力更生，艰苦奋斗，干一行爱一行。他们始终坚持"革命理想高于天"，自觉做共产主义远大理想的坚定信仰者和忠实实践者，勇于和恶劣的自然环境与贫穷落后宣战。他们在各条战线上为国建功立业，用平凡的双手创造了一个又一个不平凡的奇迹，彰显了老区人的崇高精神和人格力量。

在改革开放的伟大进程中，老区人民解放思想，勇于创新，发愤图强，攻坚克难，老区的经济社会建设取得了辉煌成就。特别是在改变中国的面貌、中华民族的面貌、中国人民的面貌、中国共产党的面貌的伟大实践中发挥了至关重要的作用。老区人民既是改革开放的参与者，也是改革开放的推动者。

艰苦练意志，危难见精神。老区人民在近百年的革命战争、社会主义建设和改革开放的伟大实践中，孕育形成了伟大的老区精神：爱党信党、坚定不移的理想信念；舍生忘死、无私奉献的博大胸怀；不屈不挠、敢于胜利的英雄气概；自强不息、艰苦奋斗的顽强斗志；求真务实、开拓创新的科学态度；鱼水情深、生死相依的光荣传统。这是党和人民宝贵的精神财富、丰厚的政治资源，是凝心聚力、振奋民族精神的重要法宝，也是社会主义核心价值观的重要内容。

中国老区建设促进会怀着强烈的政治责任感和历史使命感，组织全国各地老促会人员克服困难，尽心竭力编纂《全国革命老区县发展史》丛书，记录老区的光辉历史和辉煌成就，传承红色基因，弘扬老区精神，是功在当代，利及千秋的一件大事。手捧这部丛书的部分书稿，读着书中的故事，倍感亲切，深感这部丛书具有资政、育人、存史的社会功能，有着重要的时代和历史价值。它是不忘初心、牢记使命的源头活水，是赞颂共产党、讴歌老区人民的一部精品力作，是弘扬革命文化、发展社会主义先进文化，坚定"四个自信"的宏大文化工程。它必将成为一种文化品牌，为各界人士了解老区、宣传老区、支持老区提供一部有价值的研究史料。

希望读者朋友们能从中了解并牢记这些为党和民族的利益不断奉献的

老区人民，从中得到教益，汲取人生奋斗的精神动力。

新时代赋予新使命，新起点开启新征程。让我们更加紧密地团结在以习近平同志为核心的党中央周围，坚持以马克思列宁主义、毛泽东思想、邓小平理论、"三个代表"重要思想、科学发展观和习近平新时代中国特色社会主义思想为指导，增强"四个意识"，坚定"四个自信"，做到"两个维护"，弘扬老区精神，铭记苦难辉煌。为实现"两个一百年"奋斗目标，实现中华民族伟大复兴的中国梦作出新的更大的贡献！

前　言

　　长垣市是著名的革命老区，是建党较早的县份之一。早在20世纪20年代，长垣就有共产党影响下的革命活动，并于1932年成立了党组织，1940年成立了长垣抗日民主政府，1942年以后中国共产党在县东北部建立滨河县，这一带成为巩固的抗日革命根据地。1945年9月长垣解放后又被国民党军队占领，1947年12月长垣第二次解放，并成为巩固的解放区和人民解放战争的后方基地，直到中华人民共和国成立。

　　长垣是一块革命的热土，革命斗争历史曲折而丰富。在土地革命、抗日战争和解放战争中，长垣儿女积极参加人民军队，奔赴前线，英勇杀敌；有上千余名优秀儿女为革命捐躯，彪炳千秋，永载史册。这里有广大人民群众在党的领导下追求自身解放的翻身斗争史，如盐民斗争、抗租抗税斗争、民主民生斗争、土地改革等；这里有革命志士和共产党人追求光明、追求真理、前赴后继、不怕牺牲的地下斗争史，如郭仪庵、于绍孟等早期党员开展的革命活动，陈平、李广录等建立中共长垣县委；这里有爱国军民抗击外敌入侵的民族斗争史，如小渠对日阻击战、滨河政权的抗日活动等；这里有无产阶级推翻资产阶级反动统治的革命斗争史，如长滑战役、解放长垣城等。老一代无产阶级革命家刘伯承、邓小平、杨得志、杨勇等曾在长垣从事抗日活动和革命斗争。英勇不屈的长垣人民为中华民族的独立和新中国的成立做出了巨大牺牲和巨大贡献。仅1946年以前参加工作牺牲的烈士，有名有姓的就达320多人。解放战争时期，长垣人民更是积极参军参战，5000多名青壮年加入了解放军行列。这段难忘的革命历史，蕴含着许许多多动人心魄的革命斗争故事，是一笔弥足珍贵的精神财富，对于进行革命传统教育和爱国主义教育，加强社会主义精神文明建设具有不可估量的重要价值。

新中国成立70多年来，在历届党委和政府的正确领导下，老区人民自力更生，奋发图强，科学发展，改天换地，赢得了一个又一个的胜利和辉煌；特别是改革开放40多年来，革命老区村的社会面貌，经济发展更是一步一层楼、一年一重天，发生了翻天覆地的变化，不仅彻底解决了群众的温饱问题，而且农民生活得到了极大的改善。老区人民人均纯收入由新中国成立初期的不足百元，提高到2018年全体居民人均可支配收入22827元，成为全国文明城市、国家卫生县城、国家园林县城、全国"城市双修"县级试点城市、全国乡村治理体系建设试点示范县、全省乡村振兴示范县，承接国家级改革试点14项、省级改革试点25项，农村土地制度改革三项试点为全国提供了可复制、可推广的"长垣模板""长垣经验"。

当前，长垣同全国一样，改革开放事业进入中国特色社会主义新时代，乡村振兴事业如火如荼。市委、市政府实行全域规划、多规融合，坚持以更加长远的战略眼光审视和谋划革命老区发展，深度挖掘革命老区空间潜力，提升革命老区可持续发展能力。革命老区工作大有可为，长垣革命老区的明天一定会更加美好！

长垣市老区建设促进会

2022年6月

目　录

第一章 区域概况和革命老区概况

第一节 区域概况

长垣是河南省直管县市，地处豫鲁交界、黄河由东西走向转为东北走向的最后一道转弯处。长垣市域面积1051平方公里，耕地105.6万亩（1亩约等于666.67平方米），辖11个镇2个乡5个街道，1个省级高新技术开发区，596个建制村，19个社区，人口88万人。长垣市是全国文明城市、国家卫生县城、国家园林县城、全国"城市双修"县级试点城市、全国乡村治理体系建设试点示范县、全省乡村振兴示范县，承接国家级改革试点14项、省级改革试点25项，农村土地制度改革三项试点为全国提供了可复制、可推广的"长垣模板""长垣经验"。长垣交通便捷，荷宝高速公路、大广高速在此"十"字交会；G327、S308、S213穿境而过，直达新郑国际机场；新菏铁路、荷宝高速直达东出海口。2011年6月长垣被确定为河南省直管县体制改革试点，2014年1月正式确定为省直管。2019年9月长垣撤县设市。

长垣历史悠久，西周时属卫国。春秋时期，卫国于长垣之地同时置蒲邑（今长垣县城）、匡邑。著名的匡人围孔，就发生在此地。战国时期，卫之匡邑、蒲邑，被魏国兼并，在今城东北5公里的陈墙村一带，置首垣邑。此地在当时有一道长墙，或曰防垣。此防垣或用于防水，或用于防兵。公元前221年，秦并天下，设郡县，改首垣邑为长垣县。明属大名府开州。洪武二年因黄河水患，迁县治蒲城镇，即今县治所在地。清属直隶省大名府，民国十八年改隶属河北省，长垣属之。

长垣享有"中国起重机械名城""中国医疗耗材之都""中国防腐蚀

之都""中国厨师之乡"等美誉。全市民营企业达11693家，对全市经济增长贡献率达90%。20世纪80年代通过发展"劳务经济"赚得第一桶金，20世纪90年代通过发展"回归经济"奠定产业基础，21世纪后通过发展"特色经济"推动产业发展壮大、做专做精。用一根棉签捻出了一个卫材产业，一把锤子敲出了一个起重产业，一把刷子绘出了一个防腐产业，一把勺子炒香了一个厨师产业，创造了中部欠发达地区从无到有逐渐壮大的民营经济、实现发展逆袭的"长垣现象"。起重机整机生产及配套企业1100多家，100吨以下起重机国内市场占有率达65%；医疗器械生产经营企业2324家，其中生产企业94家，经营公司2230家，医用耗材、麻醉包等产品占全国市场份额的60%，新冠肺炎疫情期间克服万难、担当奉献，每天供国家调拨医用防护服上万套、医用口罩上百万只，多家企业受到国务院表彰感谢；注册建筑及防腐蚀施工企业605家，产值、利税、队伍数量等方面在全国占有份额均达65%以上；厨师从业者3万多人，其中中国烹饪大师104名，遍布全球46个国家和地区。拥有国家质量标杆企业6家，国家级绿色工厂2家，国家高新技术企业83家，省长质量奖企业 2家，院士工作站7家，高新技术产业增加值占工业增加值的比重达90%以上，科技进步贡献率达68%，专利授权量、驰名商标、著名商标数量均居河南省县市第一，树立了"南有长葛、北有长垣"的全省县域经济发展典范。

第二节　革命老区概况

长垣革命老区涉及11个乡镇（街道）、321个行政村，占全县行政村总数的53.4%，有耕地70余万亩，占全县总耕地面积的69.77%，主要分布在东部、北部的偏远地区和自然状况较差的滩区，经济基础薄弱，文化教育、医疗相对滞后，各项发展相对缓慢，过去相当一部分老区村属于省定贫困村。

长垣革命历史曲折而丰富。在土地革命、抗日战争和解放战争中，英勇不屈的长垣人民在党的领导下追求自身解放，英勇杀敌，前赴后继，为中华民族的独立和新中国的成立做出了巨大牺牲和巨大贡献。这里发生过盐民斗争、抗租抗税斗争、小渠对日阻击战、土地改革、长滑战役等事件，涌现出了陈曙辉、曹法孟、王化山、于绍孟、高绍亭等英烈人物。老一代无产阶级革命家刘伯承、邓小平、杨得志、杨勇等曾在长垣从事抗日活动和革命斗争。仅1946年以前参加工作牺牲的烈士，有名有姓的就达320多人。解放战争时期，长垣人民更是积极参军参战，5000多名青壮年加入了解放军行列。抗日战争时期，国民党、日伪、抗日民主政府并存。1941年，中共领导的冀、鲁、豫行署第四专署决定将长垣县河东部分北部划归东垣县抗日民主政府管辖；1943年，又决定将长垣西北部划归卫南县抗日民主政府管辖。同时，在长（垣）、滑、濮（阳）、东（明）四县边区成立滨河县抗日民主政府，1945年撤销，归长垣县人民政府，县政府在佘家、丁栾一带办公。1947年底解放长垣城。

强化组织领导，实施"以强促弱"战略。近年来，在国家扶持贫困地区、革命老区等政策强有力的推动下，长垣市委、市政府认真贯彻落实上级精神，相继实施了扶贫开发、革命老区脱贫计划、"三区"脱贫行动计划、"突破三区"行动计划、脱贫攻坚行动，长垣市革命老区农村经济社会有了长足发展，基础设施、产业建设、环境面貌、生活水平、人口素质都有了翻天覆地的变化。市委、市政府成立了长垣革命老区实施脱贫工程领导小组，定期听取老区乡镇（街道）的工作汇报，研究解决老区发展中的重大问题。四大班子每位领导确定联系一个老区乡镇（街道）和行政村，定期到联系点调查研究，千方百计帮助解决群众生产生活中的实际问题。出台并实施了扶贫开发、革命老区三年脱贫计划、"三区"脱贫行动计划、"突破三区"行动计划、脱贫攻坚行动等方案，有力地促进了老区经济社会的快速发展。

多方筹措资金，加强老区基础设施建设。近年来加大了基础设施建设力度，老区群众生产生活环境得到了明显改善。长垣通过争取项目资金、协调银行贷款、企业出资帮扶、群众自筹资金等多种手段，多方筹措资金，加大老区基础设施建设力度。如通过成立财政惠民担保公司，解决农民贷款难问题；设立农民合作社互助资金，解决农民筹资难问题等，极大地改善了老区群众生产生活环境。在路网建设方面，长垣市依托308省道和长石路东延线、阳泽路东延、沿黄连坝堤、串滩路和天然文岩渠右堤等道路，形成"三纵三横"、环乡闭合的公路网，贯通了绝大部分革命老区。截至2020年底，全市公路通车总里程达2106.413公里。其中，高速公路2条55.45公里、国省干线公路5条168.548公里、县道14条222.245公里、乡道63条648.072公里、村道1012.098公里。水网建设方面，依托黄河、天然文岩渠，以及贯孟堤、黄河沿岸周营控导工程、马寨提灌站、冯楼提灌站、郑寨提灌站和与之相通的13条支渠，新挖河渠38条长40多公里，灌溉面积7万余亩，配套建设相应管网、小型节制闸、桥涵。依托防汛除涝水系生态文明城项目，以"一心、三环、四轴、九湖"为设计框架，紧扣"河畅、水清、岸绿、景美"目标，对境内61条（长390公里）主要河道等进行全面规划设计，将通过清淤、扩挖和治理，改造调蓄湖，全面提高水资源存量，提升水资源调配能力和水平，缓解水资源供需矛盾。林网建设方面，长垣市大力开展国土绿化提速行动，共完成路、河渠绿化941.1公里、围城林27公里，林网总面积达9万余亩、栽植树木600余万株、投资达14亿余元，形成了林路相依、林水相依、绿网如织、纵横交错的林网，构建了功能完善的生态防护林体系。目前，全市革命老区321个行政村全部实现通公路、通公交车，安全饮用水、电视、电话入户率均达到了100%，全部建成了标准卫生室、党建广场、文化大院。

推进全民创业，促进农民快速增收。全市革命老区经济以民营经济为主体，现已形成起重机械、医疗器械、建筑、防腐、烹饪、绿色食品、苗木花卉七大特色产业，建设了起重机械、医疗器械、汽车装备等产业聚集区和园区。积极引导扶持老区群众大力发展高效农业生产，调整优化农业产业结构，农民收入水平显著提高。尤其是从2010年开始，长垣市把发展现代农业列为"五大产业"之一重点发展，有力地促进了老区农业产业结构的调整。高效农业的快速发展，促进了老区农民群众收入水平的提高。据统计，仅通过调整农业产业结构这一项，就使11945人摆脱了贫困，走上了富裕之路。依托长垣建筑、防腐、起重、卫材、烹饪等优势产业，在老区大力发展劳务经济，坚持以市场需求为导向，以"先培训、后输出"为原则，将"城乡统筹就业""阳光工程""雨露计划""巾帼科技星火工程""农村退伍军人培训计划""送科技下乡"等面向农村及农民的培训活动有机结合起来，建设了以长垣烹饪职业技术学院为主的省级培训基地，重点培训起重机械、防腐蚀、服装加工、建筑、烹饪、宾馆(酒店)服务等实用技能，并对老区贫困农民工技能培训实行政策倾斜，有效提高了老区劳动力的文化素质和技能水平。自2007年以来，每年开展各类技术培训上百期次，劳务输出行业成为我市支柱性产业之一。经过近年来的发展，特别是脱贫攻坚行动的实施，老区经济社会得到长足的发展。2018年，老区农民人均可支配收入19556元，较2010年底的4872元增加14684元。

第三节 革命老区乡镇（街道）简况

蒲北街道

长垣县蒲北街道于2006年2月成立，辖24个行政村，2.7万人，辖区面积40平方公里，其中耕地面积3.6万亩。1939年11月豫北地委在滑县、长垣、封丘交界建立了滑长封工委，领导滑县南部、长垣西部、封丘北部三县边的工作，到1940年改为卫南县委，它跟长垣县委是平行关系。这一时期蒲北街道部分村庄归属滑长封工委、卫南县委领导。

近年来，在县委、县政府的正确领导下，蒲北街道党工委、办事处深入学习贯彻新发展理念，统筹抓好促改革、提质量、惠民生、保稳定、防风险各项工作，着力推动经济发展、促进社会和谐，发展形势实现稳中向好、稳中有进。

不断强化引资引智。通过"筑巢引凤"、实施"回归工程"以及以商招商、定点招商、举办展会等方式不断加大招商引智工作力度，建成源宏包装、星期八小镇、星期八小镇室外游乐场、贝瑞特年产3500吨铝银浆、河南耐泰防火科技有限公司等重点项目。坚持以农村集体产权制度改革为切入点推进乡村振兴。各村成立了集体经济组织并已规范运行，完成了农村"三资"清产核资任务。以西梨园、高寨为试点深入推进农村宅基地改革工作，已取得明显成效。

抓好党的建设。圆满完成村级组织换届工作。坚持党的领导、严肃换届纪律、严格选举程序，按时完成了24个行政村党支部、村民委员会、监督委员会换届选举工作，选出了一批党员信任、群众拥护、党委满意、村级发展需要的"领头羊"，提升了班子整体素质，增强了基层党组织的凝聚力和战斗力。

筑牢组织阵地。投资1500万元新建村级组织活动场所1处、村级党群文体广场8处，配备了宣传栏、学习资料等，组织4次农村基层党建"逐村观摩、整乡推进"活动。

加强党员教育管理。严格落实意识形态工作责任制，坚持理论中心学习制度，开展了"万名党员进党校"活动，系统学习了党的十九大精神、习近平新时代中国特色社会主义思想、党和国家的方针政策以及相关法律法规，两级党员干部党性修养和工作能力明显增强。坚持全面从严治党。认真履行党工委主体责任、纪工委监督责任，深入开展"以案促改"专项活动，全面规范"小微权力"运行，加大违规违纪行为查处力度，形成反腐败斗争压倒性态势，树立政治清明、政府清廉、干部清正的良好形象。

丁栾镇

丁栾镇位于长垣县城北12公里处，东与方里镇为邻，东北是佘家镇，北与滑县毗邻，全镇总面积49平方公里。1949年中华人民共和国成立前，长垣的区域同现在也有很大的不同，现长垣北部一些地区属滑县辖区，丁栾北部大部分地区就归滑县管辖，丁栾至官桥一带属滑县八区。1945年滨河县建制撤销，成立长垣县委，县委曾在丁栾一带办公。

丁栾镇以"乡村振兴"为主线，紧扣高质量发展要求，着力抓班子带队伍、兴产业强基础、谋发展促跨越，实现全镇经济社会持续平稳健康发展和社会全面进步。紧紧围绕"项目需求、客商需求、发展需求"开展精准招商，通过"一线联通""微信丁栾"等搭建资金引进和科技研发平台。在项目引资的双带动下，抓住土地入市的政策机遇，实施112亩土地的入市，双创园一期投资4.8亿元，21万平方米的标准化厂房主体已全部完工。入驻企业20家，可提供就业岗位2000多个，实现年主营业收入8亿元以上。扎实开展乡村振兴工作。继续加大资金投入和项目方面的政策倾斜，拿出专项资金200万元注入扶贫车间、设立扶贫基金，建成华西公司、康民公司、冬枣科普示范园、软籽石榴园四个扶贫基地，协调36家坐地企业与帮扶村签订详细帮扶协议，革命老区村脱贫攻坚工作取得显著成效。坚持"镇村一体、协同发展"理念，持续完善基础设施、改善人居环境，城镇辐射能力显著提升。

牢固树立"抓党建就是抓经济"的理念，狠抓党员干部队伍建设和党的阵地建设，夯实组织基础。选优配强村两委班子，指导34个村按期完成"两委"换届工作，新发展党员23名，重新调整了34个村的脱贫责任组成员和3个软弱涣散村的第一书记。

樊相镇

樊相镇位于长垣县西北部，南接蒲北办事处，北邻滑县，省道213纵贯南北，大广高速、荷宝高速穿镇而过，区位优势明显，交通便利。全镇面积55.06平方公里，辖37个行政村，耕地5万余亩，人口5.1万人。1939年11月豫北地委在滑县、长垣、封丘交界建立了滑长封工委，领导滑县南部、长垣西部、封丘北部三县边的工作，到1940年改为卫南县委，它跟长垣县委是平行关系。这一时期蒲北街道部分村庄归属滑长封工委、卫南县委领导。樊相、范庄一带属卫南县五区。1945年长垣城解放后，县委、县政府对全县区划进行了一次大调整，将全县划为10个区。卫南县青岗、新店一带划归长垣县，为第七区公所，区委书记苏清云，区长尚幻甫。

近年来，樊相镇扎实开展乡村振兴工作。创新思路推进宅基地改革，在吴屯探索一户一宅超占无偿退出，按照标准在原址重新规划联排建设；在胡庄、秦庄探索一户多宅有偿退出。村集体经济实现了从无到有、从小到大。建成扶贫基地5个，依托镇劳务公司、龙头企业、农业合作社等实现转移就业。农村日常保洁全面实现市场化运作，实现保洁全覆盖；扎实推进污染防治攻坚战，小散乱企业、餐饮油烟行业、畜禽养殖场、秸秆禁烧等专项治理成效显著。紧抓示范村和达标村创建机遇，新修大张庄、邢张庄等村内道路；大力开展村庄绿化工作，新增林业种植面积5600余亩，完成了吴屯、樊南等8个村的围村林建设任务。

抓好党的建设。高标准完成37个村的"两委"换届工作，对36个远程教育基地进行规范提升，农村党员队伍管理及教育进一步规范化、常态化、制度化。

加强基层阵地建设。新建樊东等5个村级组织活动场所和白寨等14个党群文化广场，全镇新建村级组织活动场所达到35个，党群文化广场达到22个。

常村镇

常村镇地处长垣、封丘、滑县三县交界处，面积75.14平方公里，耕地6.5万亩，辖40个行政村。获得"国家卫生镇""省级先进文化站""武装工作先进单位""林长制工作先进单位""教育工作先进乡镇"等荣誉。1938年5月，应聘到城西后大郭村教学的地下党员许荫森，以教学职业为掩护开展党的活动，麦前发展徐翰臣、宋子澄、王永久加入党组织。麦后又发展苏清云、徐胜州、徐广志、徐广荣等入党。初秋，建立了长垣县城西第一个党支部——大郭村党支部。徐翰臣任支部书记，苏清云、王永久分别任组织、宣传委员。1940年卫南县委建立后，常村一带属五区。1945年长垣城解放后，县委、县政府决定对全县区划进行一次大调整，将全县划为10个区。第二区公所设常村，区长谢光明。

常村始终把抓党建放在核心位置，以党的建设高质量推动经济发展高质量。投资800万元，完成了15个标准化村室和14个党群文体广场建设，提高了基层组织服务能力。积极推行实施党员积分制管理。深化拓展县委"五星支部"创建，在全镇深入开展基层党建、精神文明建设、平安建设、脱贫攻坚、环境保护、改善人居环境6面红旗村创建活动。每周五固定开展"千名党员志愿者活动"，组织千名党员帮千名贫困户，讲政策、整卫生、帮生活，推动"主题党日"活动向纵深发展。完成第九届村"两委"换届工作，一肩挑比例超过50%。完成高村、石桥2个软弱涣散村转化提升工作，提高了党组织为群众排忧解难的能力。

常村大力推进城乡融合。坚持高起点规划、高水准建设，聘请郑州城乡设计院及河南大学完成全镇总体规划、镇区规划和40个行政村的村级规划编制工作。完善提升S308景观带、润景苑社区、匡亭广场等基础设施和公共服务设施。建成琛苑古玩商业街,拓宽改造润景街二期工程商业街2条,新建商铺90家,建成招牌治理示范街两条。镇区进入"双气时代",集中供暖300余户,新增燃气用户4090户。完善提升朱寨、小屯、宁庄等美丽乡村项目。与桑德公司签订环境卫生管理服务协议,配齐了保洁设施及保洁队伍,实现全域保洁。结合"常村镇主题党日",扎实开展"党员+志愿者+卫生整治"活动,农村人居环境品质渐次提升。巩固省级文明村镇创建成果,争创国家级文明村镇,完善提升文化站建设,对镇区小巷进行升级改造、美化,制作"图说我们的价值观""讲文明树新风""未成年人保护"公益广告墙体喷绘2860平方米,制作"星级文明家庭"挂牌254块,村广播每天播放文明城市应知应会知识内容,做到文明城市创建深入人心。

赵堤镇

赵堤镇位于两省(河南省、山东省)四市(新乡市、安阳市、濮阳市、菏泽市)交界处,区位优势明显。镇域面积45平方公里,辖30个行政村。临黄大堤公路纵贯全镇,荷宝高速横穿东西,镇内水域面积广阔,天然文岩渠穿镇而过。是河南省先进基层党组织、河南省园林城镇、河南省水美乡村、河南省生态镇、河南省卫生镇,河南省田园综合体试点镇、新乡市文明村镇,是长垣县文明单位标兵、长垣县副中心城区,有"豫北小江南"的美称。

赵堤属革命老区,这里有红色历史。小渠惨案在这里发生,新店会议在这里召开,小渠抗日阻击战在这里打响,长垣县第一个地下农村党支部在赵堤建立。1942年底在濮、滑、东、长四县边界建立了滨河县委,1943年1月建立滨河县民主政府,任务是向长垣全县发展,这一带也是滨河县开展工作的中心,反贪污、反恶霸运动开展很迅猛。1945年3月中旬，滨河县委在赵堤北部新店村召开民主整风会议，到这里巡视工作的中共冀鲁豫六地委主要领导人同志也参加了会议。1945年8月滨河县撤销，恢复长垣建制。县志记载，1946年之前参加工作，有名有姓的赵堤籍烈士74名，占全县烈士的四分之一。小渠惨案纪念广场被评为新乡市党史教育基地、新乡市青少年爱国主义教育基地。小渠惨案纪念碑被列为长垣第一批文物保护单位。

近年来，赵堤镇党委、政府以脱贫攻坚工作为统领，以项目建设为重点，以改善民生为根本，团结带领全镇干部群众，攻坚克难，开拓创新，不断加快"豫北水乡，静美赵堤"建设步伐，各项工作均取得了新进展和新成效。顺利完成村支"两委"换届工作，修订完善村干部绩效考核办法，实行村"两委"值班制，村级班子战斗力进一步加强。提升、新建党群文体广场20座，新建村室5座，基层组织阵地功能进一步加强。重点发展水产养殖，全镇观赏鱼、螃蟹、泥鳅、虾等特色水产养殖面积达到1800余亩。大力推广种植有机水稻、富硒水稻，水稻种植面积扩大到9800亩。重点实施了水产观光体验园建设项目、智慧循环农业沼气发电项目等，提高了农业综合效益，增加了农民收入，为乡村旅游业打下了坚实基础。

加大品牌创建，赵堤镇被认定为河南省特色生态旅游示范镇；大浪口成功创建国家3A级景区，被认定为河南省首批旅游示范村、体验型三星级乡村旅游经营单位；大浪口村、前小渠村认定为第五批河南省传统村落。"水墨赵堤""大浪口"等文旅品牌声名鹊起。

张三寨镇

张三寨镇位于县城北10公里。东与丁栾搭界，西与樊相接壤，南与满村相连，北与滑县高平为邻，东西长6公里，南北长10公里，区域面积

40平方公里，辖28个行政村，25个自然村，4.2万亩耕地，3.85万人。1935年春，中共河北省委派郭卫人（滑县葛村人）到滑县南部开展党的活动，组织灾民进行反饥饿斗争。在他的领导下，长垣官桥营、张卜寨、大岗（以上村庄当时属滑县）等地群众联合起来，建立了饥民会，同地主进行交涉，让其自动拿出粮食分给穷人，拒不交粮者，饥民会带领饥民手持大刀、长矛进行武装抢粮。不久，国民党滑县政府派武装镇压，许多党员、群众惨遭迫害。

近年来，张三寨镇积极推行党员积分管理和农村无职党员一编三定工作，顺利完成村"两委"换届选举，选优配强"两委"班子。建成陈安和、草坡、韩村、焦李官桥等村党群文体广场，建设新寨、横堤、张卜寨、大前等标准化村室。积极抓好软弱涣散村和后进村的整顿转化，尤其是韩村和西角城，健全了班子、完善了阵地、发展了集体产业。健全党委议事、"三重一大"、村干部坐班、代办员守岗、党务村务公开等管理制度，认真落实"四议两公开""三会一课"等基层组织制度，指导28个村制定了村级集体经济三年发展规划。

重点推进基础设施建设，完成了镇区及韩村、临河等14个村庄提升整治工程，实施了三干渠、小集沟水系综合整治项目。大力实施农村"厕所革命"，28个村公共厕所实现全覆盖，实施了张东、草坡等村的整村推进改厕项目，累计完成农户改厕5238户，配套铺设污水管网13600米。完成了镇区天然气主管网的铺设任务，加速实施国土绿化提速行动，全面推进农村土地制度改革，加大农村环境综合整治力度，农村保洁市场化、规范化运作机制进一步完善。通过加强日常排查、分类化解、重点防范管控等措施，发展环境持续优化，社会大局和谐稳定。教育、医疗、安全饮用水、就业培训、光伏发电、金融扶贫、"百企帮百村"等帮扶政策实现全覆盖，贫困群众满意度持续提高。积极做好污染源普查和污染天气应急管控工作，常态化开展环境治理、"散乱污"企业、餐饮油烟等专项治理活动，积极做好黑臭水体治理、饮用水水源地保护工作。创业园内接通了天然气管道、完善了污水管网，实施了工业路改造，启动了纬六路建设，服务功能和承载能力持续完善，依托现代农业，扶持发展乡村旅游、休闲农业等新业态成为新经济增长点，实现一二三产相互融合、同步发展。

苗寨镇

1944年夏，中共滨河县委决定建立中共滨河县四区委员会，在堤东苗寨一带开展工作，向南发展。1945年长垣城解放后，县委、县政府对全县区划进行一次大调整，将全县划为10个区。第四区公所辖苗寨一带，区委书记许佳录，区长高宏业。

近年来，苗寨镇在县委的坚强领导下，深入学习贯彻党的十九大和历届全会精神，高举中国特色社会主义伟大旗帜，坚持以习近平新时代中国特色社会主义思想为指导，不忘初心、牢记使命，团结带领全镇党员和人民群众，抢抓机遇、务实重干，促进全镇经济平稳较快增长，各项事业不断发展，人民生活持续改善，政治生态良好，社会和谐稳定，较好地完成了县委、县政府下达的各项工作目标。苗寨镇三阳公司被省扶贫开发协会评为"河南省畜牧行业产业扶贫突出贡献企业"，被全国工商联、国务院扶贫开发办公室授予"万企帮万村精准扶贫行动先进民营企业"荣誉称号。

苗寨镇完成机关院绿化、亮化、美化提升，继续与中绿新鹰合作实施保洁服务外包，组建苗寨镇城市管理综合执法大队，加大环保攻坚力度，持续做好秸秆、杂物禁烧，绿化建设全面完成，美丽乡村画卷徐徐展开。苗寨镇中心学校、南岳小学、祭城小学顺利通过"国家义务教育发展基本均衡县评估组"的评估验收，为全面实施素质教育，促进优质均衡发展打下坚实基础，向办好社会认可、人民满意的教育迈出重要一步。对全镇水系进行统一规划提升，镇域水系实现联通，保障滩区耕地旱可浇涝可排，人民群众旱涝保收。加快村级党建文化广场建设，组织阵地越发完备。贾庄、西旧城、高庄、西关等涣散后进村治理有效，准备摘帽，后宋庄成为软弱涣散村整治样板，基层组织强健有力。组织开展"万名党员进党校"示范培训班，党员干部党性修养全面提升。坚持综合治理、标本兼治、注重预防，惩防并举，党风廉政建设强力推进。

方里镇

　　方里镇位于长垣县城东北15公里处，东临黄河大堤，属背河洼地区。全镇辖28个行政村，31个自然村，现有人口5.2万人。全镇国土面积50平方公里，镇区规划面积2平方公里，耕地确权面积5.2万亩。方里镇地势平坦，交通方便，东西有武丁线和苏青线，菏宝高速公路贯穿而过，南北有327国道、佘方路、孟方路、方铁路穿越而过，新菏铁路从北部穿越，镇内建有文庄火车站，镇村公路四通八达。

　　滨河县抗日民主政府在1944年后下辖六个区，方里属五区，驻苏庄一带。在滨河抗日时期的非凡革命历程中，中国共产党人顽强拼搏、不懈奋斗，涌现了一大批视死如归的革命烈士、一大批顽强奋斗的英雄人物，方里新楼村陈曙辉是杰出代表。1945年长垣城解放后，县委、县政府对全县区划进行了一次大调整，将全县划为10个区。第五区公所，辖方里一带，区委书记马青元，区长赵敬之。

　　方里镇积极推进乡村振兴，提升镇区形象，完善公共服务基础设施，各村完善村级规划，严控镇村建设，严格落实建房审批制度，杜绝违法占地、私搭乱建等行为发生，确保镇村建设规范有序。脱贫攻坚稳步推进。通过实施产业、健康、教育、金融及基础设施建设等措施，实现脱贫攻坚目标。实施环境卫生全域外包，做到垃圾日产日清。扎实开展"清河行动"和巡林工作，对全镇河渠进行清理，做好土壤污染前期调查统计工作，防止土壤污染现象发生。按时发放农村低保、五保、优抚对象等各类人员的保障资金。完成"两筛""两癌"检查任务。开展"快乐星期天"文艺活动；完善"一约四会"制度，夯实精神文明建设基础；成功创建申报文庄等2个市级文明村；以周五志愿服务活动为主导，积极开展青年志愿、职工志愿等服务志愿活动。

方里镇强化政治功能，夯实"两个责任"，加强党风廉政建设。一是带头履行"一岗双责"，对党风廉政建设工作努力做到亲自部署、亲自过问、亲自协调和亲自督办，对事关本镇的党风廉政建设和反腐败的"三重一大"事项，坚持由领导班子集体研究决定。二是将党风廉政建设责任制的落实与经济社会工作同研究、同部署、同落实，坚持责任到边。认真贯彻落实《新形势下党内政治生活若干准则》《中国共产党党内监督条例》《中国共产党纪律处分条例》等规定，抓好党委中心组学习、"三会一课"、民主生活会等制度落实。

佘家镇

佘家镇位于长垣县东北部，地处长、滑、濮交界处，辖49个行政村、60个自然村，总人口6.6万人，耕地面积5.64万亩。1938年春，中共濮滑工委书记李广录在岸下、鲍家一带恢复发展党的组织。1938年秋，为培养各村抗日救国会的领导力量，中共滑县县委书记在高平集举办青年抗日训练班，由地方党组织和赵子厚推荐进步青年参加。1939年春，佘家一带（原属滑县高平区）已建立起10多个党支部。在此基础上，中共滑县县委决定建立佘家分区委。1942年12月，滨河县成立后将该区划为二区。1943年3月，建立中共滨河县二区委员会。1945年长垣城解放后，县委、县政府对全县区划进行一次大调整，将全县划为10个区。第八区公所设佘家，区委书记贾明克，区长李德轩。

佘家镇是一个农业大镇，农业主要以传统作物小麦、玉米、花生种植为主。近年来，镇党委、政府大力实施农业结构调整，高效农业发展取得显著成效。工业和民营经济发展势头强劲，形成了以橡塑制品、卫材、防腐保温制品为主的轻工业加工基地。大力实施项目建设，全面推进招商引资，加大农业结构调整力度，稳步推进社区建设，都取得了显著成效。统筹社会各项事业，促进了农村教育、卫生、文化、体育协调发展。

切实加强基层党组织建设，圆满完成49个行政村村"两委"换届选举工作；认真落实妇女专职专选制度，49个村选出妇女委员49名；全镇49个村全部建立村务监督委员会，做到了有牌子，有制度，有人员，有印章，有台账；实行党员积分管理制度，增强党员党性意识，发挥党员模范作用；同时严格落实党风廉政建设责任制，打造廉政文化长廊，建成清廉园，切实履行"一岗双责"，积极开展村级党群综合文体广场建设，基层组织阵地功能进一步加强。

芦岗乡

芦岗乡位于长垣县东北部，与山东省交界，省道308线东延跨乡而过，经黄河浮桥直达山东。抗日战争时期，滨河县委、县政府先后在黄河故道东和黄河故道西芦岗一带建立了两个六区。1945年长垣城解放后，县委、县政府对全县区划进行了一次大调整，将全县划为10个区。第六区公所，辖芦岗一带，区长陈峰。

芦岗乡地区天然文岩渠右堤、长石路、纬七路东延线相继建成通车，逐步形成"三纵三横"主干路网，辖区41个行政村及周边乡镇村庄道路全部实现"村村通"，形成了四通八达的连村公路网络，交通区位优势明显；乡域地形东西狭窄，南北跨度较长，处在黄河、天然文渠之间，两河岸线各有10公里。芦岗乡林木繁茂，渠塘遍布，自然生态优美宜人，观光旅游独具优势；全乡区域面积71平方公里，耕地9万亩，辖区共有41个行政村，64个自然村，278个村民小组，总人口7.3万人，劳动力资源丰富；全乡共有党支部48个，党员1604名；乡域经济已步入发展快车道，特别是省道308东延线及黄河浮桥的贯通，凸显了芦岗的区位优势和产业发展优势，初步形成了"南制造、北服装、中部高效农业、两河旅游观光"的发展态势，芦岗经济正在为下一步发展积蓄能量，蓄势待发。

长垣再制造产业园位于芦岗乡西南部，与起重园区相邻。该园区是整合提升锻打铸造行业，促进产业转型升级的重点项目之一，主要依托起重产业配套生产起重机上游产品，园区规划有锻打区、铸造区、仓储物流区、办公区、生活区等，计划总投资19.6亿元，占地960亩，已启动500亩。芦岗乡始终把脱贫攻坚工作作为重要的政治任务来抓，依托服装加工产业优势，采取"政府+扶贫车间+贫困户"模式，扩建及新建服装加工扶贫车间，实现了贫困户持续性收入，真正实现了"一人就业，全家脱贫"。

武丘乡

武丘乡革命活动开展得较早，1933年直南特委派共产党员江鸿楚到三合村开展党的工作，指导曹法孟和邻村王化山成立"穷人会"，他们在国民党清党清乡、搞白色恐怖的情况下，秘密开展革命工作。抗日战争爆发后，1938年曹法孟、王化山入党，在河西一带组织抗日队伍，开展党的工作，曹法孟、王化山最后都被敌人残酷杀害。滨河县抗日民主政府建立后，武丘属一区，驻灰池一带。1945年长垣城解放后，县委、县政府对全县区划进行了一次大调整，将全县划为10个区。第九区公所设武丘，区委书记邱菜(兼)，区长贾槐堂。

近年来，武丘乡牢牢把握稳中求进工作总基调，围绕年初制定的目标任务，自加压力，深挖潜力，坚定不移推进脱贫攻坚、滩区迁建、现代农业、回归经济、土地制度改革等重点工作，持续改善民生，维护社会和谐稳定，各项工作呈现良好态势，经济指标明显提升。全力以赴加快推进滩区迁建工作，切实保障滩区迁建试点村居民早日入住新房。制定了《武丘乡滩区迁建人口认定实施意见》和《关于鼓励武丘乡罗家罗寨村居民迁建试点工作的意见》，完成罗家、罗寨等行政村搬迁工作。积极开展生活源小散乱污企业排查整治活动，开展涉危险废物违法行为专项行动，加大水污染治理力度，加强养殖场整改，开展清河行动，委托河南省改革发展研究院和融经汇典公司对前师、后师、罗圈进行乡村振兴规划设计。罗圈正在铺设排污管道。

严格落实构建"大党建"工作格局要求，将党建任务分解细化，以党建工作统领全乡各项工作全面发展。稳步推进"两学一做"学习教育常态化制度化。制定了《武丘乡抓党建促脱贫攻坚实施意见》。建强基层组织，夯实基础工作，提升基本能力。加强党风廉政建设，与各村签订《党风廉政建设目标管理责任书》，切实保障以案促改警示教育活动的开展，围绕扶贫攻坚、危房改造、低保五保、惠农补贴等民生领域方面，强化监督问责，严格查处党员干部违纪案件，积极支持工会、共青团、妇联、残联、老干部等群众团体和社会组织开展工作，有力助推经济社会转型发展。

第四节 革命老区村名录

乡（镇）	行政村数量	村　名					
芦岗乡	16	双庙村	关公刘村	金寨村	芦岗村	白河村	浆水李村
		刘堂村	王辛庄村	乔寨村	郑寨村	姬寨村	西小青村
		杨乔村	七古柳村	张寨村	马寨村		

乡（镇）	行政村数量	村　名					
丁栾镇	34	史庄村	薛官桥村	丁西村	丁南村	王寨村	刘沙丘村
		西刘村	东角城村	韩寨村	丁北村	尚寨村	杜沙丘村
		杨庄村	朱官桥村	杨沙村	丁东村	后马村	前吴庄村
		段庄村	曹沙丘村	田庄村	前马村	王师村	止胡寨村
		上官村	后吴庄村	打兰寨村	官路东村	浮邱店村	
		中刘村	罗新寨村	官路西村	马盘池村	大沙丘村	
樊相镇	35	樊东村	王辛店村	张庄村	韩屯村	冯寨村	董辛店村
		秦庄村	北成功村	刘　村	白寨村	上官村	北樊相村
		大碾村	邢张庄村	梁庙村	孙寨村	小屯村	张辛店村
		樊南村	八黑马村	菜口村	连铺村	樊西村	八里井村
		于庄村	李辛店村	酒寨村	胡庄村	谷寨村	樊北村
		韩寨村	青岗村	吴屯村	高庙村	李庄村	
常村镇	11	石桥村	前大郭村	朱寨村	小屯村	刘唐村	油坊寨村
		贺庄村	前孙东村	吕庄村	罗庄村	马东村	
蒲北街道	18	高寨村	琉璃庙村	董寨村	北堆村	杜楼村	邢固堤村
		阎寨村	杨滑枣村	南堆村	程庄村	聂店村	邢固屯村
		史庄村	小务口村	王庄村	段屯村	朱滑枣村	赵滑枣村
赵堤镇	30	东堤村	东朱家村	杨庄村	西堤村	前小渠村	后桑园村
		尚寨村	瓦屋寨村	李　村	白庄村	后小渠村	大浪口村
		新西村	前冯家村	大寨村	孙庄村	河里韩村	前桑园村
		东马村	中桑园村	黄岗村	马坡村	鲍家村	东岸下村
		李家村	聚　村	小寨村	新东村	宋庄村	后刘村
苗寨镇	37	林寨村	后李拐村	辛庄村	西关村	杨楼村	西柳中村
		闫庄村	何吕张村	韩寨村	文寨村	苗寨村	苏旧城村
		张寨村	西于林村	东庙村	武寨村	胡口村	前李拐村
		许寨村	东于林村	安寨村	位寨村	高庄村	前宋庄村
		九岗村	西旧城村	坟台村	马野村	贾庄村	后宋庄村
		田寨村	东柳中村	杜寨村	梁寨村	小街村	东旧城村
		南岳村					

乡（镇）	行政村数量	村　名					
张三寨镇	28	韩　村	马安和村	张东村	皮东村	大西村	西角城村
		张西村	虎头寨村	张南村	草坡村	河道村	焦官桥村
		大前村	官桥营村	张北村	皮前村	小屋村	张卜寨村
		横堤村	陈安和村	新寨村	皮北村	临河村	崔安和村
		大东村	肖官桥村	皮西村	李官桥村		
方里镇	28	翟疃村	前瓦屋村	户锢村	方东村	郭寨村	黄　村
		董营村	三娘寨村	文庄村	苏庄村	周庄村	邵寨村
		张庄村	王寨村	王庄村	铁炉村	雷店村	吕庄村
		葛堂村	后瓦屋村	翟寨村	方西村	刘庄村	新楼村
		陈庄村	方南村	邢寨村	西李村		
佘家镇	48	佘西村	魁王庄村	后佘村	西张村	寺门村	东邵寨村
		东关村	西韩板村	佘东村	佘南村	牛庄村	东连庄村
		车寨村	金岸下村	西庄村	西黄村	南关村	西邵寨村
		高店村	西连庄村	东郝村	前楼村	陈庄村	北邵寨村
		韩板村	太平庄村	武找村	北关村	朱口村	高岸下村
		赵家村	南王庄村	西郝村	各寨村	黄庄村	郭岸下村
		东黄村	河里高村	翟家村	钟家村	东张村	邵二寨村
		陈板村	王岸下村	杨板村	苗找村	新庄村	新起寨村
武丘乡	36	武邱村	滩邱村	卓占村	纸房村	敬占村	前师村
		后师村	顿家村	清城村	河自村	罗圈村	罗占村
		陈占村	三义村	尚占村	牛庄村	于占村	南嘴村
		灰池村	红门村	勾家村	三合村	张庄村	毛庄村
		何店村	小渠村	西角村	鲍占村	北嘴村	新生村
		黄占村	罗家村	曹店村	常里村	赵庄村	马占村

第二章 大革命和土地革命战争时期

第一节 五四运动对革命老区的影响

一、五四运动对长垣革命老区的影响

长垣县历史悠久，春秋时期的大思想家、大教育家孔子，曾在学堂岗讲学。明代中叶，长垣学风大振，人才辈出，有"满朝文武半江西，小小长垣七尚书"之说。清代后期，因内忧外患，长垣文化备受摧残。一些志士仁人不甘安于现状，到海外留学，寻求救国富民的道路。在西方民主思想的影响下，一些人接受了孙中山先生的革命理论，参加反清斗争。县城西街阴鸷叙和杨永福等于1903年到日本游学，考察教育，曾多次随留日学生，聆听孙中山先生的讲演，并拜访求教于孙中山，接受革命理论，参加反清活动。1905年阴鸷叙、杨永福回国，阴鸷叙被举为长垣县劝学所总董，杨永福为劝学所成员。他们联络进步人士创办新式学堂。在教育知识界和亲朋中宣传孙中山的革命理论，他们带回的《孙中山讲演录》及一些进步书籍在县城秘密传阅，反清情绪日益增长。同时，他们动员思想进步的知识分子到保定优级师范（后迁北京改为北京师范大学）学习，充实创办新型学堂的师资力量。1911年辛亥革命的爆发，为新式教育文化事业的发展开辟了道路。办学之风大振，提倡民主、提倡科学的气氛日盛。到1917年，全县新式学校发展到63所。这些新式学校有一批思想进步的教师为主导，他们以新的姿态、新的课程、新的教学方法引导学生接受新知识和新观念。西方国家的书籍和进步刊物在教育知识界广泛流传，为新文化运动在长垣革命老区的传播创造了条件。

以袁世凯为首的北洋军阀窃取辛亥革命的胜利果实以后，为配合其政治上的黑暗统治，一些御用文人在思想文化领域里大力鼓吹封建复古的反动理论。激进的民主主义者便针锋相对地宣传资产阶级文化，同封建复古思想展开激烈的斗争，发动了一场比辛亥革命更加勇猛的反封建文化运动。1915年9月，陈独秀在上海创办《青年杂志》（后改名为《新青年》），标志着新文化运动的兴起。正当中国新文化运动蓬勃发展的时候，俄国十月革命胜利的消息很快传来，为中国送来了马克思列宁主义。1918年7月，李大钊发表了《法俄革命之比较观》一文，指出十月革命是"立于社会之上的革命"。陈独秀、董必武、吴玉章等参加过辛亥革命的思想家从总结革命经验教训着手，研究十月革命，研究马克思主义，并使之与新文化运动紧密地结合起来，继而发展成为震动全国的五四运动。在新文化运动和五四爱国运动中，长垣县在北京、天津、保定、邢台、开封等城市求学的李宜亭、焦鸿年、高绍亭、程远绪、张锐、张心平、王志豪、李时法、王贯五、王秀生等进步学生，积极参加了运动。他们争相传阅鲁迅、李大钊、陈独秀等发表的理论文章，参加集会游行示威活动，有的还遭到军警的镇压和搜捕。消息传到长垣，立即得到各界群众的响应，广大教师、学生和商人纷纷走上街头，宣传新文化运动和五四运动的思想，揭露帝国主义企图瓜分中国的阴谋，声讨黑暗的北洋军阀政府出卖国家利益的滔天罪行。大街小巷"取消不平等条约""外争国权 内惩国贼""坚决抵制日货"等红绿标语随处可见。一些外地学生回到家乡，将《新青年》《每周评论》等进步书刊和大城市开展罢课、罢工、罢市斗争的消息带回长垣，在教育知识界和广大群众中广泛宣传。有的学生还到各大集镇上发表讲演，以鼓动群众，全县人民反抗反动统治的思想愈加强烈。一些原来安逸守业的老知识分子看清了北洋军阀政府的黑暗，口诛笔伐，以历史为借鉴，抨击政府的腐败无能。许多进步教师把对学生进行反帝爱国教育当成必修课，以时事政治为内容编写教材拟定作文题目，引导高年级学生参加反帝爱国运动。在商界在广大舆论的冲击下，抵制"日货"的行动也迅速展开。"东洋"货遭到了多数人的冷落。

二、马克思主义在长垣革命老区的传播

五四运动以后，马克思主义的传播成为新文化运动的主流，全国各地结合新文化运动的深入发展，马克思主义著作不断被介绍到中国并得到翻译出版发行，学习研究马克思主义和宣传新思想新学说的团体纷纷成立，宣传马克思主义和阐扬民主、科学的刊物如雨后春笋般地创办起来，形成了"百家争鸣"的生动局面。马克思主义的研究由纯学术性逐步转到了与社会实际相结合的方向。

在这个时期，长垣县的8处完小（包括县立女子完小）向外地输送的学生越来越多，特别是县立第一（书院）完小、第二（春亭）完小、第三（伯玉）完小和第四（阎寨）完小，升学率比较高。长垣县在北京、天津、保定、邢台、开封和大名求学的学生达百余人。各类大学、师范和中学都有长垣的学子。他们绝大多数关心时事政治，关心国家的前途命运。有的积极订购马克思主义著作和研究马克思主义的进步报刊，阅读李大钊、鲁迅、陈独秀等著名人物发表的理论性文章，并把这些书籍和报刊带回家乡，在亲朋知己中传阅。同时，长垣县教育界的进步人士也积极订阅这些书籍和报刊，县立第一、第三、第四等完小学校和县师范讲习所，还将订购的进步书籍和报刊收集起来，建立图书室，以便广泛借阅。《新青年》《每周评论》《独秀文存》《吴虞文存》《民国日报》《小说月报》《东方杂志》《学生杂志》《教育报》等进步报刊在全县知识界广泛传阅，从而使大家进一步认清了北京军阀政府反动统治的现实，初步了解到俄国十月革命的胜利和马克思主义的一些基本概念。

三、工人运动对长垣革命老区的影响

从1920年下半年到1921年上半年，全国各地工人阶级集中的大城市的共产主义小组和在外国留学的先进知识分子的共产主义小组相继建立。继而于1921年7月，在共产国际的帮助下，以共产主义事业为己任的中国共产党在上海成立。党的一大通过决议，把组织和领导工人运动作为党的中心工作。以1922年1月香港海员大罢工为起点，中国工人运动掀起了一次次高潮，罢工斗争遍及全国各大中城市和工业中心。对长垣产生影响的工人运动，有以开封、洛阳为中心的陇海铁路大罢工，以郑州、长辛店为中心的京汉铁路大罢工、郑州豫丰纱厂、卫辉华兴纱厂、焦作煤矿、安阳六河沟煤矿工人的大罢工等，在共产党的领导下，工人阶级表现出了高度的组织纪律性和坚定的革命性。焦作煤矿的罢工斗争，坚持了八个月之久，直至1926年3月斗争取得胜利。

这些罢工斗争，通过一些在外地的学生、漂泊外地的农民（有的当了工人）将进步的报刊传到了长垣，《中州评论》《向导》《晓钟》《青年评论》《工人周报》《中国青年》等报刊刊载各地罢工斗争的消息，发表工会组织的宣言和决议，起到了很好的宣传作用。全县的工人、农民、教师、学生和小商业者等各个阶层都有所觉悟，首先是教育界，王藻田、傅绪武、田培箴、蔡光华、王璧、赵槐等进步教师，向广大师生宣传英、日帝国主义在上海制造的五卅惨案及全国各地的声援运动，并结合在全国兴起的工人运动、学生运动讲解孙中山的"三民主义"和《总理遗嘱》。孙中山"联俄、联共、扶助农工"的三大政策及其"唤起民众"起来革命的思想，受到广大师生的拥护。进而，他们组织学生进行各种形式的宣传和集会，声讨英、日资本家勾结军阀镇压工人、学生运动的罪行，声援上海五卅反帝爱国斗争。县第一完小号召学生背诵《总理遗嘱》，并举行全校大会进行宣诵。赵槐在给学生讲解新"三民主义"时，还将其曾与孙中山通信讨教的事讲给大家听。随后，城镇的丝、棉纺织厂，手工作坊的工人和商号的店员等也被卷入这场运动，他们参加集会游行，高呼反对帝国主义的口号，支持开封、郑州、焦作等地工人的罢工斗争。周围城市和工业中心地区接二连三的工人运动，也轰动了农村，一时成为舆论的中心。广大农民开始觉悟，积极支持工人阶级的罢工斗争，对帝国主义和北洋军阀政府更加痛恨。他们把自己的命运和工人阶级的命运连在了一起，特别是那些破产或行将破产的农民，穷困的各类工匠，成为工人阶级在农村中的坚实盟友。他们希望改变自己的生存环境，希望改天换地，渴望有领袖人物率领他们奋勇前进，和工人运动一样，轰轰烈烈地展开大的斗争。

第二节 党领导下的老区人民革命活动

一、革命老区早期革命活动

1926年8月，国民革命军北伐的胜利进军，对全国人民鼓舞很大。此时，在大名七师读书的长垣籍学生郭仪庵（汾第）、于绍孟（舒卿）等，接受了马克思列宁主义，成为学校宣传革命理论的骨干力量。1927年春，遵照中共北方区委的指示，大名七师党支部改建为大名特别支部。特支直属北方区委，负责领导大名七师和周围县党的工作。县城东街郭仪庵、方里于绍孟、高庄高绍亭，在直隶省立七师（大名师范）先后加入中国共产党，是全县最早的党员。这时，大名七师的共产党员不足20人。遵照中共北方区委指示，他们以个人名义加入了国民党。同年5月，奉军占领大名城，学校被迫放假，他们遵照校特别支部的指示，返乡从事革命活动。他们除动员群众配合北伐，破坏奉军设施外，还利用多种关系，发展组织，扩大影响，通过一系列工作，发展城北街王青峰、东街郭祖禹、南街张仲铎等人为左派国民党员。同时，联系在北京、天津、保定等地加入共产党或国民党的同志，共同秘密地开展群众工作。接着，经上级批准，建立了中国国民党长垣县登记处，高绍亭任主任，焦鸿年（共产党员）任副主任。登记处的建立，使国民党开始在长垣建立组织，标志着长垣地方国民革命统一战线的形成。

1929年底，大名地区的战火平息，返乡学生回校复课，长垣籍学生郭仪庵、于绍孟等学生也返回校园，继续就读。经过两年多农村革命斗争实践锻炼的学生共产党员积累了经验，增长了才干，革命激情更加高涨，大名七师成为共产党在直南地区的活动中心，革命浪潮风起云涌。国民党河北省党部为遏制革命烈火的不断蔓延，1930年6月，国民党省政府当局急忙派省教育厅督教张达夫到大名七师，撤销老校长谢台臣的职务，由张达夫取而代之。学生和教职员工闻讯怒不可遏。于是，以学生党员为主体立刻掀起一场"驱张挽谢"的学生运动。学生罢课，教师罢教，工友罢工。其间，长垣籍的学生党员于绍孟，在组织罢课示威、张贴标语和各班学生联络活动中发挥了重要作用。当国民党军警实行镇压时，于绍孟被列为黑名单的首要人物。在党组织的帮助下，于绍孟几经周折，逃离大名城。此后，于绍孟又与中共濮阳中心县委取得联系，按照中心县委指示返乡从事革命活动。于绍孟返乡后，作为中心县委的单线联系人，在长垣、东明交界地区从事农民武装的发动和联络工作，继续与长垣县城东纸房村吉七（一支农民武装的首领。在大革命时期，郭义庵、于绍孟与之建立联系后，其部曾在与北伐军配合方面起到积极作用）保持联系，加强对其部的教育感化，向其宣传革命道理，解释治军方法，以雄辩的口才赢得对方的诚服。此外，于绍孟还通过李宜亭在东明县的影响，逐步建立与东明县农民武装的联系。在他的动员下，有1000多名分散的农民武装联合在一起，声势浩大，活动在黄河两岸。此后，虽然直南特委以此为基础组建立红军二十六军的计划未能实施，但显示了革命力量发展的趋势，对以后党组织的建立与发展起到了强有力的推动作用。

二、农民暴动

八七会议后，中共濮阳中心县委根据顺直省委和直南特委的工作部署，将工作重点转向农村，在大力发动群众的同时发展农村党员，建立农村支部，扩大农民党员在领导机构中的比例成分，争取了开展土地革命中的最可靠的同盟军。1932年，在濮阳中心县委领导下，各地党组织都有了较大的发展。5月，中共濮阳中心县委鉴于长垣县党组织发展状况，决定以寿圣寺学校为基础，建立党的支部委员会。郭仪庵任支部书记，郭子信任组织委员，徐作励任宣传委员。至此，长垣县的农民自发斗争开始纳入党的领导。在这一过程中，各地党组织领导群众开展多种多样的斗争，打击土豪劣绅，扩大党的影响，在提高农民斗争觉悟的同时，发动群众，组织武装，举行暴动，策应南方苏区红军反围剿斗争。学习江西红军斗争方法，以武装割据的形式开创平原革命根据地。滑县桑村小学是滑县、长垣交界地区党组织发祥地之一，一批进步学生、青年先后加入共产主义青年团和党的组织。从此，共产党在长垣县的北部和东北部地区的活动逐步发展起来。

由于连续的自然灾害和农村封建地主的残酷剥削，直南豫北地区的群众生活极端困苦，挣扎在死亡线上，贫困交加的农民走投无路。党抓住这一有利时机，充分发动和宣传，及时地为贫苦农民指明了斗争道路。为了使农民接受党的领导，先后在各地兴起求生存、吃大户的反饥饿斗争。1933年秋，受长垣处黄河决口影响，濮阳县一部分地区严重受灾，群众生活非常困苦。中共河北省委派王富之，直南特委派刘同芳到濮阳救灾，与濮阳中心县委在姚家、两门、曾小邱、滑县的卞村一带发动灾民向地主借粮活动。奉中心县委指示，长垣县党组织策动农民武装声援濮阳县姚家暴动。在长垣、东明联络农民武装的于绍孟与郭仪庵等人在武丘积极响应，筹备武器，策动吉七、张清克两部农民武装，联合围攻谢寨集，配合濮阳姚家暴动，并为中心县委提供了部分武器。后由于地主武装的反扑，暴动失败。1935年春，中共河北省委派郭卫人（滑县葛村人）到滑县南部开展党的活动，组织灾民进行反饥饿斗争。在他的领导下，长垣县官桥营、张卜寨、大岗（以上村庄当时属滑县）等地群众联合起来，建立了饥民会，同地主进行交涉，让其自动拿出粮食分给穷人。拒不交粮者，饥民会带领饥民手持大刀、长矛进行武装抢粮。不久，国民党滑县政府派武装镇压，许多党员、群众惨遭迫害，官桥营饥民会会长程世安被捕，惨死在牢中。1936年春，共产党员张建廷、江鸿楚在武丘一带开展党的活动，他们以"穷人团结一条心，打倒地主闹翻身，人人有饭吃，人人有衣穿"的口号，动员群众，建立穷人会。茅茨庄的王化山、三合村的曹法孟等都在他们的影响下，成为穷人会的骨干力量。穷人会的建立，为党组织的活动与发展奠定了良好的群众基础。后来，穷人会的很多会员走上革命道路，在艰苦的革命斗争中接受了考验，有的人还为民族的解放献出了宝贵的生命。

三、老区人民开展的盐民斗争

革命老区盐民斗争主要集中在三个地区：一个是城东北翟疃一带；一个是城西米屯一带；一个是城南枣科一带。翟疃一带的盐民斗争以郝占申为首领，不仅带领本村盐民建立了组织，还逐步影响周围村庄使之很快联合起来。同时，他们与东明县支寨村盐民领袖支悦刚（支二刚）建立起联系，两县盐民互相声援，声势很大；米屯一带的盐民领袖是程子霞，在他的带领下，盐民们组织起来，与窜扰的盐务队官兵多次展开斗争，在周围地区颇有影响。城南枣科一带土地盐碱面积很大，大部分村庄的群众都以生产小盐为业。为反抗官府的压榨，这一带盐民也很早就组织起来，不断与官府的缉私马队开展斗争。此外，城西南王堤一带、常村一带以及城西北樊相一带等地区，也都有很多村庄的农民生产小盐，为了保护自己应有的利益，这些地区的盐民也很踊跃地参加到盐民斗争的行列。

长垣县的盐民斗争是从1927年开始的，类似行会的盐民组织也同时发展起来。1932年间，盐民斗争在全县达到高潮，在几个盐民斗争较集中的村庄的影响下，各地纷纷组织"盐池会"（盐民组织），唱大戏，发宣言，相互声援。1932年6月18日（农历五月十五日），全县盐民联合起来，在城西米屯村召开大会，成立了长垣县盐民协会，郝占申、程子霞等都被选为盐民协会的负责人。大会这天，各地盐民代表从四面八方云集米屯村，与会人员达万余人，声势浩大。程子霞代表全县盐民讲话，发布了盐民斗争宣言。盐民协会以黄缨枪为标志，人手一枪（一个盐池一个人一杆黄缨枪），平时边做盐边习武，所以盐民协会也称黄枪会。为使盐民加强联合，提高战斗力，城西一带的盐民领袖程子霞，从外地聘请宋大帅和鲁彦沙为盐民习武总教头。通过这种形式，不仅加强了盐民之间的团结，而且有效地维护了各地盐民的生产。米屯大会以后，为了显示盐民联合斗争的威力，盐民协会先后又召集各地代表在翟疃、枣科、县城西街等召开了几次大会，主要是为这一带的盐民壮势声威，提高斗争勇气。盐民协会也曾经几次派出代表，与县政府及盐务局进行交涉，要求其体恤民情，放宽政策，给盐民以生活出路。但是，黑暗的政府是不会体恤民情的，依然不断派出官兵四出"缉私"。被迫无奈的盐民只有开展联合斗争，反抗政府的压榨，才是唯一的出路。

盐民斗争期间，共产党在其中发挥了一定的指导作用。1931年九一八事变以后，中共濮阳中心县委在领导群众开展抗日救国的同时，根据各地正在兴起的盐民斗争这一情况，及时调整了党组织的斗争方针。中心县委经过调查分析认为：领导群众开展抗日救国斗争必须与保护群众切身利益结合在一起，才能得到群众的拥护。天津长芦盐业公司是半官半商性质的，所派出的盐务单位和缉私马队并不直接隶属各地的政府，与官府之间既统一又矛盾。党应当利用这一现象动员各地盐民集中打击盐巡。盐巡禁止做小盐，同时也损害了盐民地主的利益，因此，党应当团结一切可以联合的力量开展对盐巡的斗争。中心县委的这一斗争策略形成决议后，就派出党团干部，深入各地广泛开展发动与指导工作。

为加强对长垣盐民斗争的指导，中共濮阳中心县委曾派人以卖丝线为掩护，与程子霞进行联系。中共直南特委负责人高克林、濮阳中心县委书记王从吾到东明县指导盐民斗争工作的同时，也对长垣城东北翟疃一带的盐民斗争产生了影响。盐民有组织、有章程、行动统一、步调一致，在党的统一领导下开展斗争，各地盐巡都不同程度地受到了打击。与此同时，内黄、濮阳、清丰、南乐、浚县、大名、东明等两河（河北、河南）13县也都发生了盐民暴动。尽管有些地区的盐民斗争遭到了盐巡和地方保安队的开枪镇压，但是未能阻止盐民斗争的发展，反而愈加强烈。1932年9月，由中共濮阳中心县委发起，两河13县盐民选出代表在清丰县古城召开大会，成立两河盐民总会，中心县委书记王从吾当选为总会主席。长垣县代表鲁彦沙、程子霞参加了大会。从此，两河地区盐民在党的领导下，走上了联合斗争的道路。

盐民总会建立后，盐民们村与村、县与县联合起来，力量更加壮大。1933年春，天津长芦盐业公司与国民党河北省政府相互勾结，纠集一个营的骑兵向各地盐民发动进攻，行至大名七里店时，枪杀盐民4人。然后，继续向南乐逼进，扬言要把盐民镇压下去。大名县盐民协会派杨其祥，星夜到总会报告，总会即刻部署，组织13县盐民攻打南乐。长垣县也派出盐民，在鲁彦沙的率领下，参加了战斗，给予盐务马队以迎头痛击，迫使南乐县县长答复了总会3个条件：（1）盐务马队全部撤走；（2）不许干涉盐民做盐；（3）赔偿损失。此后，各地盐民奏凯而归。

盐民斗争的胜利，扩大了党的影响，发展了党的组织，许多自然形成的盐民领袖经过教育，以后逐步走上了革命道路，长垣县盐民斗争持续到抗日战争爆发，很多盐民协会会员成为抗日救国会的骨干力量。

第三章 抗日战争时期

第一节 革命老区的抗日救亡运动

一、老区人民积极投身抗日救亡运动

1937年7月7日，日军悍然向北平城西南卢沟桥中国驻军发动进攻。从此，中国人民的抗日民族解放战争全面开始。受全国形势的影响，抗日烽火也很早地燃及长垣，广大的农村群众以及教师、学生、商人以民族利益为重，纷纷组织起来，积极开展抗日斗争。城北佘家、赵堤一带，青年学生黄鹤鸣、赵善交、赵文振、赵子厚等也以不同形式，相互联络，组织农村群众开展抗日斗争。县城、乡村奋起抗战的呼声此起彼伏，城北新楼村青年学生陈曙辉带领周围爱国青年，动员群众，组织武装，在邵二寨成立华北人民自卫军训练班，聚集百余人，树起保家卫国的旗帜。后又以成立"关岳会"为号召动员群众300多人，建立了抗日武装；城东北鲍家村青年学生鲍鸿光，在周围群众中间积极宣传抗日救国道理，动员群众拿起武器反抗日寇，在他的影响下，周围村庄抗日救亡气氛非常浓厚，为后来抗日部队在这里开展活动和扩大武装创造了良好的群众基础；受中共直南特委派遣，到东明、长垣交界地区开展武装争取活动的方里集青年于绍孟，向原有的几股地方农民武装开展抗日救国的宣传教育，教育他们以民族利益为重，放弃狭隘的恩恩怨怨，调转枪口，抗击日寇。由于他们的工作和周围抗日形势的影响，活动在东明、长垣边界地区的几股农民武装也树立起了抗日旗帜，走上抗日救国道路。

二、"长垣城惨案"对全民抗日救亡运动的影响

1938年初，日军调集大批兵力，疯狂地向我华北、中原地区大举进

犯。国民党各地政府官员畏敌若虎，望风而逃，大片国土沦陷。2月13日（农历正月十四）沿平汉铁路南下的侧翼日军土肥原贤二的十四师团馆余总支队，继占领大名、濮阳等地以后，直逼长垣。当时，长垣城内汉奸翟学文、穆子簏、徐秀斋等人得信，便纠集地痞流氓200余人，列队于城北街两侧夹道欢迎。日军对翟学文等大加赞赏。遂扶持其成立了维持会，命翟学文临时主持长垣政务，并留下一批辎重交维持会代为保存，以便继续南侵，企图与西路军会集于新乡。七天后日军离城南侵，翟学文以县长自命，敲诈百姓，为虎作伥，无恶不作。此时，活动于城东南的国民党地方民团一部在宋现之、李承龙等带领下，集结力量，于2月22日以捉拿汉奸为名，出其不意打入县城，活捉了翟学文、穆子簏等民族败类。并将其处死在城东六里庄。国民党民团据城立足未稳，早对长垣城垂涎三尺的土匪头子张连三率部接踵而至，宋现之等人防不胜防，在武力不支情况下，退出县城，急向黄河东岸请求援兵，以助来日再克失地。

这时，国民党六十八师独立二十七旅刘汝珍部，由于战场失利，溃退到东明沿河一带，奉命把守东明至贯台的河防。得到宋现之的报告，刘汝珍决定派出驻守竹林（当时属长垣）的六十九团二营进驻长垣，并委派该旅军法处军法官高育辛暂任长垣县县长。但是，黄河以西的长垣地区不归该旅防务，是否调二营全部进驻长垣，旅部意见不一，当队伍行进到长垣县王辛庄时，其中的两个连又奉命回防，只剩下其中的一个连，在副营长和连长侯士卿带领下，于3月8日攻克县城，驻守长垣。3月24日，南下日军为运走留下的物资，派4辆汽车载着30余人，沿长封公路直奔长垣。守城部队得知报告，即刻出城准备伏击敌寇。该部官兵大部分是河北人，家乡沦陷，父老妻小在日军屠刀下丧生，他们都对日军怀有深仇大恨。当日军前两辆汽车驶到第二道城门时，负责把守南门的排长王君毅一声令下，战士们居高临下，火力交加，痛击日寇。日军死伤10多人，2部汽车中弹起火，化为灰烬，后边日军见势不妙，急掉车头逃窜。

当日黄昏，日军从新乡、延津、原阳等地调大批日军卷土重来，准备血洗他们认为有重兵把守的长垣城。日军将调集的兵力分置在城南的乱岗寨、姬庄、刘园等村，然后开始对城内炮击。第二天拂晓，炮火愈加激烈。城内硝烟弥漫，房倒屋塌，顿成一片火海，无数百姓在炮火中丧生。在日军强烈攻势下，守城部队孤军无援，被迫从东门撤退。3月25日（农历二月二十四）早晨，日军从东门入城，见驻军撤走，转而扑向无辜群众。日军沿街搜索，不论男女老少，见人就杀，不多时，大街小巷尸骸狼藉，血流成河。小南拐街杨连喜家11口被杀，胡大门街韩德润一家9口无一幸存。日军灭绝人性的大屠杀引起城内百姓的恐慌，人们四处躲藏。日军搜查越来越紧，只要被抓住，或枪打，或刀杀，无一幸免。日过正午，日军杀得精疲力尽，就将群众驱赶到城中心黉学院内的崇圣寺大殿，然后架起机枪，疯狂地扫射。可怜我300多名手无寸铁无辜百姓，一排排跌倒在血泊中，其景惨绝人寰，目不忍睹。扫射后，数十名日军又进入大殿用刺刀翻挑横躺竖卧的尸体，凡有一息尚存者，日军又向其身上猛刺，惨叫声撕裂人心，令人发指。在此殿内，除北街城隍庙道士侯嘉修、西街周升山、甄庄甄五在日军扫射前倒在墙角幸免外，其余百姓无一幸存，这就是众所周知的"黉学惨案"。日军在城内屠杀一天，次日清晨，如一群饱食的恶狼从城北门撤走。后来，国民党县政府统计，此惨案中，日军共屠杀无辜百姓1700多人。

惨案过后，有志青年的抗日激情更加高涨，从县城到乡村，从街市到学校，男女老幼，走出家门，积极参加抗日活动。长垣三区（河东）竹林村青年刘铎，组织乡里群众，建立起村抗日救国会；城北部佘家镇、赵堤镇一带青年黄鹤鸣、赵善交、赵文振、赵子厚等将周围村庄的群众联合起来，使这一带抗日救亡活动开展得轰轰烈烈；县东部王化山等人以原共产党建立起的"穷人会"为基础，大力发展组织，将四周群众联合起来，走联合抗日的道路，使这一带抗日救亡运动很快掀起高潮。后来，这里成为共产党在长垣地区建立较早的抗日根据地之一。其他地区的群众也都以不同形式组织在一起，规模不同的抗日救国会组织纷纷建立，全县的抗日救亡运动开始进入高潮。

第二节　抗战初期的长垣

一、抗战初期长垣面临的形势

在日军节节进攻下，国民党驻军或一触即溃，或不战而退，国民党地方官员纷纷携眷南逃。地方治安无人维持，到处一片混乱，溃兵土匪抢劫勒索，抓兵拉夫，为害乡里。在此国家民族危难之际，直南地区的共产党人挺身而出，高举抗日救国大旗，领导广大人民开展艰苦卓绝的抗日斗争。党组织一方面发动组织民众起来抗日救亡，扩大抗日武装；另一方面积极开展统一战线工作，争取河北省第十区（濮阳）专员丁树本合作抗日。

为有效地开创和巩固抗日根据地，扩大抗日力量，北方局根据中共中央指示和华北的战局，坚决地迅速地把党的主要力量从城市转到农村，以城市工作服务于农村工作，派遣大批党员和革命分子到乡村组织游击战。1937年12月，为了进一步加强直南地区党组织的领导，使之在这一地区的抗日战争中更好地发挥领导作用，全面地贯彻中共中央及北方局既定的对敌斗争方针和策略，北方局派人主持在清丰县古城建立的中共直南特委，朱则民任书记，刘大风任副书记，王从吾任组织部长，刘汉生、张增敬先后任宣传部长，负责领导内黄、清丰、大名、南乐、濮阳、滑县、长垣、汤阴、浚县、东明、淇县等县党组织的活动。特委成立后，加强了该地区党组织的领导，进一步恢复了濮阳、内黄、滑县、长垣、清丰、南乐等县的党组织。同时，党领导的武装斗争力量也不断扩大，这一地区群众性的抗日斗争开始纳入党的有计划的领导，特委还派出干部到各地恢复发展党组织，为开辟敌后抗日根据地做出组织和群众基础上的努力。

　　1938年2月，驻守直南地区的国民党第一八一师高树勋部和六十八师刘汝明部，对入侵日军稍加抵抗，即先后退至黄河南岸。这时，直南豫北一带的国民党县长全部卷逃。河北省第十区（濮阳）专员丁树本和他率领的保安队2000余人退居靠近黄河的小濮州、常庄一带观望。这时，由于敌占县城，旧政府倒台，广大农村陷入无政府状态，社会秩序混乱不堪。为组织群众开展抗日斗争，建立起抗日民族统一战线，中共直南特委派唐哲明前往丁树本处，向丁说明坚持敌后抗战的意义和共产党与之合作的抗日主张。丁树本接受我方指示，打消过黄河的意念。之后，中共直南特委书记朱则民根据北方局的指示，以八路军代表的身份与丁树本谈判。双方达成合作抗日的协议。朱则民以八路军代表身份驻丁树本司令部，共产党与丁树本的统战关系正式建立。地方统一战线建立以后，共产党就开始帮助丁树本部开展各方面工作，并派出大批干部到丁部各部门任职。丁树本在全国抗日高潮的推动和共产党的帮助下，提出"实行统一战线，军民合作，抗战到底"的三大主张，并颁布冀鲁豫边区抗日救国纲领及允许、赞助成立各种抗日群众团体等法令。

　　自日军退出各县城后，丁树本在直南各县先后委任县长。1938年3月，受丁树本委派，侯玉堂任长垣县县长。在抗日形势的影响下，侯玉堂聘用了一批进步的人士参与县政府工作。共产党员郭仪庵受聘任县政府秘书，一批满怀抗日热情的青年学生也被聘用为工作人员。此间，郭仪庵等人的主要工作就是开展抗日宣传活动。郭仪庵等共产党员抓住这一有利时机积极宣传开展抗日救亡运动的意义，宣传共产党的抗日主张，动员群众联合起来，建立抗日救国会。为培养救国会的骨干力量，在郭仪庵等人的倡导下，县政府出面以开办师资训练班的名义，组织各区、乡青年学习抗日救国理论和动员群众的工作方法，师资训练班设在县城黉学院内。学员们除学习抗日救国理论外，还学唱抗日歌曲，印发了一批小册子，散发到农村。此外，为营造浓厚的抗日气氛，他们在县城到处张贴抗日标语，组织青年男女排练一些小短剧。在地区形势的影响下，加之共产党员在县政府中的大量工作，长垣县的统一战线工作基础较好，侯玉堂非常敬重郭仪庵的为人和才华。因此，无论开展哪项工作，侯玉堂都注重采纳郭仪庵的意见。这就为共产党利用统一战线，领导群众开展抗日救亡运动创造了良好条件。

1938年底，丁树本又派毛迪亚（毛守岱）出任长垣县县长。这时，由于郭仪庵在全县知名度较高，毛迪亚仍聘他任县政府秘书，同时，兼任县抗日民军大队秘书主任。为巩固发展长垣县的统一战线工作，直南特委曾先后派八路军冀鲁豫支队三大队政委刘汉生和以国民党濮阳专署破路委员会执行委员身份到长垣检查工作的中共地下党员李祥甫，与郭仪庵取得联系，了解开展统一战线工作。在郭仪庵的建议下，特委不久又派杨锐到长垣，专门负责统一战线工作。杨锐以同学关系很快与毛迪亚建立联系并参与县政府工作，任民军大队政治部主任。由于共产党的积极努力，长垣县抗日民族统一战线工作开展得比较顺利。无论动员群众开展抗日救亡运动还是发展抗日武装，国共双方都能共同协商，共同承担抗日工作的义务，如在农村建立各级抗日救国会，动员青年参加县抗日民军大队，举办抗日军政干部训练班，培养抗日运动的骨干力量等方面，都是在共产党的积极倡议协助下，以国民党县政府的名义进行的。统一战线工作是党领导群众开展抗日斗争的主要工作，是党联系社会各阶层群众的桥梁。

二、长垣县抗日救国会成立

1938年2月，中共直南特委与丁树本达成合作抗日协议之后，便公开发动群众开展抗日救亡运动，直南各种群众抗日团体迅速建立。4月，中共直南特委组织部长刘晏春在濮阳县张称湾村，召开濮阳、滑县、东明、长垣4县党的负责人会议，决定以进步青年抗日组织通俗学社为基础，建立濮、滑、东、长4县边区抗日救国会，牛万里任会长。为了加强对各界抗日救国会的领导，1938年5月间，中共直南特委在清丰县六塔集召开了各界救国会代表大会，成立冀鲁豫抗日救国总会，推选安法乾为总会负责人。10月，又在濮阳建立中华民族解放先锋队冀南分队部，并在大名、南乐、清丰、东明、长垣等县建立县队部。

此间，共产党员积极参与长垣县政府工作，推动了统一战线的巩固和发展。中华民族解放先锋队冀南分队部建立不久，长垣县队部即行建立，王福之任队长。他根据党组织的安排，积极在青年中间发展组织，动员青年积极投身抗日救亡运动，使民先队成为促进全县抗日救亡运动的一支重要力量。1939年初，全民性的抗日救亡运动在全县已经进入高潮。广大农村相继建立起基层抗日救国会组织。为正确引导群众，团结一切可以团结的力量，经长垣县国共两党协商，决定建立长垣县抗日救国会，统一领导全县的抗日救亡运动。为壮大声势，长垣县各界抗日救国会成立这天，长垣县国共两党动员全县各界代表和城内群众数千人在县城黉学院内集会。冀鲁豫抗日救国总会负责人安法乾专程来长垣出席成立大会。会上，安法乾和长垣县国共两党代表先后讲话，王福之代表长垣县抗日民族解放先锋队作了发言，并被各界群众一致推选为救国会总务部长，成为全县抗日救亡运动的实际领导人。随后，长垣县妇女抗日救国会也建立起来，陈伯仲任主任。长垣县抗日救国会的成立，标志着全县抗日救亡运动高潮的到来，同时也标志着党组织利用统一战线的合法形式，组织群众开展全民性抗日救亡运动的成功。此后，各地党组织逐步由地下活动转为公开或半公开活动，并利用救国会的名义号召群众有力出力，有钱出钱，有枪出枪，有人出人。全民性的抗日救亡运动在全县城乡开展得轰轰烈烈。

三、党领导老区人民与地方顽杂势力开展斗争

长垣县抗日救国会建立后，全县的抗日救亡运动，取得了显著成绩。但是，正当这一地区群众性抗日救亡运动轰轰烈烈开展时，活动于直南、豫北地区的国民党石友三、丁树本部突然转变了态度。1939年元月，石友三、丁树本参加了国民党第一战区在洛阳召开的会议后，反共野心暴露。不久，石友三公然勾结日军，卖国投敌，充当汉奸，清查所部共产党员，屠杀抗日群众，与共产党所领导的八路军公开对峙。丁树本也开始纵容地方顽杂破坏抗日救亡运动，处处限制抗日救国会的发展，限制抗日武装的活动，斗争矛头直接指向抗日群众。地方党组织和各级抗日救国会受到严重威胁。为反击敌人，维护统一战线，党组织领导群众与地方顽杂势力展开了艰苦卓绝的斗争。

1938年仲秋，佘家中心村抗日救国会建立，为正确地引导群众，掌握领导权，党组织还利用救国会动员群众开展了夺权斗争。党组织派沈青章、周宪章到佘家负责救国会工作。由于形势的变化，群众的抗日斗争情绪一度受到影响。为坚持救国会的工作，沈青章、周宪章在恶劣的环境中，走村串户，动员群众，鼓舞群众，提高抗日群众的斗争勇气，揭露国民党顽固派破坏统一战线的罪行，解释坚持抗战的意义，把党的抗日主张和决心昭示于群众。

1940年3月6日，正在高店村动员群众开展抗日斗争的沈青章、周宪章，被丁部包围，两人被捕。此后，敌人软硬兼施，迫使其脱离共产党，遭到他们的痛斥。接着，丁树本下令将他们俩同坑活埋在陈板城村东南地。

国民党顽固派破坏统一战线，迫害抗日群众，屠杀共产党人，阻挠抗日救亡运动发展的行径，充分暴露了其真反共假抗日的嘴脸，引起社会各阶层抗日群众的强烈反对。在农村，很多原来对国民党抱有希望并建立联系的绅士，认清了形势，纷纷与其分道扬镳，加入共产党领导的群众性抗日救亡运动行列。长垣城北钟家村的钟发义、钟宾之等就是在这样情况下投身抗日活动的。他们积极配合救国会工作，以自己的行动影响周围群众。后来又积极参与抗日政权工作，为抗日根据地的建设献计献策，受到当地群众的拥护。

四、小渠对日阻击战

1940年6月，日本帝国主义调动侵华日军第三十五师团，骑兵第四旅团等15000余人，对冀鲁豫边区抗日根据地进行疯狂扫荡，妄图一举摧毁冀鲁豫边区抗日根据地。6月5日，开封、新乡、商丘等地日军集结8000余人，汽车、坦克170余辆分三路向滑县桑村一带合击。

10日，集结在长垣的日军，动用100多辆汽车、3辆坦克，近2000人向老岸方向开进。凌晨三四点，我军八团一营在敌人通往老岸的必经之路邵二寨进行了阻击。敌人在邵二寨遭到阻击后，便兵分两路包围我军。一路装备2辆坦克、30多部汽车从老岸直插向桑村；一路装备1辆坦克、40多辆汽车，经赵堤插向小渠。日军扫荡部队对我军形成大半个包围圈，企图把我军逼入大堤以东的黄河滩里，然后合击。旅部分析敌情后，作出迅速向东转移的决定，命令八团坚守大堤，掩护大部队转移。三营长张海月主动请缨，承担阻击任务。团部命令一营的三连、四连配合作战。

三营与一营两个连总共不足700人，而敌人数量众多，且武装精良，又处于白天作战优势，我军处境非常困难。但八团首长的决心是，依托黄河大堤，坚决顶住敌人，坚持到黄昏突围。三营布置在瓦屋寨至前小渠堤段，营部设在瓦屋寨的大堤口上；一营四连布置在瓦屋寨至孙庄中间堤段；一营三连布置在四连阵地东北约2华里堤下沿的一条沟里。阻击部队背靠黄河，在长达4华里的大堤上摆出了阵式，只等日军到来。

下午1点，日军在敌机狂轰乱炸的掩护下，进入我军阻击阵地。三营长张海月机智沉着、指挥若定，当日军进入有效射区内，他才高喊一声"打"，全体战士一起开火，形成了一道不可逾越的强大的火力网，一颗颗手榴弹在敌群中爆炸，一发发仇恨的子弹射进敌人胸膛，阵地前沿日军鬼哭狼嚎、尸体狼藉。通讯班战斗英雄邓洪恩是个神枪手，百发百中，在瓦屋寨大堤口大显身手，弹无虚发，打得敌人连连后退。一营四连连长王焕增身负重伤不下火线，在他的影响下，全连战士浴血奋战。日军组织几次冲锋都没有成功，敌人束手无策，急得团团转。下午2点，敌机再次飞来，顺着大堤俯冲扫射，我军伤亡惨重，日军乘机攻上大堤。张海月率部与日军展开了搏斗，在反复冲杀中，他率领通讯班的战士又打死20多名日军。子弹打光了，敌人像豺狼似的围了上来。他誓死不当俘虏，与敌人展开肉搏，用手枪背砸死一个鬼子，最后光荣牺牲。一营三连教导员郭乐天被敌机炸成重伤，一营四连战士在敌机俯冲扫射和与敌人的反复冲杀中全部壮烈牺牲。敌人的包围圈越来越小，下午4点多，副团长吴大明开始率部突围。一排没有突围成功，全部牺牲。二排继续往外冲，胜利冲出了包围圈。随即各连相继突围。

这次战斗，我军共毙伤日军一百五六十人，粉碎了敌人的包围，我军虽然伤亡很大，但掩护了大部队和地方党组织领导机关的转移，振奋了民心，扩大了八路军的政治影响。

五、革命老区党组织的恢复和发展

1938年2月底，根据中共直南特委的指示，江鸿楚、李广录分别到长垣县的东部和北部恢复发展党组织。江鸿楚在孙庄集以开杂货店为掩护，联络原"穷人会"的骨干分子，开展党的活动，先后发展王化山（茅茨庄人）、冯育东（前马场人）、吴清云（后吴家人）加入中国共产党。接着，王化山又在三合村发展曹法孟、曹学智、何书堂、曹学正、张金海、张跃卿、谢玉淼等人加入党组织。此后，曹法孟又在鲍寨村发展鲍作梅、鲍作显、鲍汉章等人入党；同时，李广录在长垣县北部岸下一带联络失去关系的老党员，恢复了这一地区党的活动。郭灿章与党组织取得联系后，介绍黄鹤鸣（黄找寨人）、金益民（岸下村人）、连瑞祥（连庄人）等进步青年加入中国共产党。4月，这一带村庄以桑村为中心，建立了由中共濮阳工委领导的桑村区委员会，郭灿章任书记。5月间，应聘到城西后大郭村教学的地下党员许荫森，以教学职业为掩护开展党的活动，麦前发展徐翰臣、宋子澄、王永久加入党组织。麦后又发展苏清云、徐胜州、徐广志、徐广荣等入党。初秋，建立了长垣县城西第一个党支部——大郭村党支部。徐翰臣任支部书记，苏清云、王永久分别任组织、宣传委员。此间，为在农村青年学生中大力发展党的组织，中共直南特委根据冀鲁豫边区省委的统一部署，在7—9月开展了大力发展党员的竞赛活动。7月间，滑县高平区委书记胡则忠在长垣城北朱口村（当时属滑县）发动群众开展抗日救亡运动，先后发展朱子奇、朱景学、朱凌云、朱东城等人加入中国共产党，并建立了党支部，朱子奇任支部书记；接着，胡则忠又在尚寨村发展张秀仲入党，张秀仲在本村发展张全竹、张守仲、张月峰、张守礼等人入党，11月建立支部，张秀仲任支部书记；长垣县城西后大郭支部建立后，许荫森在长垣城南杏园村发展张经（张养乾）、张荡斋、胡广心、李新邦等人入党，次年7月建立支部，张经任支部书记；许荫森、徐翰臣等又在青岗村发展罗清雅、在贾庄发展贾润之、在大碾村发展王岚、在大张庄发展张春云等人入党。随后这些人又在本村发展党员，党组织迅速壮大。至次年上半年，城西党组织发展普及十几个村庄，8个村建立了支部。此外，党组织还利用举办各种训练班的方式，从中发展党员。9月，在统一战线形势下，东明县委以国民党县政府的名义举办军政干部训练班。长垣县党组织推荐三区各村青年学生参加受训，部分学生加入党组织。随后建立起长垣县城北部第一个党支部，赵敬之任支部书记。党组织的恢复和发展，有力地推动了全县的抗日救亡运动。共产党员在各村救国会中充当骨干力量，各地青救会、妇救会、儿童团、民兵模范班也纷纷建立起来，全县上下抗日热情异常高涨。长垣县的党组织经过1938年的大发展，组织队伍迅速扩大。1939年上半年，党组织发展普及十几个村庄，群众性抗日救亡运动在城西、城南开展得热火朝天。此外，郭仪庵、杨锐等在国民党县政府工作的同志，在搞好统一战线工作的同时，坚持独立自主的方针，发展党的组织。在民军大队内部先后发展10余人加入党组织，并建立了支部，徐兰亭任支部书记。

六、中共长垣县委的建立

1938年12月，直南特委派原东明县民训科长杨锐到长垣县开辟党的工作。杨锐经过实际工作，了解到长垣四周党组织已陆续恢复建立，各地党组织都在抗日救亡运动中发挥着领导作用。但相互之间没有联系，有碍于党组织的统一部署和行动。他认为应在这一地区迅速建立统一领导的党组织。1939年1月，中共直南特委根据杨锐的建议，决定建立中共长垣县工作委员会，派陈平负责筹备工作。2月，中共长垣县工作委员会正式建立，陈平任书记，崔桐轩任组织部、宣传部部长，对外称抗日工作队。中共长垣县工作委员会建立后，联合社会各阶层群众，建立广泛的统一战线，继续把全县抗日救亡运动推向高潮。

中共长垣县工作委员会建立后，党组织得到统一的领导，党组织的活动也更加形式多样。随着群众性抗日救亡运动的发展，党组织的领导作用越是显得重要。同时，党组织领导群众开展的各项工作也更加具体。1939年2月直南特委分设为直南地委和豫北地委，长垣一带党的活动归豫北地委领导。于是，中共豫北地委根据长垣县的实际情况，决定撤销原中共长垣县工作委员会，改设为中共长垣县委员会。3月，县委正式成立。原中共直南特委委员兼组织部副部长李广录调任长垣县委书记，陈平任县委副书记兼组织部长，崔桐轩任宣传部长，王福之任民运部长。县委机关设竹林村刘铎家中。

中共长垣县委建立后，重点开展了三个方面的工作。一是发动群众，建立了各级抗日救国会组织，不断把群众性抗日救亡运动推向高潮。为宣传党的抗日主张，增强群众开展斗争的信心，县委于同年秋季创办了机关刊物《曙光报》。主要转载前线消息和全县各地救国会活动情况，宣传开展全民抗战和坚持持久战的意义。同时，为支持各村救国会的工作和发展抗日武装，县委以抗日工作队的名义，在群众中发行爱国券近万元，有力地推动了群众性抗日救亡运动的开展。二是组织建立起由县委领导的抗日武装，保护抗日群众的斗争果实。这支武装最初称长垣县抗日救国会武装部，只有10余人，几条枪。但是在县委的正确领导下，这支队伍纪律严明、秋毫无犯，与群众同甘共苦，深受群众拥护，在不长的时间里，由小到大，由弱到强，逐步发展成为县委领导下的一支抵抗日伪势力的重要力量。三是筹备建立了长垣县抗日民主政府，使党的各项方针、政策在根据地有效地得到贯彻和实施。县委建立后，就把建立政权工作作为开辟根据地的一项重要内容。次年4月，建立了长垣县抗日民主政府。政权建立后，群众有了依靠，党的政策有效地得到贯彻实施，根据地建设得到巩固，同时也提高了群众的抗日热情。

七、中共滑长封工委的建立

1939年秋后，为统一领导滑县、长垣、封丘交界地区党组织的活动，中共豫北地委决定建立滑长封工作委员会，派李振亚任工委书记，郭万明任组织部长，李锋任宣传部长，杨奇任民运部长。长垣县委所属的城西区委划归滑长封工委领导。工委建立后，党组织的活动范围不断扩大。同时，八路军冀鲁豫部队和地方抗日武装在这一地区广泛开展活动，地方伪顽势力受到极大的震慑。11月，河西区委建立，刘振中任书记。同时，以三区的徐集支部、刘楼支部、竹林支部为基础，又分别建立三个区委。此间，由于工作需要，县委领导进行了两次调整。1940年1月，陈平调任冀鲁豫区党委宣传部教育科长。中共考城县委书记马瑞华接任中共长垣县委书记，其他领导人不变。

随着斗争形势的发展，党领导根据地群众开展的各项工作更加具体，为在这一地区更好地贯彻党的各项方针、政策，1940年夏，中共冀鲁豫三地委（同年4月，冀鲁豫区党委建立，原豫北地委改为三地委，滑、长、封等地归之）决定撤销滑长封工委建制，以此为基础，建立中共卫南县委，统一领导卫河以南地区党组织，派李明远任县委书记，李锋任副书记，刘建国任组织部长，尚子端任宣传部长。同时建立卫南县抗日民主政府，耿廷舟任县长。下设5个区，其中，樊相、常村一带为五区，区委书记为王易斋。

八、长垣县武装独立团的建立

1938年秋，八路军主力部队开始分头挺进冀鲁豫平原，冀鲁豫边区各抗日根据地初步形成，此后，在主力部队的影响下，各地先后建立起地方抗日武装，担当起保护群众、保卫抗日斗争胜利果实的重任。1939年夏，中共长垣县委克服种种困难，在上级武装的支持下，组建了十余人参加的小型抗日武装，取名长垣县抗日救国会武装部，抗日武装的发展触及了顽固势力的利益，受到了百般阻挠，为保存初建的抗日武装，1939年12月，长垣县救国会武装部队改编为八路军冀鲁豫独立大队特务区队（连级）。改编后的长垣县委所属武装，也得到当地群众的认可，影响逐步扩大。在与焦树侯为首的地主顽固势力斗争中，不断壮大自己的力量。其他的几股与焦树侯有密切联系的小股势力也慑于八路军大部队的影响，再不敢蔑视这支虽小、却有坚强后盾的抗日武装力量。在统一战线形势下，县委主动与他们建立联系，团结他们中间拥护抗日的进步力量，并通过进步力量感化上层势力，使他们了解共产党的抗日主张，了解抗日武装的性质、斗争目标及打击对象。通过统一战线工作，几股较小的顽固势力开始分化，其中的进步力量积极向县委领导的抗日武装靠拢，特务区队都与他们建立了较好的统战关系，教他们唱抗日歌曲，向他们宣传开展游击战争的常识，一时间，长垣县河东区出现了空前的大好局面。

1940年3月，由安廷茂、司月锋领导的肖集乡武装30余人，与特务区队合并，改编为特务区队第二队。此后，他们主动出击，惩汉奸、除恶霸、威震一方，受到当地群众的热诚拥戴。不少向往已久的青年纷纷投奔这支武装，使其很快发展到150余人。由于队伍的扩大，八路军冀鲁豫独立大队首长决定，将原特务区队升格为特务中队。同时从战利品中调拨部分枪支，充实特务中队的装备，以提高战斗力和独立活动的能力。

由于地区形势的好转，长垣县委在呈报中共豫北地委批准后，决定建立长垣县抗日民主政府。1940年4月12日，县委召集各村群众数千人，在徐集村召开大会，宣告长垣县抗日民主政府建立。为配合这一声势浩大的活动，特务中队全体出动，分别部署在主席台两侧和会场四周，威风凛凛，保卫会场的安全。为进一步震慑敌人，扩大影响，会后，新任县长刘子良率领特务中队，严惩了徐继增等一批汉奸匪徒，使地区形势进一步好转。接着，县委领导的减租减息运动逐步展开，负责根据地群众生命和安全的特务中队，在配合县委这一中心工作方面，发挥了应有的作用。

正当根据地群众充满信心和希望，全力投入减租减息运动，并初见成效的时候，日军纠集重兵向冀鲁豫边区抗日根据地发动了大规模的扫荡。经6月10日的小渠阻击战，日军认为发现了八路军的主力。同日又从兖州、泰安、徐州、邯郸、安阳等地调集日伪军2万余人，分12路向濮阳、清丰一带合击。二纵队司令员杨得志指挥新二旅四团、新三旅、民一旅等机动作战，粉碎了敌人企图消灭八路军主力的阴谋，日军"扫荡"于18日结束。清丰、濮阳、内黄、东明等大部分县城被敌占据，并大面积设置据点，初步形成对冀鲁豫抗日根据地的分割包围。敌军"扫荡"中，使冀鲁豫地区的党政机关和地方抗日武装遭受严重损失，二地委组织部长张建亭等区以上干部43人牺牲，13人被俘，党员由4月的26284人，减少到11205人，控制地区丧失四分之三。这就是冀鲁豫边区历史上有名的日军"五五大扫荡"（以6月10日、农历五月初五得名）。

6月13日，为组织力量开展反"扫荡"，特务中队根据指示转移到北部地区的宋锁城活动。在这里，地委分析了形势，决定加强长垣地区的武装力量，将原冀鲁豫独立大队特务区队改编为八路军长垣县武装独立团。县长刘子良兼任团长，张捷勋任副团长，宋殿彬任政治委员，刘遵孔任参谋长，田济民任党支部书记。下设三个连：一连长赵有望，指导员汪涛，副连长张天祥；二连长安廷茂，指导员阎培启，副连长王金有；三连长辛富荣，缺少指导员与副连长。全团350余人。改编后，独立团在团长刘子良的率领下，返回长垣河东地区，主动出击，在李唤堂附近一举打垮顽军七军团许正明部400余人，缴获一部分粮食和武器，稳定了社会局面。

日军发动的"五五大扫荡"，使冀鲁豫边区武装力量也受到半数以上的损失，受其影响，地方一些伪顽势力逐步猖狂起来。在长垣县河东地区，以焦树侯、陈万诚、憨贯德等为首的几股伪顽势力，兴风作浪，肆意破坏统一战线，打击抗日群众，故意制造事端，公然与县抗日民主政府相对抗，气焰十分嚣张。在此逐步恶化的形势下，县委仍力图发动统一战线攻势，努力争取拥护抗日的进步力量，分化中间势力，孤立顽固派。这次统战攻势刚柔相兼，拉打并施，说明八路军大部队不期将赴该地以示警告，要求双方搞好统战，共同对敌。经过工作，初显效果，几股反动势力的活动略有收敛。为进一步做争取工作，控制几股反动势力的活动和发展，由县武装独立团主动倡议商定，在长坡集召开几方武装联欢。此时，县独立团主要领导没有认真分析形势，突生奇想，试图在联欢大会期间以300多人的力量，一举下掉几股顽固势力共700多人的枪支。其他领导人力争劝阻，但一意孤行的主要领导人力排众议，坚持己见。这天联欢大会刚刚开始，没有经过缜密部署的部队行动迟缓，结果被有所准备的对方发觉，即刻剑拔弩张，相互对立。随经双方代表调解，避免了一次敌众我寡的战斗，但自此以后，顽固势力更加猖獗，并联合谋划向县独立团发动新进攻。

7月10日（农历六月初六），县独立团集中驻扎在赵九楼村。拂晓，经过秘密筹划的几股顽固势力武装，突然对赵九楼村实行包围，然后猛烈地发动进攻，面对突然出现的敌人，丝毫没有防御准备的独立团领导惊慌失措，不能有效地组织突围，致使大队人马陷入混乱。敌人长驱直入，独立团溃不成军，死的死，散的散，最后突出包围的只有60余人。这就是地方群众都知道的"六六变天"。由于形势急剧恶化，突出包围的战士只好化整为零，分别隐蔽在群众家中。不久，独立团领导派人通过分头联系，将多半是老战士和连排以上干部的隐蔽人员集合起来，经过休整，配合二纵三旅八团,在徐集附近发动一次战斗,严惩了一部分嚣张的顽匪势力。8月,由于地区形势继续恶化,县委决定调独立团暂时转移到濮阳以南地区活动。8月底,中共冀鲁豫二地委鉴于长垣地区形势,认为该地区已经"变质",在短时期难以恢复政军组织的活动。同时,为集中力量保证重点地区继续工作,决定撤销长垣县抗日民主政府建制,同时撤销长垣县武装独立团建制。县长兼独立团团长刘子良调卫河县任县长,宋殿彬到二旅工作,刘遵孔调专署工作,政工干部到专署受训,其他战士分别到专署担任警卫工作。从创立到撤销,长垣县委领导下的抗日武装走完了一年多艰难曲折的道路。

第三节　中共滨河县委领导老区人民开展抗日战争

1937年日本全面侵华,蒋介石发表庐山讲话后,国共两党开始了第二次合作,中国进入全民抗战阶段,长垣党的组织在抗战初期也迎来了较快发展时期,长垣全县性党组织的成立条件也逐步成熟,长垣根据地的创建工作也逐步开展。

一、中共滨河县委和滨河县抗日民主政府的建立

抗日战争期间,日军采用"以华治华"的政策,不断组织日伪军对抗日根据地进行"清乡"和"扫荡"。国民党顽固派连续掀起反共高潮,不断对共产党领导的抗日根据地发动进攻,摧残坚持敌后抗战的抗日武装和群众。冀鲁豫边区各地的党组织和地方抗日民主政府及所属武装遭到严重破坏,群众的抗日热情受到打击,形势十分严峻。1940年,国民党长垣县县长徐甫积极推行蒋介石反共反人民的政策,无辜屠杀进步青年、群众;阎鸿玉等土匪各霸一方,横行乡里,鱼肉百姓,烧杀抢掠,无恶不作;国民党顽军冀保十二纵队邵鸿基部活动更为猖獗,他们所到之处抓丁抓夫,征粮派款,民无宁日。在这种情况下,敌后的抗日游击战争还能不能坚

持，怎样坚持，党组织将如何继续领导群众开展斗争，这是摆在各级党组织和每个党员面前的重要问题。从1940年八九月间至1941年冬，冀鲁豫边区的濮、滑、东、长地区的群众性抗日救亡运动一度遭受破坏，日伪顽杂势力的疯狂摧残使群众的抗日斗争热情受到极大影响。但是，领导群众开展抗日斗争的党组织紧紧依靠群众，与抗日群众同甘共苦，艰难地在白色恐怖下坚持斗争。经过考验的地方党组织在对敌斗争策略上不断成熟起来。正确地运用统一战线政策，采用发动群众和独立自主的武装斗争相结合的形式，打击日伪势力，团结抗日群众，使日伪企图扑灭的抗日烈火依然燃烧。

长垣县抗日民主政府建制撤销的同时，冀鲁豫边区的濮阳、滑县、东明等地的斗争形势一样十分紧张。为保证党在重点地区的工作，区党委根据地区形势的变化，为打击这一带日、伪、顽、杂的反动气焰，鼓舞人民的斗志，冀鲁豫四地委决定在濮阳、滑县、东明、长垣四县交界地区开辟滨河县，发动创建抗日根据地。1941年冬，中共冀鲁豫六地委派鲍鸿宾、郑玉纯两位同志到濮、滑、东、长一带恢复发展党的组织。他们运用抗日民族统一战线这个"法宝"争取和团结了一些上层进步人士，秘密开展党的工作，并组织10多人的抗日游击队，不断打击敌人。后来他们与佘家区委取得联系，逐步打开了工作局面，为建立滨河县开辟了道路。至1942年底，这一地区的大部分分散活动的党员与党组织取得联系，并陆续有组织地开展斗争。此间，为配合各地党组织的恢复，扩大八路军的影响，震慑地方日伪势力，八路军冀鲁豫六分区部队也经常深入该地区开展活动，鼓舞群众的斗争勇气，使这一地区的恶化形势得到初步好转。特别是1942年9月间，在地方党的感召下，经过党组织艰苦细致的思想工作，原长垣东部杂牌武装阎鸿玉部副司令师凤山毅然率部起义，投奔八路军，改建为冀鲁豫六分区独立支队，更进一步扩大了八路军的影响，群众的抗日热情得到提高，党组织的号召力也大大增强。六分区政治部主任鲍鸿阁（鲍鸿光）、参谋长戴园仁率其部新四路，到滨河地区配合地方党组织开展工作，一举打垮驻守在长垣堤东西城村的顽军邵鸿基部的一个大队，歼敌百余人，大队长刘子泉被活捉。这次战斗进一步扩大了党组织和抗日武装的影响，对该地区的形势逐步好转，产生了有力的推动作用。

1942年12月，中共冀鲁豫六地委决定以濮、滑、东、长边区为基础设立滨河县建制，并以这一带的地方党组织为基础，首先建立了中共滨河县委。蒋中岳同志任县委书记，张萍任组织部长，鲍鸿宾任民运部长。滨河县委建立后，建立了广泛的统一战线，建立健全了配合党开展工作的各个群众组织，吸收民主人士参政议政，巩固了较为深厚的群众基础。同时，滨河县委为在群众中更好地推行党在根据地的各项方针、政策，加紧筹划建立与之相适应的抗日政府机构。根据滨河县委的意见和要求，1943年元月，中共冀鲁豫四地委（1942年底由六地委改之）和四专署批准，建立滨河县抗日民主政府，派专署秘书室主任郭涤生任县长。同时，设立两个科：民教科，科长田景韩；财政科，科长陆毅。3月，在原东明县的河西区(武丘灰池一带)建立一区委员会，书记田耀光，区长贾怀堂；在原滑县的佘家、赵堤一带建立二区，书记赵子厚，区长赵敬之；在原濮阳县的海通一带建立三区，书记高丙信，区长陈留玉（陈鑫）；年底，在苗寨柳冢、苏庄一带建立四区，区长于绍孟（同月牺牲，4月换许佳陆）；4月，在方里一带建立五区，区长金国选（同月牺牲，换谢光明）。区级政权组织也相继建立起来。至1945年8月，在以上相应的地区建立了六个区公所。滨河县委还发展了抗日武装，建立了滨河县武装大队，后发展到400多人。这支队伍在地方党组织的领导下，开展了强有力的对敌军事斗争。驻邵二寨的新中央军杨青川部、皇协军老岸据点董凤海部闻风西逃。5月，县武装大队先后拔掉了九棘集的日伪据点和南户祁先智的日伪据点。不久，坝头据点自动撤离。滨河县的斗争工作取得了巨大胜利，形成了方圆300多平方公里，120多个村庄的抗日根据地，把游击区扩大到日伪据点周围。

滨河即黄河之滨的意思。最初的范围东至黄河，西至滑县的高平集与辛启寨交界，南至原长垣县的南岳集、杜寨，北至原濮阳的刘家村以北，是濮阳、滑县、东明、长垣四县的交界地带。中共冀鲁豫六（四）地委之所以在这一地区设立滨河县建制，是由当时领导群众开展抗日斗争的客观环境决定的，主要有两个方面：第一，这里有较好的群众基础。大革命时期和土地革命战争时期，共产党员在这里曾多次领导贫苦农民与官府及土豪劣绅开展斗争，共产党的形象对群众产生过一定的影响。部分党员始终坚持开展活动，党的组织有一定的基础。抗日战争爆发后，在统一战线的形势下，这里的党组织迅速得到恢复和发展，并且领导群众迅速掀起了抗日救亡运动。在抗日救亡的高潮中，党的组织不断扩大，几乎村村都有党员。抗日战争进入相持阶段后，日寇将其主要兵力用于对付在其后方开展抗战的八路军，国民党顽军先后掀起反共高潮，地区形势开始恶化，党组织和抗日民主政权遭受破坏。尽管这里的群众性抗日救亡运动暂时处于低潮，但党组织活动始终没有停止，并在一定程度上发展了党的力量。当对敌斗争形势略有好转时，中共冀鲁豫六地委又迅速恢复了党的组织，这是有较好群众基础的结果。第二，这里远离城镇，敌人鞭长莫及，便于革命力量的生存和发展。日军进攻时，占据的是城镇和交通要道，虽然敌人觊觎这里，但苦于兵力不足，鞭长莫及，只能对边沿区进行间断性的进攻和"围剿"，不能长期盘踞。这就给坚持敌后游击战争的八路军和开展抗日活动的地方武装提供了休整和迂回活动的空间，能攻能退、灵活机动。正因为如此，滨河县抗日民主政权建立以后，陆续建立健全工作机构，并分别设立了区级政权组织。

1943年，滨河县委在发动群众建立农会等组织的同时，积极推行公平合理的负担政策，对那些不法的或与政府"对着干"的地富分子，如一区灰池的郭润之父子等，结合反霸斗争给予了坚决镇压。在反霸斗争的基础上，根据地普遍开展了查"黑地"的斗争，把地主退出来的粮食由农会分给群众。此时，各村的青救会、妇救会、姊妹队、儿童团等组织陆续建立起来。他们参加军训、搞宣传、站岗放哨、做军鞋、送军粮、动员参军、筹集抗日物资，有力地支援了滨河县的抗日武装斗争。从1944年2月开始，滨河县委领导群众开展了以"减租减息"为主要内容的群众运动。县委结合本地区情况，制定出切合实际的方法步骤，使减租减息、增资增佃、剿匪反霸等为主要内容的群众运动，在不长时间里就打开了局面。

1945年8月15日，日本宣布无条件投降，滨河县制撤销，在此基础上建立了长垣县。

二、滨河县的主要革命活动

共产党在濮、滑、东、长边界地区建立滨河县，是抗日斗争形势的需要，是抗日群众继续开展抗日斗争的要求。滨河县抗日民主政府建立后，根据地群众扬眉吐气，抗日热情异常高涨。在县委、县政府的领导下，积极投入根据地的各方面建设。但是，活动于长垣县东部和南部的国民党冀南抗敌挺进军第二纵队司令邵鸿基部却如坐针毡，惊恐万分。他深知，共产党八路军深得人心，共产党在这里建立政权，就意味着自己控制地区的丧失，并对控制的其他地区也是一个严重的威胁。他要趁共产党政权羽翼未丰，就发动攻击，扼杀新生的抗日政权于摇篮之中。滨河县刚刚建立，邵鸿基便纠集兵力以乌云压城之势向根据地逼进。与此同时，为配合新生的滨河抗日政权开展工作，八路军冀鲁豫四分区也派出部队到达滨河地区。1943年3月的一天，分区骑兵团根据侦察员的报告，在分区二十一团和独立支队的配合下，一举歼灭驻扎在长垣城东大苏庄一带的邵鸿基部主力800余人，给企图进攻根据地的邵鸿基部当头一棒，打击了国民党顽军的气焰。可是，国民党顽军企图扼杀新生抗日政权的阴谋仍在进行。在大苏庄失败不久，邵鸿基又策划杀害了滨河县四区区长于绍孟、五区区长金国选和县抗日民主政府参议李宜亭，激起了滨河县群众的愤怒。于绍孟、李宜亭长期在当地以教书为公开职业从事革命活动，在群众中深有影响。滨河县抗日民主政府建立以后，于绍孟、李宜亭分别任区长和县政府参议，邵鸿基得知部下的报告，十分不安，派其部下分别跟踪于绍孟、李宜亭，意欲置之于死地。1943年3月24日夜，于绍孟带领区干部存河自上村开会时，被埋伏的顽匪逮捕。同夜，李宜亭也在邵寨村被捕，两人被带到长垣城南总管村邵部驻地，敌人软硬兼施，企图逼其二人屈服，均遭痛斥。27日，邵鸿基部把他俩同坑活埋在长垣城南戚寺村，于绍孟时年35岁，李宜亭55岁。4月，金国选在堤东胡口村开展活动时，被邵鸿基部逮捕，酷刑后被活埋在胡口村东地，时年27岁。

从分区骑兵团在大苏庄歼灭邵鸿基部主力800余人战斗以后，分区的二十一团、独立支队也积极在滨河地区开展活动，配合滨河县新生政权开展工作，主动出击敌人，壮大八路军武装的声威，鼓舞了抗日群众的斗争热情，使滨河县抗日民主政府很快就开创了良好的工作局面，组织机构不断完善。从1943年4月至9月，又先后设立了公安局，局长王彬；司法科，科长马焕章；武装科（不久升格为武装委员会），科长李德轩；交通局局长张忠；工商局局长芦振东。6月，分区独立团在地方党组织的配合下，一举挫败长垣县黄河故道以东、东明县城西北一带的伪顽武装，滨河县抗日民主政府接管该地区，建立了第六区公所，区长郑子龙。同年12月，该区划归东明县抗日民主政权所辖。1944年4月，随着抗日根据地的不断扩大，滨河政府决定在芦岗一带重新设立第六区公所，区长刘遵孔（刘铎）。1944年5月，为加强对冀鲁豫与冀南两区的统一领导，中央决定成立冀鲁豫分局（通称平原分局）。11日，两区合并办公，各地委由分局直接领导，滨河县归属新序列的第九地委，分区同称。次年5月冀鲁豫、冀南两行署合并为冀鲁豫行署，地委、专署称谓统一起来。

滨河县抗日民主政府建立后，在县委的领导下，重点开展了以下几个方面的工作：一是发动群众，破除障碍，为开展敌后游击战争创造良好的社会条件。从1943年至1944年，政府工作人员的大部分力量都深入到群众中间，宣传抗日战争的意义和共产党的抗日主张。领导群众开展破路斗争，截断日伪军进攻抗日根据地的交通。同时，在根据地的大部分村庄动员群众打狗，消除犬吠现象，以便于工作人员深入群众，开展工作；并消除部分顽固分子不愿与抗日工作人员接触的抵触情绪。在动员群众工作中，滨河县的广大群众都能以抗日斗争的大局出发，自觉接受政府的领导，参与政府号召的各项生产。但也有极少部分受国民党顽固派影响的地主，不愿与共产党合作开展根据地的建设，千方百计为政府工作设置障碍。农户养狗护院本是农村生活中的平常现象，可是，与抗日政府持抵触情绪的地主坏分子，利用这一现象阻挠政府工作人员的工作，阻挠群众与政府之间的联系。因此，在农村开展打狗斗争，也是一项相当艰难的工作。县政府动员群众开展破路斗争，其目的是阻挠日军的进攻，为开展敌后游击战争创造条件，但是由于顽固势力的阻挠，工作中也出现了很多困难。1944年10月间，由于长时间的挖沟破路，部分群众产生了厌战情绪，二区朱口村的地主土匪朱允煽动不明真相的群众暴乱，冲进区公所，杀害抗联干部李东顺，抢去部分枪支弹药。事后，地主坏分子被镇压。由此可见，根据地的每项工作都是十分艰苦的，都需要政府的工作人员付出大量的努力。二是配合县委发展壮大了抗日武装，有力地保证了根据地各项事业的发展。滨河县抗日民主政府建立后就动员群众积极配合上级武装部队的活动。大苏庄战斗后，分区骑兵团从战利品中分配给滨河县一部分枪支、弹药，用于各区组建抗日武装区队。1943年10月，八路军冀鲁豫四分区独立支队改编为滨河县抗日武装大队，大大加强了滨河县的武装力量。为便于开展斗争，县长郭涤生兼任武装大队长。此后，各区队力量也有不同程度的加强。为促进各区民兵工作的开展，在区队武装发展的同时，各区都建立了区武装委员会，负责民兵组织的建设。三是配合县委在基本区开展了大规模的以减租减息为主要内容的民主民生斗争。县、区政府干部利用大部分力量，配合县委开展宣传和动员，并具体组织实施各项工作，推动了根据地的经济建设。积极组织物力财力，保障了党的各项事业的发展。四是注重发展了根据地的教育事业。从1943年底，滨河县的基本区都兴办起抗日小学，为夺取抗日战争的胜利培养了后继力量。此外，根据地的金融、工商税务、管理等项事业，也都在县政府的组织领导下，得到了一定的发展。

三、新店会议的召开

从1944年2月开始，中共滨河县委领导群众开展了以减租减息为主要内容的群众运动。由于运动是在濮（县）、范（县）等老区取得经验的基础上发动的。因此，县委一开始就注重实际，结合本地区情况，制定出切合实际的方法步骤，使减租减息、增资增佃、剿匪反霸等为内容的群众运动，在不长时间里就打开了局面。斗争不断取得胜利，根据地形势不断好转，一切权力归农会；农村封建地主威风扫地，党和政府的干部每到一处，都能受到欢迎。这样，一部分县区领导干部滋生了骄傲自满情绪：作风不民主，包办代替，强迫命令，甚至恃功自傲，闹宗派，不团结，在群众中造成了不良影响。此外，在群众运动过程中，由于一些政策制定得不太明确，一部分富裕家庭的部队工作人员的利益受到了冲击，军队干部与地方干部闹矛盾，甚至不断出现军队干部打骂地方干部和农会干部的现象。以上现象的发生，严重损害了党在群众中的形象，严重阻碍了民主民生运动的继续开展。为纠正这种现象，教育干部联系群众，树立抗战到底的思想，1945年3月中旬，县委在长垣北部新店村召开民主整风会议，也称新店会议。县、区党政军主要领导都参加了会议。到这里巡视工作的中共冀鲁豫九地委主要领导人也参加了会议，并作了重要指示。参加会议的人员发扬民主作风，人人开展批评与自我批评，主动检查工作中的问题。会议历时10余天。通过这次会议，大家统一了认识，明确了任务，增加了政策观念和组织观念，克服了不团结的宗派主义思想，坚定了依靠群众抗战到底的决心和信心。

四、"小渠惨案"对老区抗战的影响

前、后小渠村，在长垣县东北部，位于黄河大堤的西侧，距县城60多华里。抗日战争初期，我党在那一带曾掀起抗日救亡群众运动热潮。1943年滨河县成立后，这里成为抗日民主根据地的中心村庄，属第二区，县区党政领导同志常在那里工作。1944年，开展以减租减息为主要内容的民主民生斗争，前小渠是县里首先发动的重点村。

1944年，抗日战争进入战略反攻段，我军由内线反攻转入外线反攻，日寇到处碰壁挨打，抗日民主根据地迅速扩大，夺取抗战最后胜利的日子为期不远，然而困兽犹斗，侵华日军头子冈村宁次纠集优势兵力，对中原解放区实行"铁壁合围""分进合击""牛刀子战术""捕捉奇袭"等多种形式的残酷扫荡，妄图扭转其即将惨败的战局。小渠惨案就是在这样险恶的形势下发生的。

10月中旬，日寇对我九分区开始进行残酷扫荡。11日敌骑兵400人到达上堤梁庄集、冢召、井店一带大肆烧抢。14日，日伪军千余人由滑县道口到下堤中心村北苑村，经民兵阻击后进驻八里营，企图打通和两门伪据点的联系。15日扫荡上堤沙区的敌骑兵进驻两门据点。16日敌军分路向滑县中心区万古、辛庄、高平进犯，在高平屠杀我同胞50多人。17日拂晓，敌骑兵增加500余人，从高平分两路向滨河县第二区开始合围。一路经老岸、新店、大浪口南进，一路经邵二寨、佘家、西赵堤北进，形成了数十里的包围圈，逐渐向内压缩。在此之前，县委得到消息，赶在敌人之前通知这一带我党干部、民兵和群众立即转移。没来得及转移的干部、民兵和群众闻讯敌骑兵已到，便纷纷扶老携幼、牵着牲口，背着包袱四处逃避。敌人用拉网式的方法包围了逃难的人们，见青壮年男人就追捕，不跟他们走就毒打，甚至用马蹄活活踩死，被围群众在日军的铁蹄下哭号，呼唤着被敌人抓走的亲人。乡亲们的哭喊声和日军的号叫声充斥了原野的上空，包袱丢得遍地皆是，吓惊的牲口四处乱窜，霎时形成了难以述说的悲惨情景。在包围圈内的一些党员、干部和民兵，目睹此状义愤填膺，他们带领群众奋力反抗，拼死向外突围，有200多名干部和民兵先后冲出敌人的包围圈。半晌，敌人把抓获的人一群群地驱赶到前、后小渠村的几片空地上，一片片地分别看管起来，号叫着查问谁是八路军，谁是农会会员。不管敌人怎样号叫，人们怒视敌人，没有一个人吭声，于是敌人就在人群中挑选年轻人进行大屠杀。在后小渠东头场上的敌人先动手，很快从100多个被围的人当中挑出来几十个年轻人，强迫脱光上衣放在草垛上点火烧掉，然后在两个院子里一个个残杀。每挟持去一个，便传出一阵日军的号叫声和撕裂人心的惨叫声。在村西头路南刘长山的院子里，敌人惨杀我同胞20多人。在敌人挟持黄新峰同志下毒手时，他猛然拼命反抗挣脱，与日军展开殊死搏斗，迅速地打倒挟持他的两个敌人，大声吼着："乡亲们，跟鬼子拼了，快跑呀！"他便疾速翻过六七尺高的院墙，带领十几个人逃跑。敌人向他们开枪，骑马追击，把李家村的一个民兵打死在村西北角的田野里。

前小渠被围群众600多人。敌人怕人们再起哄逃跑，就强令每人解下扎大衣的带子，一个个捆绑起来，有的几个人串绑起来，然后一群群关在屋子里，外边有日军看守。中午敌人在四个地方用极其残忍的手段进行大屠杀。在前街东头关公庙前场里、水坑里，敌人用大洋刀砍杀、烧杀我同胞200多人。敌人把关在屋内的人一个个拉出来拖到场里砍杀，尸体很快堆成了垛，然后在尸堆上放上秫秆、豆秸烧，一时火光冲天，浓烟滚滚。被残害者惨叫之声闻十里之外。杀了一阵，敌人的刀不那么快了，有些一下没被砍死的人跑到浅水坑里，敌人在坑周围开枪打，并用手榴弹炸。后又把点着的秸秆扔到坑里尸体堆上烧，敌人的狞笑声和受害者的惨叫声不绝于耳。在东寨外路沟边的树行里，敌人用刺刀刺杀我同胞20多人。敌人把抓来的人一个个绑在树上蒙住眼睛，喊着口令当活靶子刺杀。后小渠民兵刘银成、刘长山等看到此状，胸中燃起愤怒的烈火，与敌人展开猛烈地搏斗，刘银成等几位同志倒在血泊之中。刘长山同志在混斗中滚进路沟里的尸体堆里，未遭敌人杀害。在北寨墙根的盐土堆上，敌人活活烧死我同胞100多人，烧焦的尸体手背绑着，蜷缩成一团，分不出面目，惨状目不忍睹。在后街的甜水井里，溺死我同胞100多人。敌人逼着被绑的人一个个往井里跳，活人填满了井，又把井边的土墙推倒并压上石碌。在前小渠，敌人的大屠杀进行了2个多小时，使尽了极其残暴的杀人手段。

太阳偏西，这帮穷凶极恶的浑身沾满我同胞鲜血的日本法西斯强盗，离开小渠顺堤北撤。逃难的群众陆续回到前、后小渠敌人大屠杀的现场，在哭诉斥骂声中踏着血迹寻找被鬼子杀害的亲人。只见被杀害的同胞尸体遍野，血水横流。有的被砍死，有的被挑死，有的被剖腹，五脏六腑，七零八落。残火冒着青烟，被烧死的尸体一堆堆，焦尸蜷缩，腥臭难闻，无法辨认，惨状令人发指，实在惨绝人寰。在场群众悲愤交集，对日寇充满了不共戴天的刻骨仇恨。当晚，县委书记徐枫同志带领县、区干部到小渠查询了情况，安排干部帮助受难群众料理后事。据他们当时的不完全统计，在此惨案中，日寇惨杀我同胞690多人。仅新店一个村就被害104口，被杀绝男人的30多家。黄岗、岸下、大浪口、李家等村都有几十家男人被害。在这一带，一时新坟遍野，丧服满街，纸灰飘荡，哭声不绝。多少人家封门闭户，家破人亡，多少人家孤苦伶仃，形影相吊。村庄冷落，寒风萧瑟，鸡犬之声不闻，凄惨之状令人毛骨悚然。

在惨案中，我遇难同胞绝大多数是青壮年男人。极端残暴的日本侵略者妄图用屠杀抗日有生力量来征服我国人民，挽救其注定失败的命运。然而，这只不过是回光返照而已，胜利一定属于英雄的中国人民。惨案过后，县、区派干部带慰问品分赴各村慰问蒙难家属，派民兵及车辆埋葬了无人认领的80多具尸体。在小渠为死难同胞召开了隆重的追悼大会，立了小渠惨案纪念碑。大会上群情激愤，悲痛的控诉，愤怒的谴责，复仇的呐喊，犹如惊雷回荡在被同胞鲜血染红了的大地上空。会后又唱了三天戏，并组织全县干部和民兵进行一次大规模游行示威。广大人民群众化悲痛为力量，更加积极地投入抗日救国的斗争中，为彻底打败日本侵略者，迎接最后的胜利继续战斗！

五、第一次解放长垣城和长垣县建制的恢复

1945年，世界反法西斯斗争进入尾声。毛泽东于1945年8月9日发表《对日寇的最后一战》的声明，从此中国的抗日战争进入反攻阶段。根据区党委、军区的指示精神，冀鲁豫九地委立即召开会议进行部署，为了解放接受被日伪军占领的长垣大地，1945年8月27日，地委决定撤销滨河县建制，恢复长垣县建制，将滨河县原班人马组建为长垣县党、政、军领导机构，中共长垣县委书记任由王愈明担任，长垣县县长由郭涤生担任，并分别兼任长垣县武装大队政委、大队长职务。10月，冀鲁豫与冀南两区正式分设，冀鲁豫区成立新的区党委、军区和行署。长垣县划归冀鲁豫区第四地委、军分区。县委、县政府及武装大队和全县民兵的主要任务转入迎接解放长垣的各项工作。在主力部队反攻的同时，长垣县大队和武装民兵全面开展了对周围地区日伪据点的猛烈进攻。在强大军事、政治攻势下，全县300多个村庄获得解放，只剩下长垣孤城一座，又被各路武装团团围困。

长垣县党政军领导机构恢复建立以后，连夜在驻地召开各区书记、区长等领导人会议，传达地委会议精神，宣传日军投降的胜利消息，部署动员全县地方武装和全县人民全力支持军区、军分区部队作战，向日伪军盘踞的据点发动猛烈进攻。8月下旬，宜邱伪自卫团被歼灭。伪军据点除张三寨被缴械外，其余敌人如惊弓之鸟纷纷逃进城内。8月28日，八路军陇海前线中路军三纵队，在先后收复延津、封丘以后，战斗锋芒直指长垣县的日伪军。在卫南、濮阳、长垣等县地方武装和民兵的密切配合下，于29日包围了长垣城。经进一步对敌作争取工作和平解放无望后，于9月1日晚发动总攻。21时许，曾接受八路军分区敌工部工作的刘富山部营长杨殿章深明大义，乘机打开东门，围城部队迅速攻入城内，与敌展开巷战，刘富山见大势已去，在混战中率百余人由日本人掩护从北门逃窜。经一夜战斗，城内残敌被肃清，被日军侵占7年之久的长垣城回到人民手中，县城周围及其以南300余村庄获得解放。当天早上，县长郭涤生率县政府工作人员进城，张贴布告和宣传品，树起县、区民主政府牌子，安定社会秩序，号召逃离他乡的居民回来重建家园。9月2日，长垣县城周围群众喜闻县城光复的消息，无不拍手称快，并连夜筹办慰劳品送给当地驻军，有猪百余头，布鞋2000余双，肉鸡800余只，还有大量的粉皮、鸡蛋、蔬菜等其他物品。军爱民、民拥军，全县人民欢呼抗日战争胜利，沉浸在无限喜悦之中。

长垣城解放后，为了开辟新解放区的工作，县委、县政府决定对全县区划进行一次大调整，将全县划为10个区。第一区公所设城关，区委书记常化民，区长刘子泉；第二区公所设常村，区长谢光明；第三区公所辖魏庄一带，区长魏鹤峰；第四区公所，辖苗寨一带，区委书记许佳录，区长高宏业；第五区公所，辖方里一带，区委书记马青元，区长赵敬之；第六区公所，辖芦岗一带，区长陈峰；卫南县青岗、新店一带划归长垣县，为第七区公所，区委书记苏清云，区长尚幻甫；第八区公所设佘家，区委书记贾明克，区长李德轩；第九区公所设武丘，区委书记邱菜(兼)，区长贾槐堂；第十区公所设海通(1949年划归濮阳县)。同时，县委增设了城市工作部，县政府增设了建设科。为争取和平建设新长垣，保卫长垣抗战胜利果实提供了组织保障。

在抗日战争时期，长垣人民在共产党的领导下，坚持抗日游击战争，创建了河东、城西和城北3块抗日根据地，到长垣城解放时，地方武装和民兵发展到3000人，根据地面积达300多平方公里，建立了6个区级政权。

第四章　解放战争时期

第一节　抗战胜利后敌我双方的斗争

一、抗日战争胜利后长垣面临的形势

日本宣布无条件投降后，针对蒋介石的和谈阴谋，对人民"寸权必夺，寸利必得"的做法，中国共产党提出了"针锋相对、寸土必争"的斗争方针。为适应形势发展的需要，1945年8月20日，中共中央决定撤销北方局，成立晋冀鲁豫中央局和军区，邓小平、刘伯承分别任书记和司令员。晋冀鲁豫边区划分冀鲁豫、冀南、太行和太岳4个区党委和军区。根据党中央、毛主席的指示，为严防国民党军向华北进犯，按照晋冀鲁豫中央局和军区的安排部署，冀鲁豫区党委、军区结合本地区的具体情况，确定目前的主要任务：（1）全力配合晋冀鲁豫军主力部队粉碎国民党军向解放区的进攻，阻止或延滞其从同蒲、平汉、津浦铁路向北进犯的行动，保证中央"向北发展，向南防御"的战略方针的实施；同时继续清除解放区内残存的日伪据点，控制铁路线，继续扩大解放区。（2）立即输送军区部队组建野战军主力，并开展大规模扩军运动，进一步发展地方武装和民兵。（3）在新解放区迅速建立和加强人民政权，开展反奸清算和减租减息运动；在老解放区进行减租复查工作，在全区大力发展生产，厉行节约；同时加强对解放区周围敌占城市的工作。（4）加强军队和人民的阶级教育，揭露美帝国主义的侵略和蒋介石反动集团内战、独裁、卖国的阴谋，克服和平麻痹思想，做好对付国民党发动内战的准备。

1945年9月1日，长垣城解放后，正当民主政府带领群众医治战争创伤，开始重建家园的时候，周围地区的国民党军加紧部署，意欲篡夺抗日

胜利果实。为防止敌军占领后长期盘踞，长垣县民主政府派秘书刘遵孔总指挥，发动县城周围村庄群众破除了日伪军修建的工事和城墙。10月初，国民党地方武装王三祝部千余人自延津经封丘长途奔袭长垣城，长垣县民主政府被迫撤离县城。同月下旬，国民党军四十七师汪匪峰部和国民党冀保十二纵队进入长垣城，夺取抗战的胜利果实。

国民党军占据县城后，施展了反革命两面手法，一面同中共地方组织交换信件酝酿进行地方的和平谈判，一面派部队到樊相、满村、九棘等城周围村庄，强行派粮派款，抓丁抓夫修筑城防工事。随后，国民党国防部人民服务队第八中队（特务组织）也进驻县城，扶植地方势力，建立地方各级政权及军事、特务组织。在1946年初国民党县政府建立后，通过清查户口，编制保甲（15—20户为一甲，15—20甲为一保，15—20保为一乡），在全县划编乡公所48个，镇公所16个。在其占领区，网罗地痞流氓，胁迫群众组织乡自卫小队、镇自卫中队、县自卫总队，以及"青年工作队""长老会""宋苏教""富户团"等特务组织，进行特务训练，灌输反共思想，制造谣言愚惑群众。

针对国民党反动派的倒行逆施，中共长垣县委遵照上级指示精神，与敌人展开了有理、有利、有节的斗争。在按照国共两党达成的"双十协定"精神，进行信件交往，准备地方和平谈判的同时，抓紧时机发展根据地的武装力量，组织地方民兵进行军事训练，增强地方武装的实力和战斗力，以适应越来越紧张的局势，并伺机打击敌人的袭扰抢掠行动。其一，抓紧时机大力发展县区村三级地方武装力量。1945年10月，长垣县武装大队接到军分区命令，调往外地配合主力部队执行任务。随后，升编到冀鲁豫第四军分区十六团。11月间，由原县大队副大队长宋慎学重建了长垣县武装基干大队。其二，采取不同形式开展练兵活动。为了提高县、区、村各级地方武装的政治、军事素质，县大队组建后便立即开始了训练。经过近两个月的训练，全县地方武装的军事、政治素质有了明显提高。其三，组织地方武装力量加强在边沿地区的活动。12月初，冀保十二纵队（何冠三部）千余人，连续3次到城北樊相、满村一带抓兵拉夫，抢掠财物，均被县大队和区民队击退，有效地保卫了边沿区人民生命财产的安全。其四，地方短暂和平的实现与反袭击、反"蚕食"斗争的开始。半年内长垣地方武装为维护和平局面，保卫解放区，先后参与组织自卫反击大小战斗80余次，毙伤敌军200余名，俘虏250余名，缴获长枪480支，机枪28挺，捕捉特务谍报人员40余名。

二、革命老区的沦陷与根据地的收复

在蒋介石发动对冀鲁豫解放区的进攻中，驻长垣城的国民党整编四十七师一二五旅和冀保十二纵队，也奉命分两路向城北解放区进攻。冀保二十纵队首先出动，在九棘、陈墙建立据点。他们采取步步为营的战术向北推进，每进十来里，就要选择集镇或交通要道，强迫为其修建据点，盘踞十数日后再前进。地方伪乡镇政权组织及武装也跟着狐假虎威、兴风作浪，网罗地主和流氓扩大势力，搜刮群众。10月3日，敌人进占丁栾、东邵寨。10月下旬，敌人进占解放区老根据地，在赵堤、邵二寨、车寨、老岸、桑村、朱楼等村镇修建据点，长垣县解放区全部沦陷。国民党军所到之处，粮食、财物被抢劫一空，一些地主分子和流氓与国民党军及当地地主"还乡团"沆瀣一气，进行反攻倒算，残害留下坚持工作的共产党员、农会干部、民兵及其家属。少数丧失革命气节的共产党员、干部和民兵向敌人投降，助纣为虐，带领敌人干坏事，扒民主政府埋藏的公粮。一时解放区被闹得乌烟瘴气，到处是白色恐怖。

对于国民党反动派的军事进攻，长垣县委、县民主政府领导地方武装和民兵与敌人展开针锋相对的斗争。将七、八、九、十等几个区的区队统一组织起来，建为一个营的编制，由周化民等率领配合县大队行动，阻击骚扰敌人。10月上旬，冀保十二纵队向县委、县政府驻地大寨村发动进攻，县大队、联合区队和八区民兵大队的两个连反击敌人，掩护党政机关及干部家属转移到西角集坚持地方斗争。之后，由于敌人集中兵力连续北进，而长垣地方武装力量薄弱，为避免不必要的流血牺牲，保存革命力量，根据地委指示县委决定：县区村各级干部除留少数人员坚持工作外，大部分暂时撤离原地区。在撤出前，各区村均召开了各阶层人员的会议，进行了安排。讲内战爆发后人民解放军取得的胜利，革命的光明前途；讲撤离是暂时的，很快会回来的。特别对受群众运动冲击的地主，敲起了警钟：在国民党军占据后，不要反攻倒算，不要干坏事，不然，以后一定要清算这笔账。

在国民党军大兵压境的情况下，长垣县各级党组织先后有序地组织干部民兵及家属转移到濮阳沙堌堆、甘露一带。县委组织部长陶鲁政和少数干部随县大队躲过敌人锋芒，转到北坝头大堤两侧活动，坚持在本县本地区与敌周旋，开展对敌斗争。

为打破敌人的作战计划，收复失地，并拖住敌新五军和整编十一师，以减轻华东野战军的压力。依据中央军委指示，刘邓野战军决定发动长滑战役，集中力量歼灭战斗力较弱且分散于浚县、滑县、长垣、封丘地区的孙震集团一部。11月18日夜，刘邓野战军主力部队采用猛虎掏心的战法，远程奔袭，避开敌之前锋据点，由敌一〇四、一二五旅和冀保十二纵队三敌的接合部，突然楔入其防御区纵深80余里，将敌割裂包围。19日拂晓，刘邓野战军向长垣八区邵二寨、老岸，十区朱楼、李庄（现属濮阳），滑县上官村各部敌军指挥机关所在地和据点发起猛攻。战斗至22日结束，全歼一〇四旅、冀保十二纵队和一二五旅大部，共12000余人，俘敌一〇四旅旅长杨明显、副旅长李广义和冀保十二纵队司令何冠三、副司令邱立民，一大队长裴晋之等官兵7500余人。共缴获各类大炮10余门，汽车10余辆及大量枪支弹药。

长滑战役的发动，打乱了蒋介石的军事计划，蒋介石急令其进攻豫东的嫡系部队国民党五大主力军之一的全副美式装备的新编第五军来进攻冀鲁豫解放区。敌人在军长邱清泉的指挥下，由兰考地区直扑过来，企图将刘邓野战军主力消灭在豫北地区。新五军气势汹汹，在坦克、飞机的掩护下疾进。所到之处，烧杀抢掠，地方反动势力也随之推波助澜，制造混乱。长垣解放区人民再次遭到一次大劫难。

刘邓野战军原计划先歼北犯之敌一部未果，决心不顾敌向解放区腹地之进攻，实行敌进我进的战术，抽出主力大踏步前进，向敌人后方徐州地区进军，威胁徐州和陇海路，调动敌王敬久部回援，并于运动中伺机歼敌。敌新五军扑了空，数日内即由濮阳至安阳，由安阳沿平汉线南下。而刘邓野战军主力插向豫东敌人守备薄弱之地区，于1947年1月24日至2月11日，发起豫皖边战役，解放柘城、鹿邑、太康等6座县城，歼敌16000余人，收复了豫东解放区大片土地，使豫皖苏解放区的3个专区连成一片。

1947年2月1日，党中央向全党发出《迎接中国革命的新高潮》的指示，要求晋冀鲁豫野战军和华东野战军以连续两个月的主动进攻大量歼灭敌人，收复一切可能收复的失地，以更大的胜利回击敌人的重点进攻。根据党中央指示和晋冀鲁豫区的情况，中央局、大军区决定开始战略反攻，发动豫北攻势。3月22日，刘邓野战军发动的豫北攻势开始，至5月24日胜利结束。刘邓野战军发动的豫北攻势一开始，长垣地方武装和民兵即奉命配合主力部队，向敌人盘踞的老岸、小渠、车寨、东邵寨、丁栾等据点发动攻击。3月24日夜，驻老岸敌三七五团逃窜，敌三八〇团撤进长垣城内固守。长垣城北七、八、九、十区内的敌据点被肃清。国民党长垣县地方乡、镇武装和县自卫队也随之撤至县城周围盘踞。在5月豫北攻势的最后阶段，刘邓野战军扫除安阳敌外围据点时，长垣解放区出民工民兵1000多人，担架150副，支援前线。由赵敬之等几位区长率领，圆满地完成了战地执勤任务，把弹药送往阵地，把伤员运到后方。

3月下旬，虽然城北老解放区得到收复，但敌人仍占据着县城周围及其以南的大部分地区，城内敌三八〇团，县西滑县王三祝部及地方反动武装，仍十分猖狂。他们经常袭扰解放区及边沿地区，进行疯狂的反攻倒算，捕杀农会干部、民兵及家属，敲诈勒索财物，实行残酷的阶级报复，形成严重的赤白对立局面。较大的青岗惨案是在6月10日发生的。豫北攻势后，青岗伪镇公所及其反动武装撤至城西关盘踞。10日早，青岗镇自卫队副队长张善朝纠合地主还乡团200余人，突然包围青岗集，搜捕共产党员、干部、民兵及家属，并大肆抢掠。当日先后捕杀村党支部书记王谦、民兵班长李兴德和其他党员干部及家属9人。6月中旬，长垣城敌人两次奔袭解放区，在佘家、武丘一带屠杀党员干部和群众66人。8月间，地主还乡团到八区黄凸村制造惨案，在本村保长黄培道的带领下，一次杀害区村干部及家属20人。

长垣县委书记、县武装大队政委魏明光，县长、县武装大队长邱莱，副大队长宋慎学和县委委员、县武委会主任吕照清等领导率领县大队、区基干队和各村民兵队与敌人展开了针锋相对的斗争。经常活动在解放区的南部及边沿地区，组织民兵联防，打击敌人的窜扰和抢掠，震慑地方反动势力。特别是在麦秋收获季节，敌人为抢粮而出动频繁，地方武装发挥了重大作用，多次打破敌人的抢粮计划。在将近一年的游击战争中，县大队、各区队和各村民兵共组织大小战斗200多次，有力地配合了大部队的军事行动，打击了地方反动武装的进犯，对敌斗争形势逐步走向好转。一些伪镇乡地主反动武装被逼退，解放区根据地得到巩固和发展，并扩大了游击区。

三、长垣解放战争的胜利

1947年6月底，根据党中央和中央军委指示，刘伯承、邓小平率领晋冀鲁豫野战军挥师南下，在鲁西南强渡黄河，首先揭开了我军战略进攻的序幕。接着，刘邓大军越过陇海路，挺进大别山区，开辟了大别山根据地。直接威胁着国民党统治的南京和武汉。此后，我太岳兵团、华东野战军又相继建立起豫陕边根据地和豫皖苏解放区。三路大军呈品字阵势，相互配合，向国民党占领区展开了大规模的进攻。我军强大的攻势，极大地震惊了国民党南京政府，蒋介石惊慌失措，急忙调集残部向江淮一带集中，企图与我军展开决战，挽救蒋家王朝注定失败的命运。

为牵制敌人的有生兵力，配合刘邓等各路大军不断地歼灭敌人。1947年10月，我晋冀鲁豫大军区在副司令员徐向前的亲自主持下，组建了以司令员陶国清、政治委员甘渭汉为首的"豫北指挥部"，负责指挥豫北地区的战役。豫北地区兵团共有兵力17000多人，包括原太行军区独一旅和五分区的五十二团；原冀鲁豫军区的独二旅和四分区的三五六团、三五七团及封丘、延津、原阳、卫南、长垣五个县大队。为确保在整个豫北战场的胜利，以达到有效地牵制南线敌人之目的，大军区又抽调各种炮兵部队，加强豫北地区兵团的战斗实力。豫北兵团的具体任务是，牵制豫北地区的敌人，配合我刘邓大军南下的战略计划，首先要在豫北攻克敌人长期盘据的长垣城和淇门镇；肃清进占封丘、延津两个县城和外围据点的敌人，扩大解放区，恢复根据地。根据晋冀鲁豫大军区副司令员徐向前的指示，豫北指挥部司令员陶国清、政委甘渭汉组织指挥部有关人员经过部署以后，遂于11月7日将指挥部所属各部队全部集结于滑县上官村、岳村集、马栏寨地区进行整训，并向部队贯彻大军区首长的指示精神，使全体官兵认识整个豫北战役在全国战场上的意义，坚定打好豫北战役的必胜信心。接着，全体部队又统一行动，进行了攻取长垣城的战斗演习，使各部队间协调了关系，统一了步调，进一步做好了战斗前的各项准备工作。

长垣县当时在豫北地区的战略地位非常重要。敌人利用坚固的城防工事，四处布下重兵，建立起联络豫北广大地区的中心据点，控制着通往开封、新乡等地的交通要道，把守着纵横两面黄河渡口。能消灭盘踞在长垣城及周围地区的国民党顽军，对整个豫北战役有很重要的意义。此时，由于刘邓等各路大军的猛烈进攻，南线敌占区的大片土地被陆续收复，蒋介石惊恐万状，急忙将各地区部队大批地向南调进。豫北地区敌兵力较为空虚，长垣县仅留国民党正规军四十七师三八〇团两个营余武装，敌人除守备外，只能抽出少数部队机动作战。针对这种情况，11月11日上午，豫北指挥部召开各旅下部会议，商讨制定攻取长垣城的具体方案。决定：以优势兵力，实行强攻，一举歼灭守备之敌。为防止敌援，在围攻长垣城的同时，将一部分兵力布置在常村集、刘庄、前后大郭一线，构筑坚固的工事，并以小部兵力主动向敌占区出击，扫清外围残敌。攻城的具体兵力部署是，太行独一旅（包括五十二团）攻击地段从城东北角至城西南角。首先以两个团的兵力于第一日完全占领西关、北关，扫清关外之敌；同时以第二梯队兵力一部分部署在前后大郭、刘庄一线，构筑工事，坚决阻击敌人于该线以西地区，并准备以四分之三兵力打援。冀鲁豫独二旅攻击地段从城西南角至东北角。首先争取第一日完全占领南关、东关，扫清关外之敌；如敌增援到，准备抽出两个团以上的兵力打援。另外还将四分区部队部署在牛市屯、封丘、延津三角地带，扫荡顽匪，以配合整个攻城战斗。战斗方案拟定11月17日实施。为便于指挥，首次决定将指挥部设在城西北马寨村。按照作战计划，各部队又分头进行了具体部署，进入战前准备阶段。11月13日，豫北指挥部司令员陶国清、政委甘渭汉在大和村正式下达了攻取长垣城的"豫北指挥部战令"第一号令，针对作战中的一些具体情况做了详细部署。

此时，长垣城内驻守的敌兵力有2500多人，其中包括国民党四十七师三八〇团的两个营的兵力1300多人，另外还有长垣伪人民自卫总队270多人，保警大队270人及各乡联防大队650多人。由于敌人的长期盘据，他们修筑了坚固的防御工事。城内外及城墙四周的主要地段密布着地堡；为防止我军突然袭击，控制城内外贸易人员流动，盘查过往行人。他们将东、北、西三关城门常年关闭，只留下南门，每日晚开早闭，并将南关、西关四周筑为土寨，加固了地堡，平日戒备森严，岗哨林立；城墙外边深挖着两道护城河，两河之间除布满地堡以外，还串联带铁丝网的木架做障碍，城外的地堡都有隧道与城内相通。城内守敌不仅装备精良，而且弹药充足，并积存了大量的粮草。因此，面对我优势兵力压境，敌人却丝毫无退却之意，他们依仗坚固的城防工事，企图与我军对垒，坚守他们在豫北地区长期经营的长垣据点。

我军按照一号战令的部署，分别于17日到达预定地点。下午5时，攻城战斗开始。经过激烈战斗，独二旅六团及五十二团于当日黄昏前后，分别占领了东、北两关。同时，独一旅四十四团，独二旅五团也发起了攻取西关和南关的战斗，但由于敌人的火力太强，我军伤亡较大，冲锋数次未能成功，为减少不必要的牺牲，经过实地观察，我军当即决定避开敌人的实力，攻取敌人守备力量较弱的北门。这时城内守敌急忙调兵向东、北两关进行反扑，企图夺回两关要地，我军集中火力进行还击，敌人的四次反扑，均被我军击退。敌军反扑未成，便加强了城墙四周的火力，阻挡我军前进。18日，郑州方面的敌军向城内空投了大批弹药、物资，敌人越发猖狂起来。19日拂晓，指挥部接到大军区18日的指示："新乡敌人集结3个团，企图于19日出援长垣，估计敌人2天可能到达，望严格掌握情况。你们如明天攻不下长垣，务于20日抽出主力，坚决歼灭新乡援敌，长垣可留一少部分继续围困。"根据大军区指示，下午指挥部首长即研究出围城打援部署。决定：由独二旅副旅长滔光星同志统一指挥六团及五十二团继续围攻长垣；两旅主力于20日转移到前后大郭、马村、常村集一带集结，准备给进到常村集以西、马村以南地区之敌以歼灭性打击。

敌军援兵一二二旅主力23日进驻长垣城南赵岗一带。敌军来势凶猛，他们先以一部分兵力掩护13辆车向长垣城运送一批弹药，企图与城内守敌配合内外夹击我军。25日，新乡方面的敌人又向城内运送了大批弹药，城内守敌疯狂向外反攻，并有联合援兵向我主力出击之意。此时，由于我军数日攻城未克，连续的战斗已给战士们带来了很大疲劳，战斗情绪受到了一定影响。根据以上两种情况，指挥部首长经分析研究决定：为粉碎敌人的企图，我军要争取主动，暂时将两旅主力分开，避开敌人的锋芒，分散敌人的出击目标，然后寻机制敌。为使部队保持旺盛的斗志，以达到有效消灭敌人之目的，决定暂时撤回四周攻城的部队，集中兵力歼灭外围之敌，待部署调整后，再另定攻城方案。随着战情的发展，我军灵活地改变了原来强攻城池的计划，及时调整了部署，挫败了敌人的阴谋，减少了不必要的牺牲。攻取长垣城战役第一阶段结束以后，各部队分别进行了短期整训。接着又在近一月的时间里，先后组织了冯傅集、黄营和淇门镇等战役，收复了冯傅集、封丘、延津等地区，解放了被敌人占领的大片土地，打击了分散的顽匪势力，歼灭了敌人部分主力，基本上扫清了外围之敌，解除了再次攻取长垣城的后患之忧。

1947年11月30日，国民党河北省保安十二团从封丘调往长垣，接替了国民党三八〇团的防务。我豫北部队在攻取冯傅集、淇门镇等地以后，士气异常高涨。当得知敌人这一情况后，豫北指挥部首长当即分析了形势，总结了第一阶段攻城的经验教训，决定再次攻取长垣，并电请大军区首长给予指示。12月18日早晨，豫北指挥部接到大军区复电："同意你们20日攻取长垣计划，望另以分区部队逼近新乡，积极活动，侦报敌情，以创造打援条件。"根据部署，19日16时，各部队进入攻城集结地点，豫北指挥部首长再次研究攻城计划。他们根据大军区"采取连续炸破，结合炮兵，集中轰击一点，开辟道路，力求缩短攻城时间"的指示，当即决定：把两旅部队的主要突破点都选择在北门及北门以东地段，要求部队务必于20日17时进占东、北两关，连夜加强力量，做好土工作业及各种炮位掩体，并炸除城墙四周的木栅及各种障碍，开辟前进道路。12月20日，豫北指挥部司令员陶国清，政治委员甘渭汉同志再次下达了攻取长垣城第五号战令，指示："我决定以优势兵力，集中火力突破一点，坚决攻取长垣。"命令部队"统一于20日15时开始攻击，并务必攻取东、北两关，尔后迅速构筑工事，以便于21日15时实行总攻，彻底消灭困守长垣之敌"。这次攻城战斗的兵力部署是，太行独一旅及五分区部队统一由安中原同志指挥，负责从城北门以东至南关地段进攻敌人，主攻点靠近在北门以东；冀鲁豫独二旅及四分区部队统一由胡正华、王焕如同志指挥，负责城北门以西至南门发起进攻，主攻点在北门。指挥部设在城东北小岗村，战令对部队之间的联系方法及攻城后的群众纪律等方面做了详细部署。

由于我南线大军对郑州、汉口一段的出击，致使整个战场形势发生了很大的变化，国民党部队虽经竭力抵抗，但由于人心向背，我军所到之处敌军即刻瓦解。敌军为作最后的垂死挣扎，于是就将活动于豫北地区的主力一二二旅及原驻守长垣等地的四十七师三八〇团陆续南调进行增援。长垣城内仅留下以崔沛林为首的冀保十二团1200多人及长垣伪自卫总队230多人，保警大队310多人，名乡联防队660多人，共有兵力2500多人。崔沛林率领所部进驻长垣城以后，立即将所有的工事进一步加修。并组织人马多次外出抢粮，企图凭借坚固的城防负隅顽抗，进行垂死挣扎。12月20日早晨，他们又窜到滑县的瓦岗集、赤水、马庄一带，大肆抢掠，并杀害农会干部数人，敌人野蛮的暴行，引起了城四周群众的强烈反抗。他们纷纷找到我军驻地，要求加入攻城战斗行列，决心协助我军收复被敌人长期盘踞的长垣城，拔掉这个长期残害群众的祸根。

12月20日12时，我军按照预定计划开始向城四关逼进。15时，五十二团首先占领城北孔场村，并用火力控制了北关，吸引敌人兵力，掩护各部队继续向城靠近。司令员陶国清、政委甘渭汉同志遂将指挥部迁往孔场村，深入前线，亲自指挥战斗。天黑后，五十一团进占了东关，接着各主攻部队也均于黄昏前后进占了预定地点，并开始突击修筑工事，侦察地形。经过一夜突击战斗，各部队都相继完成了工事修筑任务，并将城周围敌人设置的障碍全部排除，为我军冲锋开阔了道路。21日14时，总攻城战斗提前打响，各部队先后对主攻点进行轰击后，随即接近城墙，准备登城。四十四团突击队于15时首先发起冲锋，但由于敌人火力太强，反复三次都没有成功。这时，我军榴弹炮火力发挥作用。一阵炮击，将北门东侧城墙打开一个缺口，独一旅第二梯队的五十二团战士乘机猛冲上来，他们协同四十四团突击队备勇冲杀，于17时30分攻上了城墙；负责主攻北门的四团15时30分开始攻击，战士们冒着敌人密集的弹雨，发起了数次冲锋，最后在集中炮火的掩护下，强行迅速搭上长梯，终于登上了城楼。接着，我军顺城墙迅速向两边展开，不断追歼敌人。经过30分钟战斗，敌人经营多年的城北门防线已全部被我军击溃，城内敌人见大势已去，纷纷缴械投降。在我军登上城墙之际，防守在城南门、西门的部分敌人狼狈逃窜。我军奋勇追击，但由于敌人拼命地向多个方向逃跑，在追歼窜敌大部分以后，为使部队不过于分散，即命令部队停止追击，回城扫清残敌。21日19时，我豫北指挥部发动的攻取长垣城第二阶段的战斗胜利结束。在我主攻部队全部占领城内各要地以后，指挥部首长遂即又下达命令：为不给城内群众加重负担，除部分部队进入城内进行战果清理及处理战俘外，其余部队集结城外待命。城内群众见我军具有如此严明的组织纪律，无不为之感动，纷纷从家中拿出物资连夜送到城外我军驻地，慰问他们从来也没有见过的具有这么高觉悟的部队。

这次战役共计俘敌825人，击毙200多人，缴迫击炮2门，迫击炮弹300多发，轻机枪11挺，长短枪800多支，掷弹筒2个，各种子弹19万发，电台2部，电话机10部，炸弹250发，牲口80匹，小麦50多万斤。从11月17日起至12月20日止，我豫北地区兵团先后收复了城镇及大村庄十多处，解放了15000平方华里的地区。

长垣城又一次解放了，满目创伤的长垣大地从此永远回到了人民手中。正当人民群众积极准备以更多的物资慰劳子弟兵时，这支为长垣人民立下汗马功劳的部队却又挥师开赴新的战场。

第二节 革命老区和新解放区开展的土地改革运动

一、开展反奸清算斗争和减租减息

日军无条件投降后，1945年9月1日，长垣城及其以南300余村庄获得解放。为解决农民的生活问题，做好自卫战争的准备，根据中央指示精神，从1945年冬至1946年夏，在我县新解放区，从反奸清算斗争入手，开展了群众性的减租减息斗争，在老区进行了查租减租斗争。

（一）开展反奸清算斗争

长垣光复前，长期处在日伪及反动封建势力压榨下，不少农民的土地被伪顽人员霸占兼并，苛捐杂税和高利贷逼得许多人家破人亡。因此这些地区解放后，锄奸反霸，翻身复仇，夺回被掠夺霸占的土地和财产，成为各阶层群众最迫切最强烈的共同要求。很多群众到民主政府驻地哭诉汉奸的罪行，要求民主政府帮助他们要回被夺取的土地，及时种上小麦。长垣北部靠近解放区的四、五、七区群众，受解放区群众运动的影响，首先自觉地行动起来，展开了与汉奸恶霸的斗争。9月下旬，五区瓦屋周围5个村、七区张三寨周围几个村群众自愿联合起来，游行示威，斗争汉奸恶霸地主张维三、王锡九、张大头等，进行说理清算，要求退粮退地。当时群众决议罚他们3家粮食共210石，补偿了穷人受的损失。

10月14日，中共长垣县委总结新区的工作情况，向各区发出紧急指示：汉奸强占群众的土地必须解决，与老区相连的地区立即减租。县委紧急指示发出以后，长垣县新解放区（一、二、三、六区及四、五、七区一部）反奸反霸清算的群众运动很快开展起来。通过清算，一部分被汉奸夺走的土地夺了回来。到年底，新区的440多个村，有300多个村不同程度地开展了反奸清算的群众运动。

同时，反奸清算斗争也刺激了国民党重新扶植起来的地方势力，其中多数曾充当日寇汉奸，重新受到国民党的利用。他们对共产党领导的反奸清算斗争恨之入骨，千方百计进行破坏捣乱。1946年1月长垣县国民党地方政府建立起来以后，原来的地方伪顽势力又开始抬头。特别是长垣城南、城西的一些乡镇地方反动势力一时猖狂起来。长垣新解放区的反奸清算运动在一些地区受到一定的干扰。1946年3月29日，为贯彻地委关于群众运动的指示精神，县委召开了新区干部座谈会，讨论大胆放手发动群众的问题。座谈会议后，四、五、七区的反奸清算运动又进一步开展起来，五区把干部集中在方里以北的村庄发动群众，分为3个组，由已建立农会的吕庄、瓦屋、张庄等几个村为重点向外发展。

（二）新解放区的减租减息运动

中共中央于1945年11月7日发出《减租和生产是保卫解放区的两件大事》的指示，要求不失时机地开展减租和生产两项工作，务使整个解放区，特别是广大新区，在最近几个月内（冬春两季）发动一次大的减租运动，普遍地实行减租，借以发动大多数农民群众的革命热情。遵照中央指示，县委对新区的减租减息工作进行了认真的研究。为加强领导，县和各区成立了民运委员会，各部门干部除留少数在机关工作外，其余大部分干部抽调，集中发动群众，同时从县区武装内抽调一部分有农村群众工作经验的同志参加领导群运。新七区与老八区相连，因受老区影响，减租减息群众要求迫切，故以七区边缘村庄为重点，参照老区抗日战争时期"二五"减租的办法，首先发动贫雇农成立佃雇会，然后进行减租增资工作。不到一个月时间，全区50余村庄，共有佃雇700多人，已组织起来，成立"佃雇会"，减了租，倒了粮，改善了自己的生活。在点上创造经验后，逐步向面上展开。

1946年初，国民党专员丁树本重返濮阳地区，委任梁达为长垣县县长，积极推行国民党清乡、反共"保甲连座"制度，将全县划为16个镇，各镇网罗当地土匪、地主三五十人建立镇队残害党员、干部及家属。如方里镇队长苗兰廷，在6月间率其镇队趁我坟台民兵熟睡之机，枪杀我民兵9人。王三祝、吴兰田、何冠三等匪部又多次地窜扰抢粮，群众情绪异常紧张，加上我们没有很好宣传教育，组织群众武装自卫，减租减息工作不仅在面上未能铺开，同时已开展的村庄秋后又退了下来，佃户农纷纷把自己得到的粮食如数又倒给了地主。有的在地主的威胁下退佃解雇，如七区凡相原有80余佃户，秋后只剩下一少半；青岗原有70余佃户，秋后只剩下20余佃户，佃户会大部分垮台。

（三）老解放区的查租减租工作

1943年，在抗日战争时期，为了粉碎日军的猖狂进攻，党在长垣县的东北部开辟了滨河县。为了发动群众进行抗日斗争，党在滨河县的基本区佘家、武丘、海通一带，领导农民开展了减租减息、增资增佃、反奸清算的民主民生斗争，使广大农民初步得到了土地和财产，改善了民生，有力地支援了抗日战争。

抗日战争胜利后，广大群众与干部一度沉浸在欢乐之中，尔后国民党三八〇团和何冠三侵占了长垣城，内战危机严重，国民党特务分子活动猖獗，村干部脱离群众，地主造谣破坏，群众思想混乱，致使抗日战争时期我党制定的减租减息政策未能延续执行，在老区同样出现了解雇佃、明减暗不减等问题。为此，我党在新区开展减租减息斗争的同时，对反攻前开辟滨河县的基本区(指八、九、十区)进行了查租减租工作(简称查减)。其做法是，依靠贫雇农，团结中农，扩大整理民兵组织，发动广大群众反特、反破坏，并从反特、反破坏中，加强对群众的时事教育，提高群众的阶级觉悟，打退地主阶级的反攻、复雇、复佃，退还农民向地主多交的租息。另外，还推行了合理负担。因地主霸占的土地大部分是好地，贫苦农民的土地大部分是孬地，为多征收地主的公粮，我党采取了按标准地(好地一亩顶一亩，孬地一亩顶九分、八分)征收的办法，这样进一步削弱了地主经济，减轻了农民负担。

二、急风暴雨式的土地改革运动

反奸清算与查减工作的深入，使广大农民提高了阶级觉悟，一些地方的农民没收汉奸的土地和财产分配给贫苦群众，使农民群众得到大量土地，这种做法得到党中央的充分肯定。长垣县更是如此，斗争一开始，农民就提出对土地的要求。1946年5月4日，党中央发出《关于清算、减租及土地问题的指示》（五四指示），决定在全国解放区解决农民的土地问题，这标志着解放区土地改革的正式开始。

6月15日，冀鲁豫行署总结群众运动的经验，发出《关于发动群众工作的再次指示》，对反奸清算和减租减息的内容作出明确的规定。7月下旬，长垣县委在邓楼召开三级干部会议，传达贯彻中央"五四指示"和中央局、区党委行署及四地委指示精神，部署土地改革工作。县委决定先在3个老区进行，各区先搞几个重点村，以点带面，走一步带一步，逐步深入开展下去。会后，县委在八区朱口村搞土改工作试点，发动群众斗争恶霸地主，没收了地主的一部分土地和财产，分配给军、工属和贫苦农民。经过两个月余的工作，3个区的100多个村先后开展了土地改革运动，一部分先进村分配了土地，有的只分了浮财。在果实分配中，首先照顾抗日军人家属、工属，其次是民兵家庭，其余土地分给一般贫苦农民。八区黄凸村在土改运动中，没收奸霸地主土地185亩，经群众讨论，照顾正规军家属每人4.5亩，地方武装人员家属每人4亩，职工家属每人3亩。小渠村刘峰章全家11口人，在斗争中分得土地30亩。10月上旬，由于敌人大举进攻解放区，土改运动被迫中止。

11月，刘邓大军发动了长滑战役，收复了失地。长垣县委在根据地得到收复后，就立即着手贯彻晋冀鲁豫中央局和冀鲁豫区党委关于进行土地改革的指示精神，将党的"彻底实现耕者有其田"的土地改革方针进行公开宣传，放手让群众自己起来解决土地问题。1947年1月14日，区党委又召开各县民运部长联席会议，总结与部署土地改革运动。3月29日，冀鲁豫四地委召开了县委书记会议，传达贯彻区党委民运工作会议精神，座谈研究土改的方针、政策，并对全地区的土改运动做了部署。

地委会议后，中共长垣县委在驻地孙庄集召开了各区主要干部会议，分析研究长垣县的全面情况，部署在老区重新发动群众，全面开展土地改革运动。会议认为：长垣解放区刚刚全部收复，敌人还有相当力量，还不时到解放区袭扰。农村基层党组织及其领导的农会、民兵组织在沦陷时遭到不同程度的破坏，群众情绪还不够稳定。因此，必须把土地改革和武装斗争紧密结合起来进行，"一手拿枪，一手分田"。抓紧恢复各村党组织，并依靠党支部坚决发动贫雇农，恢复农会、民兵组织，将沦陷期间欺压群众，反攻倒算的地主、坏分子揭发出来，开展说理斗争，对罪恶重者以严惩，以利于发动群众。会议还回顾总结了沦陷前土改工作的进展情况，研究了在老区开展土地改革运动的方针、政策和方法、步骤，对不同类型的村提出了不同的要求。对沦陷前已分配了土地的村，要深入开展翻身大检查，实行填平补齐的政策，彻底解决土地问题；对多数尚未分配土地的村，要实行"中间不动两头动"的政策，务必使无地和少地的农民获得土地，实行耕者有其田。会议后，各区立即展开了工作。在这次土改中没收了地主的大量土地，并分配给了贫苦农民。到1947年9月，长垣解放区的3个老区和3个半老区的土地改革运动基本结束。

但在这次"土地还家"运动中，犯了"左"倾错误，特别是1947年麦后，县委在尚寨召开的全县干部积极分子大会上，贯彻了地委"湾子会议"精神，在"要杀开局面""以报复反报复""带白手套不能革命""反红脸奸臣(指开明士绅)"等"左"倾口号的掩盖下，大会设三个战场，开展了对恶霸地主坏分子的斗争，有冤报冤，有仇报仇，把地主拉向望蒋杆，斗死地主十几名。会后各区不同程度地出现了大杀大砍的极"左"现象，用打拉式追浮财，特别是在北三区，地主由舍财不舍命发展到舍命不舍财，因有的浮财拿出来后仍被打死，有的以投河、上吊以自己的死换得群众对地主阶级的同情，分化了群众的阶级阵营。当时地主恐慌万状，风声鹤唳，草木皆兵，地主的威严全部被我们击溃，但大都逃之夭夭；没有认真执行中立富农的政策，而没收了逃亡富农的土地；侵犯了中农利益，如旧城，在轰地主时，全村男女老少齐上阵，甚至把地主的雇工、佃户也轰了，在不满足的情况下，还动了中农一部分粮食，有的中、贫农与村干有私仇或当保人因地主逃亡恐偿命亦逃亡。那时不少地主逃到王三祝的乌龟壳下，扩大了敌人的队伍。有的地主组织还乡团伺机报复，如黄凸地主伪保长黄培仁、黄培道、张思敬等，更加凶残，他们带领还乡团回村打死我工商管理干部和农会干部及家属20余人，制造了"黄凸惨案"。敌人的报复和我们的反报复，对杀的结果曾一度使我县北部东西30里、南北10余里，赤向对立，形成"无人区"。

7月间，区党委针对各地乱杀人的严重问题，发出了《关于土改复查中杀人问题的通知》，强调为了正确执行对地主的镇压政策，达到镇压罪大恶极控制一般的目的，真正做到百分之九十以上农民意见的执行。决定在土改中杀人权仍归县委。群众要对罪大恶极的地主给予报复，而要求打死斗死时，应事先经过县委的批准。各县区应立即将此决定传达下去，切实执行。自此之后，长垣县委采取了组织措施，加强了组织纪律和审批手续，严格控制了杀人的问题。运动中乱杀人的问题很快得到纠正，顺利地完成了老区的土地改革工作，使解放区得到巩固和发展。

三、老区的土改复查和结束土改工作

1947年12月21日，长垣县城彻底光复。为此，广大解放区，特别是老区群众精神振奋，一派恢复生产、重建家园、生机勃勃的繁忙景象。同时，老区群众提出了土改复查、合理解放土地的问题，确定地权，以安心生产。根据形势发展和群众的迫切要求，在我县老区、半老区进行了土改复查和结束土改的工作。

1947年7月至9月，中共中央在河北平山县召开全国土地会议，认真总结了《五四指示》发布以来全国土地改革的经验与教训，讨论制定了《中国土地法大纲》（简称《大纲》）。为推动土改运动的顺利开展，端正党的政治思想路线，保证土地大法的贯彻执行，遵照四地委指示，长垣县、区委领导成员及党员干部于1948年春分两批分别到清丰柳格集和滑县中冉村参加区党委举办的整党学习班，认真学习了毛泽东1947年12月在党中央陕北会议上作的《目前形势和我们的任务》的报告和《中国土地法大纲》等重要文献，开展了"三查、三整"，即查阶级、查思想、查作风和整顿组织、整顿思想、整顿作风。深刻揭露了在我们党员干部队伍中离开党的路线的错误思想和表现，开展了批评与自我批评，清除党内严重存在的地富思想和中农小资产阶级的思想影响，转变了我党干部的政策观念，为正确落实党的政策，彻底开展土改工作扫除了思想障碍。3月，首批整党结束后，县委便组织党员、干部深入农村，从宣传贯彻土地法大纲入手，按照中央关于土地改革的总路线、总政策，依靠贫农、联合中农，有分别有步骤地深入开展土地改革运动。

在老区（八、九、十区）和半老区（四、五、七区）首先是端正政策，稳定各阶层情绪，以利于发展生产。在上半年的土改与土改复查中，老区、半老区的土改运动曾出现一些"左"的偏差，对地主大杀大砍，扫地出门，错斗了一部分中农和工商业者等。端正政策就是要纠正这些偏差，要广大干部明确，侵犯中农利益，斗争中农是原则性的错误，对错斗中农的损失坚决补偿。县、区主要领导，深入调查研究，针对错斗中农的不同情况有分别有步骤地领导群众进行补偿，去掉斗争户的帽子，吸收其参加农会，以达到中、贫农团结的目的。对扫地出门的地主富农要分给一份土地，使其通过生产劳动生活下去。明确一般地主富农与恶霸地主的界限，分别对待。对一般地主解除管制，号召其奉公守法积极生产。对恶贯满盈、臭名昭著的恶霸地主，由人民法庭判决，政府公布给予惩处。对错斗工商业者，予以纠正进行赔偿，使其恢复生产经营。群众负担政策，包括公粮的征购，村里开支、支差、代耕等几个方面，进行检查端正，达到公平合理，并解决好军工属和民兵家属的实际困难。在安、补、填中，县委根据全县土地占有情况作如下具体规定：土地分配以每人3亩为宜，中农每户每人3亩以上者不分土地，必要时分一份浮财，平均3亩以下者增至3亩或3亩多一点。全村地富和贫农每人平均5亩仍分不完者由区掌握，适当分配给地少人多的村庄。在端正政策中，结合整顿农会组织，对混进农会的坏分子或受地主指派钻进农会搞破坏和假土改的要进行处理，纯洁队伍。注意吸收老实的贫苦农民、中农和妇女参加农会，壮大群众组织队伍。至1949年冬，老区、半老区的土地改革工作基本结束。

四、新解放区的减租减息和反奸霸斗争

1947年12月21日，长垣城解放以后，国民党蒋匪军并不甘心失败，以百倍的仇恨向我解放区疯狂扫荡，抓丁抢粮，如1948年7月，蒋匪军四十师师长李振青率其部配合王三祝及乡镇武装共约五个团的兵力，由新乡对我长垣城扫荡，并到青岗、罗阵屯、八里张、伯玉等村抢去公粮79万余斤，抓丁180余名，杀我农会主任和无辜群众；城西惯匪马成龙、城东有苗兰廷(方里镇队长)24弟兄和岳振路(总管镇队长)等，邵鸿基、田家凤部也常渡河到长垣地区活动；小李村王东海，东邓岗苏从，各地均有以邵鸿基等名义及散匪白天催粮派款，夜间牵牛架户，新区形势仍极不稳定。原我们曾在新区宣传过我党的土地平分政策，因而新区地主积极分散土地和财产，有的分散给近门，定几年合同，在一定年限内，八路军不走即归群众，如八路军走了，他还收回，有的变卖后转为工商业。

根据新区形势，按照毛泽东关于对新解放区农村工作策略问题的指示，在长垣刚收复的新区并没有立即实行土改平分的政策，而是实行了清债减息的社会政策和合理负担的财政政策，进而发动群众，集中打击少数的汉奸恶霸地主，肃清匪特，看家自卫，安定社会秩序，待条件成熟后转入土地改革。为此,县委对新区的清债减息工作做了布置,并规定了减租和清债减息的有关政策,简述如下。

(一)减租

1.所有地主、旧式富农及一切公田、学田、祠堂、庙宇、教会出租之土地,不论任何形式,一律实行"二五减租",即按原租额减去二成半。

2.城市工人、小商贩、贫苦的自由职业者及贫苦的军工烈属、鳏寡孤独等,因缺乏劳力而租出少量土地(不超过当地中农占有土地的平均数),可由政府及农会协议酌情减少或不减。

3.租地之一切副产品,原归农民者一律照旧,原业佃分益者按原成二五减,原归业主者,随粮按成分配。

4.地租一律于产物收获后交纳,禁止预收地租,尤不得索取其他一切劳力或财物的额外剥削。

5.减租从今年秋季减起,已交租者按成收回,陈年欠租一律免交。

6.所有押租押金,一律取消,凡已收之押租押金,应一律退还农民,退还时,应按交纳时之物价折算。

7.农民与农民间(贫农、中农间,富裕中农在内)之租减关系,本着团结互助精神,由双方协议,经过农会政府处理之。

8.减租后确保佃权,契约上有永佃权者继续有效;无永佃权者,应奖励业佃双方订立长期契约,使佃农安心生产。在契约有效期间,地主不得收回土地自种、转租、出典,如地主旧式富农为生活所需收回自耕者,亦应照顾原佃生活收回一部分。

9.减租后,政府农会可根据自愿原则,适当调剂佃权,使耕地太少之贫苦农民增加一部分佃耕地,借以维持生活。

10.减租后应抽旧约,双方另立新约,业主按约收租,佃农按约交租,但因不可抗拒之灾害(水、旱、虫、风、雹等灾)而致减收者,应酌情减免。

（二）清债减息与反奸霸斗争

1.1947年春以前者（当年春我们曾许过今后可以自由借贷），农民向地主旧式富农所借的旧债，一律按月利分半计算清债，多年借款应按下列原则处理：利倍本（借100元上息100元）者，停息还本；利二倍于本（借100元上息200元）者，本息停付。旧债清理后，其抵押债物之土地应即交还农民，但在民主政府成立前，已成立买卖关系者不动。

2.农民与农主之间之债务，由农民自行办理之。

3.凡工商业往来账款及贷款买卖不在清理之列。

4.今后借贷利息，由双方自由约定，政府不限定息，使农民能自由借贷济急。

发动群众集中力量打击大奸霸地主，是搞好减租减息的关键，对大奸霸地主的严厉打击，促进了一般地主和旧式富农向群众进行双减，在反奸霸和减租减息的斗争中，为加强新区领导，县委书记魏明光、民运部长陈凤吾、社会部长尚子端、武委会主任吕兆清等主持分工负责新区工作，并向新区派出大批干部，以石头庄、落阵电、城东关、八里张、小青、周营、东邓岗、满村、宜邱等十个村为重点，以点带面，推动全盘。群众开始发动时，群众有村与村自然联合之要求，它符合农民"人多力量大""天塌砸大家"的心理。因此，在群众运动的过程中，有领导地加强重点村与一般村的联系，使其互相策应，互相帮助，互为学习。在力量使用上，大部分放于重点村，同时派干部去一般村宣传动员，了解情况，发现组织积极分子，使其互相串通，联合开展斗争。

在反奸霸斗争中，为推行合理负担，1948年秋，结合反奸霸斗争，在新区开展了清理黑地的工作。采取限期自报，逾期处罚的办法，对地主、中贫农区别对待，重点开展了对地主隐瞒黑地的斗争，并将清出黑地当季多征收的公粮，由政府农会分配给了农民。

通过对大奸霸地主的清算斗争，不仅推动了双减运动的开展，同时也急救了贫苦农民的生活困难，如六区小青村，在1948年冬开展了对勾结伪军、奸污妇女、杀害人命五条的恶霸地主傅光廷和陈治安的诉苦说理斗争，并清出他们的衣物和粮食发放给群众。

五、新解放区土地改革运动的普遍展开

1949年4月21日，毛泽东、朱德发表了《向全国进军的命令》。我百万雄师抢渡长江天险，于23日占领南京，宣告了国民党反动派统治的覆灭。5月，我军组织新安战役，5月6日，攻克豫北最后一座城市安阳。至此，豫北广大地区"拉锯"形势再不会复返了，人民消除了疑虑。新区又经过一年来的救灾、看青、看家、清剿、反奸霸斗争和生产等工作，稳定了社会秩序。特别是通过反奸霸斗争，提高了群众觉悟，新区群众普遍要求土改。但由于各区干部力量的不同，工作发展不平衡，即分为三类村庄。

第一类村，经过斗争初步发动了群众的村约占25%。这类村群众已形成力量，组织比较健全，群众觉悟程度较高，对地主敢斗，要求平分土地迫切，但因过去建党工作做得差，党的组织形不成领导核心。

第二类村，群众有了初步组织，未经斗争的村约占25%。这类村群众觉悟不高，力量不大，组织也不健全，虽农民有平分土地的要求，但还不敢与地主直接进行斗争，依靠政府平分心理很大，且有一部分村组织不纯，被地主流氓分子掌握着政权。

第三类村，是无组织的白板村，约占50%。这类村大部分是小村，地富不多，群众受了先进村的影响，也有些觉悟，经过几次的看青，也发动与团结了一部分农民积极分子。

新区的地主阶级分子，除二区还有不断联系进行反动活动外，其他区经过一年来的工作，地主内部起了分化，已形不成阵营，除最反动的仍在积极勾结匪特进行破坏活动外，一般的是转向分散土地财产，收买分化农民，做隐蔽斗争的准备。

为顺利完成新区的土地改革，根据《中国土地法大纲》的基本精神，

遵照上级有关土改的重要指示，结合本县的具体情况，县委对新区土地改革的政策做了具体规定。

（一）没收地主阶级的土地及其封建财产，征收旧式富农多余的土地及其财产的封建部分，分配给无地或少地的农民，但需留给旧式富农与地主和农民同样的一份土地和财产，不许再用扫地出门的办法。废除一切封建、半封建的高利贷。对于群众所公认的开明士绅，应予以适当的照顾。对于知识分子(包括地主、富农家庭出身的在内)应采取争取、改造、教育为人民服务的方针。

（二）坚定不移地实行中间不动、两头平等的平分政策，废除以人口除土地的绝对平均办法。这样做既能准确消灭封建，适当满足贫雇农要求，又能切实巩固贫农、雇农、中农之间的团结。过去抽动富裕中农的土地，事实证明害多利少，故今后应完全不动。

（三）必须慎重地正确地划分阶级，分清敌我界限，团结农村90%以上的群众，孤立乡村封建势力，巩固扩大乡村人民民主统一战线。为此，必须完全依照中央《关于一九三三年两个文件的决定及任弼时同志土改的几个问题》的报告，用"自报公议""三榜定案"的民主方式划分阶级，坚决反对包办代替，强迫命令与随便提高或降低成分的错误做法。

（四）组织以贫雇农为骨干的、团结全体中农及一切劳动人民的农民代表会议及农会为土地改革的合法执行机关。农民代表大会及农会的领导机关，应保证三分之一到三分之二的贫雇农和不少于三分之一的中农参加。待多数农民在土改中阶级觉悟提高与组织纪律性加强后，应立即建立村、区、县三级代表会议，彻底完成改造旧政权的任务。

（五）必须将地主与旧式富农、大地主与小地主、恶霸地主与一般地主、劳动起家的富农与一般的富农、一般的富农与带恶霸性的富农等加以区别，分别对待：富裕中农是中农的一部分，应与富农加以原则区别，不得侵犯。对罪大恶极危害一方为群众所痛恨的恶霸，则应领导群众进行有组织的清算斗争。群众性的斗争方式应与人民法庭的方式紧密结合，严禁乱打、乱扣、乱杀或其他变相肉刑，如需处死，必须经县人民法庭判决，呈请华北人民政府批准后，始能执行。

（六）必须把地主、旧式富农的工商业与其他封建土地财产严格加以区别，坚决实行保护工商业的政策，对地主、富农在城市或乡村原有之工商业，以及与工商业相连之厂址、店铺、作坊、住房、机器、工具、现金等财产均不得没收。

（七）对地主、富农的底财（埋葬地下的金银财宝等）一面宣布其为非法，一面应鼓励其自动拿出，政府保给其本人留下一部分（比如30%），准其投入工商业，其余则大部分归农民合理分配。

（八）对解放后地主、旧式富农有意抵抗土改，收买农民，以出卖、出典、赠送或其他方式转移、分散的土地财产一律不予承认。

（九）对地主富农房子的处理问题：地主房子按平分原则平分，分给地主的一份，不一定是自己原有的；富农必须留他原有房子的一份。

（十）一切祠堂、庙宇、寺院、教堂、学校、机关团体的土地，一律按平分原则分配给无地或少地的农民。

（十一）在土改中大村与小村，贫村与富村土地若有悬殊，应做适当的调剂，但应以说服群众自愿为原则，不应强迫命令，造成两村的不团结。

为开展新区的土改工作，县委召开了县、区党员干部大会，学习政策，端正思想，统一认识，增派调整新区干部力量后，于1949年冬，便分赴新区，仍以原重点村为重点，突破一点，推动全面，点面结合，面面生根，即重点突破之后，就串通外村，酝酿参观，由重点村选出翻身代表向外村开阔工作，成立"白板村"的农会，串联与发动群众，一环接一环，一步跟一步，由点到面地铺开，扎扎实实地完成全县的土地改革工作。

解放战争时期的长垣土地改革，使长垣县佘家、武丘、海通、方里、苗寨、丁栾等近三分之二的广大地区实行了土地平分，彻底地推翻了这些地区几千年的封建统治，并引导其他地区稳健地迈入了土地改革的步伐。

土地改革彻底推毁了落后的封建土地所有制生产关系，解放了生产力，发展了农业生产，提高了广大农民的政治地位和经济地位。翻身农民踊跃参军、参战、支援前线。据不完全统计，全县农民参加解放军的达五千多人，同时，我地方民兵配合正规军发动了长滑战役和收复了长垣城，扩大了解放军的后方，并出粮、出人、出担架、大力支援了我军组织发动的陇海、鄄城、开封、新乡、安阳等重大战役。更突出的是1949年春，全县翻身农民支援了四野大军渡河南下作战，全县出动大小车7000余辆，民工15000余人，牲口26000余头，完成调运粮586万余斤，柴草1066万余斤的艰巨任务，并人工搭起黄河浮桥，使我军顺利渡过黄河天险，支援了全国解放战争的胜利。

翻身农民不仅把自己的亲人和物资送上前线，而且对留在后方的军、工、烈属处处关心照顾，如土改后的农民在农忙季节，组织代耕队优先为军、工、烈属收种庄稼，解除了前线战士的后顾之忧，亲人的勉励使他们忘我地参加战斗，去争取战争的胜利。翻身农民翻身保家乡，他们组织地方民兵，肃清匪特，安定社会秩序，保证和促进了我党农村各项工作的顺利开展。在土地改革过程中，我党在农村发动群众，组织贫农团、农会，领导农村的各项工作，经过激烈的搏斗，将政权从地主手里到了农民手中，并发展了党在农村的组织。据统计，1949年5月6日全县发展党员达3045名，加强了党在农村各项工作的领导，巩固和加强了党在基层农村的政权。从此，长垣人民在党的领导下，积极发展生产，医治战争创伤，为把我国建设成繁荣昌盛的社会主义新中国而努力奋斗。

第三节 老区人民复堤斗争和参军支前工作

一、长垣人民复堤斗争

1946年，蒋介石反动派为了发动内战的军事需要，打算在花园口堵口，让黄河改归故道，想利用黄河水"充当四十万大军"，淹死冀鲁豫解放区的人民和军队，隔断解放区的自卫动员，破坏解放区的生产自给，便于他们进攻和侵占，以达到他们的军事目的。

那时黄河故道大堤已失修多年，加上战争的破坏，许多地方堤坝已成平地，滩里长满了庄稼，布满了村庄，黄河水冲来将是一场巨大的灾难。但解放区政府和人民顾念南泛区人民的痛苦，并不反对黄河归还故道，而是反对蒋匪利用黄河作为内战的工具，主张先复堤后堵口。1946年4月，根据周恩来指示，冀鲁豫解放区代表与国民党及联合国救济总署代表在开封进行谈判，达成《开封协议》，确定先修复下游故道堤坝和迁移故道内居民，后在花园口堵口放水的原则。

遵照上级指示，为抓紧组织群众修复沿黄大堤，随即建立了黄河长垣县修防段机构，机关设杨小寨(现在赵堤乡境内)，段长李德轩，秘书股长王汉才，工程股长史某某，财务股长林绍堂。至此，开展了修复沿黄大堤的工事。

当时，我长垣县修防段的管辖范围北从杨小寨，南至大车集，即太行堤东端。那时，大苏庄以南还是伪匪占领区。按协议，我们和蒋帮各负责各自占领区域的堤防修复，国民党长垣修防段机关设梁寨，有次国民党长垣修防段长通过他人关系跑到我们段内要与我方谈判，段长李德轩接待了他。他扬言修复大堤不能以政党占领区域为界，黄河系统应该统一，否则万里长堤的修复将功亏一篑；还直言我们力量薄弱，承担不了重任，要求把他们的复堤任务延伸到我们占领区，企图以我们答复为由阻止我们修复大堤，国民党官员又能以此要回巨款，从中渔利。段长李德轩反驳他说：复堤只能以政治管辖范围所施，如果我们阻止民工到你处复堤能保证我方安全吗？他无言敢答，就溜走了。其实，后来国民党不仅没将他们占领区的南端大堤复修，还百般阻挠和破坏我们对沿黄大堤的修复。

1946年8月，在北段我占领区修复大堤初步完成后，我们与国民党在我冀鲁豫行署菏泽进行了一次复堤谈判。滑县、濮阳、长垣、范县的修防段负责人参加谈判，由北坝头黄河修防处主任邢宣礼带队，我长垣修防段长李德轩参加了会谈，由于蒋方的诋毁和刘邓大军发起第一次陇海战役，国民党空军袭击菏泽，会谈不了了之。

在美帝国主义大力支持下，蒋介石于1947年3月1日下达了"宁停军运，不停河运""限期完成，不成则杀"的命令，15日将花园口堵复，滔滔黄河回归故道。6月以临汛期，当时长垣城驻守着国民党三八〇团和长垣保安队及还乡团数千人，12日全县群众在"打堤自救""天下穷人是一家"的口号下，万余人涌上大堤，对北段堤防进行培修加固，这天长垣城敌人出动，袭击了我八区佘家集一带，惨杀农民60余人，住堤西沿王寨城的七区(丁栾)民兵被包围，遭到敌人百般侮辱殴打。但群众并没有被吓倒，坚定了"敌人来了和他拼，不来就打堤，情况越紧急越要积极干"的坚强决定，出现了你追我赶的劳动战斗场面。

7月，汛期已到，黄河水上涨。号称要承担起重任的国民党不但对他们的占领区域的南段大堤复修一锹未动，并且在孟岗堤段挖5米长、8米宽的4个大缺口，还阻挠解放区人民去抢修。为防敌人出城窜扰，保护复堤民工的安全，四分区调来两个团，将长垣城围起来。县里建立了复堤指挥部，县长张萍任指挥长，当时任修防段长的王汉才任副指挥长，指挥部设在西了墙，指挥全县的复堤斗争。计划三天完成任务，各区根据本区离工地的里程，天明前组织民工到达目的地。第三天，我围城部队获悉新乡援敌将至，遂撤退转移，但未来得及通知复堤工地。中午从长垣城里出来一个侦察部队向我四区(苗赛)复堤指挥部梁寨打来,守卫四区复堤指挥部的十二位民兵和通讯员边打边撤,原布置活动在四、六区交界处四区的50名民兵听到枪声赶来接应,敌人便溃退长垣城。第二天,长垣城敌人大批出动,对我复堤工地狂袭,我长垣修防段长王汉才、工程队长岳贵田、工人李广山等三人被蒋匪抓走,酷刑后活埋在金寨。

随后,邓小平政委接见了冀鲁豫黄委会负责人王化云,指示王化云和杨公素过黄河到东明与国民党方面谈判,并指示在谈判中,要彻底揭穿国民党方面曾提出双方在黄河沿岸不能有任何军事行动,妨碍修堤的骗局,以事实揭露国民党疯狂轰炸扫射修堤民工,打死我长垣县修防段工长的罪行。按照首长的指示,在东明谈判中,我方列举了大量事实,对国民党的部队所作所为,进行了无情的揭露和斥责。

1947年12月21日,在豫北指挥部司令员陶国清、政委甘渭汉新自指挥下,我地方武装配合冀鲁豫独二旅和太行独一旅正规军,攻破城堡,解放了长垣城,从此,长垣大地重回人民手中。1948年夏,为确保黄河汛期安全,动员滑县、长垣、渭南(现一部归滑县)、曲河(现一部分归封丘)14000民工,对长垣大车集到大苏庄长约25000米的南线大堤加高增厚,并对石头庄和孟岗一带堤段进行包淤,动土28万方,使汛期到来沿黄大堤安然无恙。

二、解放战争时期长垣县的参军支前工作

解放战争时期,长垣人民大力支援解放战争,在党的领导下,掀起了轰轰烈烈的参军、支前运动。组织人力物力,支援前线。当时,踊跃参军的农民达5000余人。支援了安阳、开封、陇海、鄄城、滑县、淮海等重要战役,出担架895副,民工1700余人,大车6600多辆,小车700多辆,粮食3146900多斤,为全国的解放做出了一定的贡献。

(一)参军上前线,扛枪打老蒋

1946年秋,长垣县委、县民主政府遵守四地委和军分区的指示,在我县进行了一次大规模的扩军活动。当时要求一个村扩一个连，个别村还有扩一个营的。村党支部书记就是指导员，村长就是连长（以上主要是在八、九、十三个老区进行）。全县共扩军3000余人。这次扩军尚无实行自愿合理的兵役政策，带有强迫命令的做法，使一部分群众产生了不满情绪，在青壮年当中造成了一度恐慌的局面。

1947年10月间，根据第四地委《关于在长垣扩军的决定》，掀起第二次参军热潮。10月29日，县委在西角集召开会议，魏明光书记传达了地委关于在我县扩军1350人的决定，并就此次扩军的政策及方法步骤做了传达和部署，重点在九、十两个老区进行。为顺利完成这次扩军任务，县委首先组织召开了村干部积极分子大会；接着以与会的干部积极分子为骨干，在各区分别召开农民大会，进一步发动群众，在保家、保田、保命的口号下，广大翻身农民表现了极高的革命热潮。这次九区报名358人、十区1220人，共计1578人，后经检验精减为1105人，圆满完成了地委指定的扩军任务。

1948年，人民解放军转入全国性的大反攻。为巩固后方，迎接革命的更大胜利，全国各解放区正深入贯彻《中国土地法大纲》（以下简称《大纲》），实行彻底的土地改革。在我县八、九、十三个老区和四、五、六三个半老区的一部分也正在按照《大纲》中的有关规定进行土改复查工作。在新区，土改工作也正在有步骤地全面展开。对于革命的胜利和人民的翻身解放，地主阶级恨之入骨。他们组织还乡团偷袭村庄，暗杀村干部和革命家属，从各方面破坏和捣乱。在城西、城南地主分子组织了上万人的"白枪会"，与革命政权相对抗。为此，人民要想永远过安稳日子，必须把蒋介石彻底打垮。

这年3月，上级向我县提出扩军任务。地主、特务为了破坏我们的征兵工作，大肆造谣说："东北军来了，东把津浦、西把平汉、南把黄河，各村青年一鞭赶，都得当兵。"敌人的造谣破坏引起了各村青壮年的恐慌，害怕"一鞭赶"，有的村的青壮年听到谣言纷纷逃跑；有的在观望，一有动静，立即外逃。这种现象尤其在新区较为严重。县委了解到这种情况后，决定首先通过生产揭露谣言，向群众讲明我党的兵役政策是自愿合理的，待群众的情绪稳定后，再布置参军任务，以免造成混乱局面。

在八、九、十三个区，由于土改进行得早，群众基础比较好。前线的胜利消息对群众的鼓舞极大，大部分农民都有"努力最后一把，消灭蒋介石，再不受压迫剥削"的迫切要求。尽管有外逃现象，也是个别的。县委针对这一情况，便由党内到党外，由村干部到群众有步骤地进行"将革命进行到底"的教育，向群众阐明我党现行的、自愿合理的兵役政策稳定了群众的情绪。同时，在实际生产上解决"代耕问题"，以排除军烈属的后顾之忧。经过教育，农民的头脑清醒了，一些躲避参军的青壮年陆续回村，有很多村干部都带头自报儿子或兄弟参军，掀起了群众性的参军热潮，使这三个区的征兵工作顺利完成。在四、五、六三个半老区和新区，由于土改刚刚开始，群众的觉悟还不高，因谣言引起的外逃现象较普遍。在这些区，首先通过大抓生产来稳定群众情绪，向群众反复宣传党的现行兵役政策是自愿合理的。敌人的造谣是为了破坏我们的征兵工作，是为蒋介石效忠的。经过认真细致的说服教育工作，群众的恐慌逐渐得到缓解。

在领导方法上，根据各区群众基础的好坏，重点使用和分配干部，重点示范，取得经验，推动一般。在工作中，走群众路线，通过各种组织召开会议，向群众反复讲解形势和党的政策。然后由群众讨论，按照群众觉悟提高的不同程度，再进行个别动员，逐步提高，达到了自愿报名参军的目的。有的区还结合群众的要求，进行对地主的清算和分果实工作，提高群众的阶级觉悟。通过以上工作，群众稳定了情绪，提高了认识，一些逃避参军的青壮年逐渐回村，原准备外逃的也安心了。群众深有体会地说："党的政策就是好，早知道这样，谁还害怕呢！更不会跑这么多人了。"截止到3月26日，一区报名10人，二区报名66人，三区14人，四区61人，五区50人，六区60人，新七区61人，老七区55人，共计377人。

1948年秋，人民解放军由战略反攻转入战略决战，经过辽沈、淮海、平津三大战役，国民党反动派统治已面临覆灭的境地。1949年4月2日，地委通知我县征兵900人。这次扩军是在人民解放军即将向国民党发起渡江战役时提出的。这时我县土改已基本结束，人民群众的生活逐步改善和提高。但这时蒋介石还拥有200多万人的兵力，统治着长江以南广大地区，并正在设计假和平的阴谋，妄图赢得3个月到6个月的时间向革命反扑过来。县委接到通知后，在全县深入进行"将革命进行到底"的教育。以1948年秋王三祝奔袭长垣城的教训，向群众讲明敌人是不会自行退出历史舞台的，从而激发了群众反奸复仇的革命思想，消除了"歇歇脚"的模糊认识。

同时，进一步强调了自愿合理的兵役政策，从而使群众的参军热情空前高涨。但这次扩军工作在全县发展得很不平衡，有的区干部重视，战争观念强，群众工作做得好、做得细，任务就完成得比较好；有个别区由于领导、干部斗争观念淡薄，认为已经解放了，该回家过安稳日子了，没有看清蒋介石假和平、真反扑的面目，所以有的干部工作不主动，甚至有的请假回家，更谈不上充分发动群众，直接影响了这次扩军任务的完成。最后，全县只完成了623人。

（二）积极支援前方，夺取全国胜利

随着解放战争的逐步深入和发展，我县在完成扩军任务的同时，还积极完成上级交给的征收公粮和支援前方的任务。在解放战争时期，我县共参加大小战役和战斗十余次。其中，1946年滑县战役，我县出大车80辆；陇海战役出担架200多副（一副8人）；1947年安阳战役出担架300多副（一副8人）；鄄城战役出担架100多副（两批）；1948年新乡战役出担架195副。

1. 支援新乡战役

1948年秋，人民解放军转入战略决战。10月11日，当辽沈战役正顺利进行之际，中央军委向中原和华东野战军发出《关于淮海战役的作战方针》的指示，决定以徐州为中心与蒋介石最大的战略集团进行大规模决战。蒋介石为争夺淮海地区这一战略要地，急令附近地区的嫡系部队先向徐州靠拢，并进行了精心部署。这时，驻守河南的孙元良兵团奉令开往徐州以西，作为淮海战场的西线。20日，中央军委命令中原野战军在淮海战役未打响之前，乘孙元良兵团东援徐州之机，连歼郑州守敌。按照部署，陈锡联率领一纵为东路，陈赓率领四纵和二纵为西路；豫皖苏军区在郑汴之间阻击开封之敌西援，华野第十四纵和冀鲁豫军区一部在新乡至黄河桥之间阻击新乡之敌南援。22日，郑州解放。

11月6日，华东野战军在中原野战军配合下，向淮海战场挺进。华野第十四纵在冀鲁豫军区的配合下，围歼新乡守敌。

8日，下午2时，县委接分区急电：令我县出担架200副，限24小时集合到卫南慈周寨。我县战勤指挥部立即通知四、八、九三个区连夜行动。由于天下细雨，路途泥泞，尤其九区还得渡过堤河。结果，各区集合到县（丁栾集）时，已是初更。10日早晨，战勤指挥部副指挥长李德轩召开全县民夫紧急动员会，并将担架队组编为两个中队，每个中队又分为三个分队。随后，立即出发。经三天急行军，于13日下午，到达汲县正南张四屯，与十四纵队取得联系。根据部队安排，一中队跟随汉阳部，配合执行李台任务；二中队跟随汉口部，配合执行打小计之任务。14日夜，队伍出发了。

一中队随军坚持了一天半。其中二分队随军冲上火线，15日晚，李台敌人逃跑，李文臣率领的一分队一小队随军继续前进，其他均住赵堤休整。到16日夜随军到八里营（新乡正西八里地）附近住下。该一、二分队站岗放哨，挖防空洞，并动员队伍，准备过水进攻新乡西关，此时三分队随军冲上火线，送炮弹、挖战壕。同时，李文臣小队抢救伤员6名，死亡伤员3名。17日12时，随军退至焦庄，18日，与分区司令部接头后返回。

二中队随军打下小计后，进到八里营附近，当夜过道清铁路。由于敌炮火猛烈，一、二分队过铁路，三分队被炮火截断，炸毁小床30多张，民夫的衣服被烧焦，头发被烧焦，大部分民夫在炮火中跑散，经集合后只剩109名（原为226名）。此时，三分队与上级失去联系。分队长老张（名字不详）同志沉着镇静，将队伍集合起来开会开导，待同志们的情绪稳定后，分头找回丢失的担架，带队寻找上级领导。途中巧遇汉口部一大队，因为该大队服务的辉县担架队被炮火轰垮，为此，该大队与三分队相遇后立即前来支援。老张果断地接受了任务，带队立即冲上火线，抢救伤员16名，任务完成后又与中队接上关系。

这次战役，我县实出担架195副，从火线上抢救伤员69名，转运到太行16名，共计85名。往火线上送炮弹62次担架，协助大部队挖战壕一天半，圆满完成了上级交给的任务。

2.支援东野过黄河

1949年4月21日，毛主席和朱德总司令向人民解放军发布了《向全国进军的命令》，英勇的中国人民立即挥师南下，实行全面大进军为顺利渡江南下作战，须迅速夺取华南争夺战的枢纽——武汉。平津战役结束后，罗荣桓领导的东北野战军沿平汉铁路迅速南下。3月上旬，先头部队已到达我县境内，并决定从刘、青、贾庄三处渡河，直驱江南。大部队系袋形前进，每师为单位，距离30—40里之长，5—10里之宽。路经我县分为两股，一股西路走十区海通集、关寨到孙庄集住下；一股东路走沙固堆，由锁城、渠村集到长村里附近住下。渡河顺序为，先头四十三军，依次为四十六军、三十八军、三十九军，最后一个直属师。

为了搞好东野部队从我县渡河的后勤供应工作，县委决定建立两个粮草供应站，即长垣城站和灰池站。

长垣城战。本站下设8个分站：一区城内站；二区后满村站；三区伯玉站；五区三官庙站；新七区史庄站；老七区丁栾集站。由于本站为濮长公路之南端，因此，又在曲河成立了两站，即二区金占站；五区赵庄站。各分站长均由区长或抗联主任担任。本站共设村仓60个，其中甲仓(3万斤以上)35个；乙仓(2万斤以上)15个；丙仓(1万斤以上)10个。

本站接受的第一批任务是迎接东野先头部队。先头部队四十三军共54000人，5900匹马。接受任务后，本站立即调运来小米10万斤，麦子15000斤，料5万斤，柴12万斤，草7万斤。第一批任务完成后，随即接第二批任务：部队35万人，75000匹马，小米2337500斤，麦子412500斤，料154万斤，草281万斤，柴4128000斤。由于东野行动路线发生了变化，以上数字只运到一部分即停止。因此，本站两次实际运粮数为，米1078440斤，麦子339040斤，柴草料按以上数字全部运到。另外，我县还运往曲河白面4万斤。

灰池站。该站下设3个分站，且设在3个渡口处，即贾庄渡口的武丘分站、刘庄渡口的长村里分站、青庄渡口的渠村分站。该站设甲仓40个，乙仓10个，丙仓5个。由于东野先头部队移到刘、青、贾庄三处渡河，该站除将长垣城站部分粮、柴、草调来外，又备小米466796斤、白面70600斤、料156800斤、柴648000斤、草235000斤。先头部队过后，共开支小米137088.6斤、白面8900斤、料16906.8斤、柴192386.8斤、草29999斤。

由于黄河上水，以上三个渡口都被冲塌，立即在河店搭起浮桥，并将灰池站迁到孙庄集。迁移后，除以上三个分站不动外，又增加两个分站，即八区西赵堤分站和滑县五区桑村分站。

4月初，第二批部队35万人、75000马又决定从以上三处渡河。该站接收任务后，除将长垣城站一部分粮、柴、草调运到武丘、长村里、渠村、赵堤外，又备米1543445斤、料56万斤、柴255万斤。

这次支援东野过黄河，从1月1日动员开始，至6月15日全部结束，共5个半月，出大车6541辆、小车726辆；出民工15338人、牲口26190匹；供应部队小米2758973.6斤、麦339040斤、白面48900斤、柴7090386斤、草

2209999斤、料2166906.8斤。

整个解放战争时期，我县人民在党的领导下，积极响应上级号召，掀起了轰轰烈烈的参军、支前运动，有力地支援了前方，对夺取全国的最后胜利做出了一定的贡献。

第五章 社会主义建设时期

第一节 基层政权的巩固和国民经济的恢复

1949年，中华人民共和国成立后，土地改革、抗美援朝、镇压反革命运动的顺利开展，巩固和加强了人民民主政权，保证了国民经济迅速恢复和发展。从1953年起，全县掀起了学习、宣传党的过渡时期总路线的热潮，开始了对农业、手工业和资本主义工商业的社会主义改造。1956年社会主义改造顺利完成，社会主义制度基本确立。

一、基层人民政权的建立和党组织的发展

长垣县城解放后，在新中国成立前的一年多时间里，中共长垣县委、长垣县人民民主政府积极贯彻土地法大纲，带领全县人民初步开展了土改运动，全县经济得到了一定的恢复和发展。同时，开展剿匪反霸运动，国民党残余部队和大股的土匪、地方反动武装大体被消灭。1949年8月平原省建立后，长垣县划归平原省濮阳行政专员公署管辖，长垣县人民民主政府改为长垣县人民政府，长垣县的政权组织得到进一步完善，各区和行政村的政权组织都建立后，社会秩序日趋稳定。但由于全国尚未得到彻底解放，县委、县政府的中心工作还是支援前线战场，全县经济尚未步入恢复发展轨道，仍处于百废待兴的局面。同时，国民党军政潜伏人员、土匪、地方反动武装也未彻底肃清，社会治安仍存在严重隐患。面对异常复杂的社会形势，长垣县委认真贯彻中央指示精神，对整个形势进行了认真分析和研究，明确了当时的主要任务：一方面要消灭封建制度和封建生产关系，建立与巩固基层人民政权，稳定社会秩序。另一方面要大力发展生产，恢复国民经济，医治战争创伤，改善人民生活，为进行大规模的社会

主义建设创造条件。

（一）基层人民政权的建立与巩固

新中国成立初期，长垣县政府干部配备不足，内设机构不健全，很难承担领导全县工作的重任。为了扭转这种局面，长垣县委、县政府做出了很大努力，完成了县、区、村各级人民政权的建立。

县级政权组织的建立。新中国成立后，长垣县人民政府的下设机关仍和新中国成立前一样，下设民政科、财政科、文教科、司法科、建设科、工商管理局、交通局、公安局、冀南银行长垣县支行、黄河修防段、战勤指挥部和供销合作社。1950年5月，根据中央政务院指示，为提高工作效率，减少财政开支，平原省决定成立各级编制委员会，实行新编制。23日，平原省人民政府颁布513号令，规定新的政府机构有以下几项：民政科、教育科、文化馆、财政科、水利交通科、农场、仓库、苗圃、工商科、繁殖场、人民法院、检察署、招待所、建设科、监察委员会、税务局、公安局、司法科、农业科、卫生科、修防段、武装部、供销社、人民银行长垣县支行。1952年11月，平原省撤销，濮阳专署归属河南省，长垣县人民政府隶属河南省濮阳专署。1954年8月以后，长垣县人民政府先后隶属新乡专署和安阳专署。

区级政权组织的建立。县政府机关设立后，按照新编制规定，区级人民政府也迅速建立起来，下设民政、财政、文教、公安、生产、粮食等部门，另设人代会（土地改革时为农代会）、武装部。1949年11月、12月，长垣县委、县政府曾先后两次对全县行政区划进行调整，调整后，全县共设十个区，甲等区四个，乙等区两个，丙等区四个。

村级政权组织的建立。县、区机构充实加强后，着重建立村级人民政权。1950年至1952年，结合土地改革工作，县委再次加强了村级政权组织建设。采取的办法是，每十户到十五户或二十户到三十户公民中，无记名投票或举手表决选出一名村人代表，然后召开村人民代表大会，选出行政村长和民政、财政、生产、文教、武装委员。机构设在行政村，各个自然村也有专人负责，彻底废除了旧的保甲、会首制度。1950年11月28日，长垣县人民政府发布《训令》：取消保甲长及大会首名称，一律改称村长、组长。

各界人民代表会议制度的实行。1949年8月26日中共中央发出"三万人以上人口的城市及各县一律召开各界人民代表会议"的指示。按照中央和平原省委的要求，中共长垣县委于1949年11月21日开始筹备长垣首届各界人民代表会议。经过充分准备，长垣县首届各界人民代表会议于12月1日在县城召开，会期4天。代表由县政府邀请和社会各界推荐产生，具有广泛的代表性。首届各界人民代表会议后，各界人民代表会议制度成为县人民政府传达贯彻党的政策、联系群众、处理行政事务的决议机构。从1949年12月到1954年3月，共召开了12届18次各界人民代表会议。通过各界人民代表会议，胜利地完成了土地改革、抗美援朝、镇压反革命、"三反"、"五反"、防汛滞洪、贯彻总路线与粮食统购统销等重大工作任务，并在代表监督批评下，改进了各级干部的工作作风，密切了党、政府和人民群众的联系，为团结社会各界力量，加快国民经济的恢复与发展奠定了政治体制基础。1954年7月，长垣县第一届人民代表大会胜利召开，至此，各界人民代表会议完成了它的历史使命。

加强干部队伍建设。1949年12月底，长垣县按照平原省政府颁布的《关于县、区编制及干杂人员总数的政府令》及濮阳专署《执行平原省人民政府新编制补充意见令》要求，实行了干部新编制政策，对干部进行了鉴定、整编。新编制实行后大部分同志愉快地接受了组织安排，少部分留用干部思想不稳定，有的认为自己不识字没前途，想回家分地务农。有的农民干部家中没有劳力，生活困难，离家较远，无法照顾家庭，常背着家庭包袱。个别人则动摇了革命的人生观，对党和政府半信半疑，对政策不满。有些工作时间较长，有文化和理论基础的区级干部、县直部门干部，则以功臣自居，要求享受更高的生活和工作待遇。部分新参加工作的同志，虽然工作热情很高，但不愿到艰苦的地方去工作，不愿下基层，深入群众。

对于上述情况，长垣县委高度重视，迅速采取措施加强对干部的教育、管理。根据中共中央《关于成立中央及地方党的纪律检查委员会的决定》精神，长垣县委报经濮阳地委批准，于1950年3月26日成立了长垣县纪律检查委员会，高秀山任书记，组成人员还有赵汉卿、张唤民、薛辛忱、阎峻峰等。4月21日，县委召开全县干部作风纪律整顿大会，对干部进行思想教育，增强其组织纪律观念。在会上，宣布提拔干部180人，处分115人，其中被开除党籍、政籍的97人。同时制定严格的干部管理、教育、培养制度，要求广大党员干部10天召开一次组织生活会，开展批评与自我批评，克服享乐主义、功臣思想。恢复非党员干部的政治生活会制度，要求政治生活会与工作会议相结合。要采取多种形式加强学习，提高干部素质，保证每日2小时的学习时间。严格请假制度，请假一律进行登记，持请假证，到期向批准机关销假。干部全年请假时间不能超过一个月，超过假期的根据情节轻重和时间长短给予批评或处分。

1950年4月，县委对全县党员村干部进行了集训，集中学习了《党章》、党的知识、时事政治和农业技术。通过以上措施，有效地提高了全县干部的思想觉悟、组织纪律性、政治业务素质和工作能力，对各项工作的开展起到极大的促进作用。县委重视培养提拔优秀年轻干部。1950年实行新的干部编制以后，干部缺额较大。县委经过严格考察，在1950年4月提拔180名干部的基础上，1951年9月又提拔了169名工作能力强、政治素质高、德才兼备的同志走上了领导岗位（包括县级干部2名），并吸收有培养前途的新干部110名，为全县干部队伍注入了新鲜血液。

（二）基层党组织的发展

党组织的发展状况。新中国成立前，根据新解放区部分村没有党员的特殊情况，冀鲁豫区党委于1948年12月发出指示，在新区发展党员时，工人、贫农、士兵符合党员条件的，由一名正式党员介绍即可入党，且不要候补期；中农职员（不包括旧政府高级官员）、中农知识分子、小职业者符合党员条件的，需由两名正式党员介绍，候补期为6个月；富农成分者执行党章规定。老区村里没有党员的可按以上办法，尽快将组织发展起来。按照这一指示，长垣新区农村党组织很快建立起来，到1949年10月全县共有党员2243名，其中候补党员924名，女党员220名；共有农村支部137个，机关支部17个，区委12个。党的力量大大增强。新中国成立后，长垣县党组织得以迅速发展。截至1950年8月31日，全县共有党支部168个，其中农村支部149个，企业支部1个，机关支部17个，学校支部1个。新中国成立初期，长垣县党员的文化程度很低，文盲、半文盲占69.4%。全县共有党员2844人，其中候补党员529人，党员中贫农2142人，中农419人，其他283人；高小以下文化程度的2776人，初、高中文化程度的68人。随着文化教育事业的发展和党员成分的变化，党员文化结构逐步得到改善。1951年全县新发展党员193人。到1952年2月，全县仅农村支部就有232个，农村党员3035人。

整风整党运动和干部整风运动。1950年5月1日，中共中央发布《关于全党全军进行大规模整风运动的指示》，重点解决各级领导干部的工作作风问题。1950年10月25日至11月6日，长垣县委召开全县干部整风大会，会议首先由县领导传达了毛泽东在党的七届三中全会上所做的《为争取国家财政经济状况的基本好转而奋斗》的报告和整风的具体要求。然后，以区为单位，结合本区的具体实际，学习九种指定文件，边学习、边讨论。结合学习，检查自己的工作，找出本区的典型。会后，各区和县直各单位按照县委要求纷纷开展了干部整风整党运动。为了克服农村支部只顾生产，不问政治的问题，提高党员素质和党的战斗力，解决农村党员中存在的"战争胜利了，革命成功了，今后没啥干了"的思想以及生产情绪不高的问题，县委于1950年12月20日发出《关于重点调整农村支部的通知》，组织力量对农村支部有重点地分批进行了整顿。全县第一批整顿了七个二类支部，参加党员92名，其中候补党员7名，妇女党员10名，出外的党员5名。用15天时间向广大党员进行了远景教育、形势教育、党的知识教育，提高了党员的政治思想觉悟，建立健全了党组织活动的各项制度，增强了党的战斗堡垒作用。第二批整顿了23个支部，对这些支部采取到县党训班集训的办法进行，至1951年1月26日结束。

二、维护新生人民政权的三大运动

（一）土地改革运动

新中国成立后，根据平原省委和濮阳地委的统一部署，1949年11月29日，县委召开全县干部大会，安排部署新区的土地改革工作。按照党中央在新形势下制定的新解放区土地改革政策，结合长垣实际，具体制定了18项土地改革政策，包括没收地主的土地和财产，征收富农多余的土地和财产，实行"中间不动两头平"的政策，从重点村开始做起，总结经验，再在全县开展。1949年底，全县的土地改革工作全面展开，长垣县委在新解放区的493个自然村有步骤、有秩序地开展了土地改革工作。本次土地改革工作分为四个阶段：宣传政策，发动群众；划分阶级成分，分配果实；丈地发证，确定地权；解决土地改革运动遗留问题。从1949年底到1951年末，全县大规模的划分阶级成分，分配果实，丈地发证工作基本结束。由于土地改革时间短、任务重、干部缺乏经验等原因，使运动不可避免地存在一些问题。为此，县委于1952年初召开会议，要求各区解决土地改革运动遗留问题。7月，县委成立了处理土地改革运动遗留问题工作委员会，抽调县、区干部172人，村干部243人，组成41个工作组。经过10天培训，于7月23日入村，对全县有遗留问题的441个自然村，逐村进行解决。

新中国成立后的这次土地改革运动，是长垣县历史上规模最大，进行得最顺利，搞得最好的一次土地改革运动。经过土地改革，彻底废除了农村的封建土地所有制，消灭了封建剥削制度，改变了农村阶级关系，使广大农民在政治上彻底翻身解放，开始了当家做主的新历史。同时，通过土地改革，加强了乡村政权和基层党组织的建设，提高了农村干部的政治思想觉悟，全县共建立了300个村级人民代表会。

（二）抗美援朝运动

抗美援朝战争开始后，长垣县委积极响应党中央号召，成立了"长垣县抗美援朝运动委员会"，领导全县的抗美援朝运动。1950年12月20日，长垣县委向全县发出了《长垣县委对抗美援朝保家卫国运动的指示》，要求各区结合镇压反革命分子，有计划有准备地组织斗争、讲理、控诉大会，揭露美国的侵略行径，提高群众的思想觉悟和斗争勇气，积极开展抗美援朝运动。同时，通过各种组织形式对群众召开小型座谈会，肃清亲美、崇美、恐美思想，提高政治觉悟。1950年12月27日，在全县县、区干部联席会议上，传达学习了周恩来总理在1950年国庆节的讲话、《中共平原省委关于开展抗美援朝保家卫国运动的指示》、《美帝侵华史》、《怎样认识美国》和《县委对抗美援朝、镇压反革命运动的几点意见》，要求各级干部克服麻痹思想，搞好抗美援朝的宣传，筑牢抗美援朝的思想基础。随后举办了有500多人参加的党员骨干培训班，并组成宣传队，深入街道、学校、农村开展多种多样的宣传活动。

1951年5月，长垣县委组织了支援抗美援朝运动的"五一"大游行，全县人民踊跃参加游行活动，游行人员达21万多人。5月5日，《长垣县委对麦前四大工作的决定》中对抗美援朝运动进行了再部署，指出"抗美援朝是原动力"，要求把抗美援朝运动与各项工作结合起来，通过内外联系，把抗美援朝运动引向深入。按照县委要求，各区迅速行动，向群众宣传"抗美援朝，保家卫国"运动的重大意义，掀起了抗美援朝运动的高潮，全县人民积极投身到这场轰轰烈烈的全民运动中。与此同时，县委的征兵工作动员大会胜利召开，全县青年、学生、机关干部、青年团员等积极报名参军，这次征兵工作，全县共报名4500余人，最后应征入伍414人。

在抗美援朝运动中，长垣县积极响应。据统计，全县订立公约的农户达到80%以上。工人、农民、教师、学生、艺人和手工业者分别以不同形式捐款捐物，县直机关干部和各区干部群众积极行动，纷纷解囊。在支前大会上，县区干部当场捐款698.8万元。九区常村集烈属黄金荣个人捐款10.8万元，七区一个区就捐款1634万元。全县共捐出"长垣号""黄河号"两架飞机等。同时，采取多种形式开展拥军优属活动，积极帮抚军烈属，并向志愿军写慰问信、寄慰问品。在短短的时间里，机关、学校、厂矿、商店和群众共写慰问信40余万封。通过拥军优抚活动的开展，全县上下形成了尊敬和帮助军烈属的良好社会风气。拥军优抚运动成为抗美援朝战争取得胜利的精神动力，对战争的胜利起到了很大作用。

（三）镇压反革命运动

长垣县获得彻底解放后，国民党溃退时残留的大批政治土匪特务、反动党团骨干分子以及反革命会道门头子的反革命活动仍十分猖狂，仅反动会道门组织就有14种，道首259人，道徒1607人。反革命分子的破坏活动扰乱了正常的社会秩序，严重威胁着人民民主政权。鉴于这种情况，中共长垣县委按照中共中央1950年10月10日发出的《关于镇压反革命活动的指示》，发出开展镇压反革命运动的号召，立即得到广大群众的响应。号召发出后，群众纷纷检举揭发，控诉农村地主和反动会道门头子的罪恶行径。但是由于此时县委尚未向全县统一部署镇压反革命工作，部分区政府干部存在着右倾主义思想，群众举报得不到及时解决，奸霸地主继续进行倒算，其他反革命分子的活动也有所升级，致使群众的积极性受到了严重挫伤。有的群众不敢举报，唯恐罪犯得不到处理，反而遭到报复；有的群众经受不住坏分子的威胁，主动把政府分给自己的财产退还给地主。发现这些情况后，县委及时组织有关部门进行研究，决定立即把镇压反革命工作转为中心。1951年3月27日，县委书记胡通三主持召开全县干部会议，正式向全县布置镇压反革命工作，迅速掀起群众性的镇压反革命运动。4月8日，就如何发动群众问题，县委又组织召开各区委书记会议，会议制定了"自上而下为群众撑腰做主、自下而上发动群众诉苦及联名控诉，变一人苦为大家苦"的运动路线。按照县委的统一部署，全县镇压反革命工作迅速展开。如三区伯玉村，区干部进村后，首先了解该村情况，召开群众大会，和大家共同商量镇压反革命工作如何开展，从中注意发现积极分子，并对他们进行教育，动员他们串联群众，使大家形成合力。仅4天时间，全村群众就全部发动起来了。为扩大影响，区政府又以该村为基础，召开5个行政村的群众大会，向地主展开说理斗争。4月16日，县委再次召开各区委书记会议，听取了各区镇压反革命运动中动员群众的工作情况。针对各区运动发展不平衡现象，进行了认真分析和研究。同时，为继续扩大成果，鼓舞群众，震慑敌人，会议决定：4月19日对已掌握的反革命分子进行第二次集中逮捕。1951年6月，全县镇压反革命运动取得了阶段性胜利。半年间，全县召开群众联盟斗争大会81次，参加大会人数达31万余人次。根据《中华人民共和国惩治反革命条例》和广大群众的一致要求，长垣县人民政府对捕获的反革命分子进行了严肃处理。公安机关对一贯道道徒进行了登记，使其悔过，对道内首要分子进行了打击，逮捕判刑道首16人，并对道首、点传师王椅依法判处死刑，另判管制119人。但是，由于敌对分子并不甘心失败，活动方式更加隐蔽和狡猾，而且还有200多名罪恶较大的外逃反革命分子没有归案，30多名恶贯满盈的反革命分子还未定刑处决，群众仍有顾虑。

根据以上情况，县委立即调整了运动方案，按照各区镇压反革命工作发展进度，把全县村庄分为三大类，并根据具体情况，做出不同的部署：第一类，应该追究刑事责任的坏分子都已得到了处理，敌我界限分明，群众增强了内部团结，相信自己的力量，生产热情较高，工作走上了正轨。

此类村有210个。这些村转入正常的镇压反革命工作，即依靠群众力量，由公安、司法部门主要负责，继续深挖隐藏和外逃的坏分子。第二类，发动群众不够充分，经过诉苦斗争，群众觉悟有所提高，应该追究刑事责任的坏分子仍有部分逍遥法外，群众仍有顾虑。此类村庄约280个。这些村庄应继续发动群众，引导群众理解镇压反革命运动的意义，消除顾虑，提高群众的斗争勇气。按照镇压反革命条例，尽快处理应该追究刑事责任的坏分子。第三类，群众基本上没有发动起来，只参加了县区组织的斗争大会，受到了抗美援朝、镇压反革命运动教育的影响。此类村庄占全县村庄的三分之一。这些村庄需要大力发动群众，按照县委制定的镇压反革命运动路线，加快步伐，迅速补上这一课，以求得全县运动的平衡发展。在县委的统一领导下，各区的镇压反革命工作不断向深处发展。特别是二类、三类村庄，经过区干部对重点村的突破，镇压反革命工作取得重大进展，大批反革命分子纷纷落网。为震慑敌人，鼓舞群众，县政府于1952年七八月间先后10次在这些村庄召开规模较大的公审大会，各类妄图颠覆人民民主专政的反革命分子受到了应有的惩罚。与此同时，公安机关对反动会道门进行了打击处理，共逮捕判刑反动道首67人，管制132人，圣贤道道首陶万清被判有期徒刑20年。同时对道徒进行了教育，使其认识到会道门的反动性，自觉退出反动会道门。1952年10月，全县的镇压反革命运动胜利结束。

长垣县的镇压反革命运动历时22个月，共剿灭土匪21股，与散匪合计共634人，缴获枪支358支；捕获奸霸地主、国民党特务、反革命黑枪手、反革命会道门头子等坏分子1300余人。根据"首恶者必办，胁从者不问，立功者受赏"的原则，实行镇压与教育相结合的政策，对反革命分子分别进行处理。判处死刑执行枪决的120人，判处死刑缓期执行的10人，判处各种徒刑的516人，实行管制的874人。长垣县的镇压反革命运动是成功的。经过镇压反革命运动，残留在长垣县的国民党特务、政治土匪及反动会道门头子等反革命分子基本肃清，驱逐了以叶由根（荷兰人）、明若望（葡萄牙人）为首的帝国主义间谍，彻底打击了倒算地主。同时显示了人民民主专政的强大威力，震慑了敌人，教育了群众，从而保证了抗美援朝、土地改革和国民经济恢复工作的顺利进行，巩固了人民民主政权。

三、国民经济的恢复和发展

（一）"三反""五反"运动

"三反"运动。根据中共中央在1951年12月发出的"三反"运动指示，长垣县从1952年2月初开始开展"三反"运动，于6月底结束，分为检举揭发，对证退赃、定案处理，民主建设三个阶段。1952年2月2日，县委书记胡通三代表县增产节约检查委员在全县干部大会上会作了《关于开展一次轰轰烈烈的、大规模的反贪污、反浪费、反对官僚主义运动的动员报告》。向广大干部阐明了开展"三反"运动的重大意义、方针政策和方法步骤，通报了全县干部状况，要求广大干部要站在运动的前列，立场坚定，勇敢地检举揭发，把贪污分子当作"老虎"来打，绝不姑息养奸。县动员会后，各单位迅速掀起了检举揭发高潮，仅10天时间就检举揭发出有贪污行为的干部66人，贪污款额达6.8亿元，暴露的问题，非常严重。为将运动进一步引向深入，县委根据地委紧急指示，进一步学习了中央文件，领会了中央精神。从指导思想上克服了右倾情绪，在干部队伍中组成有力的"打虎队"，对"三反"对象开展了面对面的斗争。至2月17日，共挖出贪污分子98人，贪污款额9.5亿多元。针对在检举揭发中存在的松劲情绪、抵触情绪，县委又采取整军措施，经过四次整军，组织四次战役，将运动中的顽固堡垒逐个击破。第四次战役结束时，共揭发出大小贪污分子320人，贪污款额达14.6亿余元。3月27日，县委传达贯彻华北局、平原省委提出的"巩固成绩，重视问题，分别进攻"的方针，部署了以对证退赃为主，结合肃清残余贪污分子的战役，将战役的重点放在对证退赃，定案处理上。4月2日全县组织了第一次集中退赃与处理大会。会上，组织部分有问题的人登台当场退赃。截至4月18日，先后组织了四次退赃处理大会，320人全部退赃，退出赃款和实物折款达8亿多元，占贪污总款额的50%。对犯有比较严重错误的86人，给予不同的党纪、政纪处分。4月18日进入民主建设阶段，主要任务是划清阶级界限，提高思想觉悟，民主补课和建立健全制度。长垣县的"三反"运动，全县参加运动的干部共593名，占干部总数的83%以上。经过核实，贪污款在1000万元以上，被视为"老虎"的42人，分别受到党纪、政纪处分及刑事处分，其中被判处五年有期徒刑的2人，劳役改造的3人，交机关管制的7人，免予刑事处分的27人。

"五反"运动。1952年1月26日，中共中央发出《关于在城市中限期开展大规模的坚决彻底的"五反"斗争的指示》。长垣县委及时传达贯彻了中央的文件精神，于1952年2月，在全县结合"三反"运动开展了"五反"运动。运动中采取了宣传贯彻政策，学习《共同纲领》，发动群众检举揭发和敦促不法分子坦白交代等措施，在全县5120户工商业户中，共查出偷税漏税200万元以上的8家，偷漏税款4315万元，经过处理，退赃850万元。另外，查出一些不法商户在完成加工订货任务中，偷工减料，弄虚作假，以次充好，这些工商业户的不法行为激起了人民群众的义愤。在"五反"运动开展阶段，县政府抽调干部、产业工人和店员积极分子组成工作队，进驻私营工商户，以店内的工人、店员为骨干，团结一般职员，争取高级职员，形成以工人阶级为主体的统一战线。对重点户采取自上而下的重点检查，并自下而上地发动群众进行面对面的说理斗争，通过大量揭露不法商户严重违法的罪恶事实，使他们陷于孤立。对有一般违法行为的工商户，着重摆明政策，讲清利害，要他们选择坦白立功的道路。对于"五反"运动中揭发出来的问题，县委、县政府根据严肃与宽大相结合、改造与惩治相结合的方针，分别进行了处理，做到了合情合理。在处理时，本着对违法数额该计算的必须计算，不该计算的一定不计算，可计算可不计算的也不计算，从宽处理的原则，既清除了"五毒"，又有利于工商业的发展。定案方法是自报公议，三审定案。对于工商户的处理则规定了更详细的办法。首先，将工商户划分为守法户、基本守法户、半守法半违法户、严重违法户和完全违法户五类，然后按照以下原则进行处理，即过去从宽，今后从严；多数从宽，少数从严；坦白从宽，抗拒从严；工业从宽，商业从严；普通商业从宽，投机商业从严。这样既保护了守法户和对国计民生有利的工商户，又打击了违法工商户，从而保证了资本主义工商业的健康发展。通过这次运动，打退了资产阶级的进攻，提高了工人和工商界群众的政治觉悟，限制了不利于国计民生的资本主义的活动，加强了社会主义国营经济在国民经济的领导地位，为对私营工商业实行社会主义改造创造了有利条件。

（二）新中国成立初期国民经济的恢复

治理黄河和修建石头庄溢洪堰工程。1949年新中国成立后，长垣县委、县人民政府多次组织群众治理黄河，发展生产，改善人民生活。重点工作主要是修建了国家重点建设项目——溢洪堰工程，并对长垣境内的大堤进行了加固与修复。1951年初，根据王化云等治黄专家的治黄建议，逐步实施综合治理黄河的规划。首先，在长垣县石头庄村修建一座能够节制洪水泛滥的治黄工程——溢洪堰。由于溢洪堰工程是新中国成立以后第一项国家级水利工程建设项目，各级领导都非常重视，先后建立了平原省治黄总指挥部和黄委会石头庄治黄工程处（随后有关地、县也建立了相应指挥部），1951年5月4日，两个指挥部到达工地进行现场指挥。施工中，中央、省、地及黄委会领导多次到工地视察，检查工程质量，督促施工进度，帮助解决施工中出现的问题。5月初，平原省委书记潘复生，黄委会主任王化云等来到即将开工的溢洪堰工地视察。他们听取了技术人员的汇报后指出：施工力量应立足于当地，长垣县要给予大力支持。根据上级指示，中共长垣县委立即行动，先后召开全县党团员大会和第五届第二次各界人民代表会议，进行了广泛宣传和动员，并印制《修建溢洪堰宣传提纲》小册子，向群众讲解修建溢洪堰的必要性和重要性，使全县人民都能认识到这一工程建设的重要意义，激发群众的爱国热情。5月19日，根据省、地委的要求，石头庄治黄工程长垣县指挥部成立，县长孙福臻任指挥长，县委书记胡通三任政委，汴振英、李献堂分别任副指挥长和副政委。随后各区、村也根据县委指示建立了相应的组织。根据需要，县委抽调国家干部134人，村级干部253人，动员中学生及在乡知识分子91人，参加民工的组织领导和后勤管理工作，并在工地设立了粮所、商店、银行、医院等服务部门，为溢洪堰工程的建设打下了坚实基础。5月24日，长垣县率先派出民工7000余人进行平堤挖槽工程。至6月10日止，仅半个月时间，长垣县民工就完成64万立方米的土方任务。此后，长垣县陆续动员民工3万余人，组成21个民工大队参加溢洪堰主体工程和附属工程的建设。修建这项规模宏大的治黄工程，所需物资和器材运输任务十分艰巨。为保证施工，负责物资运输的工作人员征调大型船只1700艘，汽车、马车、牛车各1000辆，铺设专用铁路49公里，克服重重困难，从5月10日至8月17日圆满完成各种物资的运输任务。长垣县征集30艘较大的木船参与物资运输，共完成1632万斤的柳枝收购任务。由于中央的正确领导，地方各级的共同努力，规模宏大的溢洪堰工程仅用三个月时间于1951年8月20日胜利竣工。8月22日，水利部、黄委会、平原省人民政府联合在施工工地召开了祝捷大会。此后，为便于溢洪堰工程的管理，中央人民政府水利部决定设立石头庄溢洪堰工程管理处，1951年9月6日管理处正式建立，隶属平原省河务局。1977年，濮阳渠村分洪闸建成后，石头庄溢洪堰废止。

加固修复黄河大堤。1951年8月中旬到1953年，县委、县政府采取锥探和植树种草等措施，加固维护黄河大堤。共锥孔40多万眼，查出隐患3000多处，及时进行了修复；植树6万多棵，种草164万余棵。同时，还发动长期防汛员及其家属割高秆草和蒺藜，组织防汛员和群众平水沟浪窝，捉野猪89头、狐狸和地狗若干，从而大大减轻了对大堤的危害。1956年，县委、县政府以修埝为重点对黄河进行了治理，3月完成苏庄和户堌两个埝，共完成土方4.6万方。4月完成了西李、黄村、尚小寨、秦庄、郜楼、张三寨6个埝的修复，共完成土方11万方。1949年10月至1958年，长垣县委、县政府带领全县人民对黄河进行了卓有成效的治理。经过各级干部和群众的共同努力，共修堰157个，土台216个，植树15万棵，植草36万平方米，基本上完成了省政府和专署下达的工作任务，给防御特大洪水打下了坚实的基础。

农村互助合作组织的初步形成。1951年9月，中共中央召开第一次农业生产互助会议。通过了《中共中央关于农业生产互助合作的决议（草案）》，中共长垣县委根据这一指示精神，结合长垣县的实际情况，向全县农民发出了互助合作的号召，鼓励农民组织起来，走互助合作的道路。经过宣传发动和深入细致的思想工作，全县十个区相继建立了互助组。1951年底，全县共建立了669个常年互助组，参加农户2527户，60622人。互助组的建立提高了农民的生产能力和生产效率，提高了粮食产量。如一区落阵屯焦明立互助组，共11户，281亩耕地，水浇田小麦亩产超过660斤，创下了农业生产的新纪录。焦明立互助组小麦增产的实例，在全县农村产生了巨大的影响。县委及时抓住这一典型，推广焦明立的互助合作经验，用小麦增产的实例来教育广大农民，使广大农民认识到互助合作的优越性，建立互助组的积极性进一步提高。至1952年底，全县互助组发展到9241个，参加农户34742户，占全县总农户的40.3%，农村互助合作组织初步形成。据统计，1952年全县粮食总产达到12533万斤，比1949年的11732万斤增加801万斤，增长6.8%，大豆增长41%。为了使农村互助合作组织健康发展，县委于1953年9月4日召开了长垣县第一次互助合作代表会议。

农业生产的恢复和发展。土改以后，许多贫苦农民在发展生产上仍然困难。县委及时宣传农民互助合作政策，指导农民试办各种类型的生产互助组。同时，县委、县政府根据长垣县的地理位置和十年九灾的状况，号召全县人民开展以防水灾为重点的生产自救运动，并召开生产自救劳模大会，提高大家的积极性；大力兴修水利，多次复堤、修渠。1951年底，全县共打井1224眼，下泉346眼；旱水田变更，因地制宜种庄稼，以减少灾害，增加群众收成；逐步推广选种、浸种、拌种、防治病虫害等先进技术，从而促进农业快速增产；积极开展爱国增产运动，表彰农业劳动模范，提高大家生产积极性。1951年，全县小麦和秋作物总产分别超过计划25%和27%，农业生产超过解放战争以前水平。1952年，全县农业生产再上新台阶，花生、大豆播种面积大幅度增加，农业复种指数和作物单产水平都有较大提高，全县粮食总产达到12533万斤。

手工业、私营工商业的恢复和发展。长垣县地理位置偏僻，商业萧条，土地多盐碱，收成低下。为了维持生计，广大农民开始从事手工业生产。新中国成立初期，长垣县手工行业种类发展到二十多种，如针织、丝织、棉织、金属制品、木材加工、造纸、皮革、陶瓷、制糖、砖瓦、制盐、竹藤业、榨油、缝纫、化工、印染等。从事手工业生产的个体户有3323个，从业人员达4500人，绝大多数分散在农村，他们农忙时种地，农闲时经营。但最初的手工业存在着资金少，规模小，工具粗笨，技术落后，经营分散，流动性强等问题，并且多数是资本主义的经营方式，业主小农意识比较浓重。为了发展全县经济，正确引导、规范工商业的发展，县委、县政府于1950年11月25日召开了长垣县第一届工商业者代表会议。把全县经济划分为五种，即国营经济、合作经济、农民和手工业者个体经济、私人经济、国家资本主义经济，其中农民和手工业者个体经济占全县的90%。县委对手工业的政策是，根据各区不同情况，有计划地扶助其发展，重点扶持群众生产、生活所必需的工具、农具的生产。1951年长垣县手工业日渐繁荣起来，年产值达364亿元，尤其是铁业生产较为普遍，从业者生产的劳动工具如锨、锄等，弥补了工业品的不足。此外，还根据生产的需要创新产品，满足群众需求。当时，全县共有1649户从事金属制品生产，占丝织、建筑、印刷等14个手工行业的46.5%，从业人员2221人，占36.3%，总产值92亿元。

农业和手工业的发展也刺激着全县国营、私营工商业的恢复发展。1950年，全县国营粮食公司、银行、邮局、卖酒业、县社各个区社、公营医院、书店等发展很快，从3月的3690户增加到9月底的4191户。此外，县委、县政府及时对私营经济调整公私关系，做到了公私兼顾、劳资两利，城乡互助，内外交流，加大加工订货量，从而促进了私营工商业的恢复发展。到1951年底，全县共有大小工商业户5954家，从商人数8060人，资金96.8亿元。城关镇共有坐商、摊贩852家，卷烟工厂2家，小型铁工厂2家，从业人数1200人，资金12亿元。1951年全县国营经济、合作经济、私营经济的总营业额为226亿元，1952年达到436亿元。

由于长垣县的工商业全部在农村市场，绝大多数从事工商业的都是农民，单纯从事工商业者仅占5%，因此，大部分工商业随着农时的变化而变化。农忙季节歇业，农闲时间开业者较多，并且绝大部分是摊商，坐商则为数较少。按行业来说纸烟业、饮食业、进货业变动较大，商品流通困难，不能满足群众需求，对全县工商业的发展极为不利。为此，县委、县政府组织了物资交流大会，大力组织城乡物资交流，并按照省政府要求建立了集市管理委员会，由交易所、商联会、村宣传员、村工商委员及行业商人代表组成。1951年，全县共有大小集市32个，集市交易所30处，中心交易所9处，工商联合会30处，同年11月建立集市管理委员会13处。如：1951年11月1—5日分别在六区樊相集与九区常村集组织了物资交流会，两个会到会群众达9.6万余人，总交易额7亿多元。交流会不但推动了副业、手工业、土特产的发展，使铁质、木质、麻皮手工业品供不应求，同时也发挥了私商的作用，刺激了私人工商业者的经营积极性，满足了群众的需求。

教育事业的恢复和发展。新中国成立后，长垣县委、县政府领导全县人民进行了破除封建迷信的群众运动，销毁寺庙神像，利用院舍建立中小学校和夜校，发展教育事业。1949年，全县共有小学213处，374个班，学生9620名，有初、高级教员385名。至1952年底，全县小学发展到290处，786个班，有学生2.8万名，90%以上的工农子弟走进了学校的大门。在农民业余教育方面，1950年春，有两处冬学正式转入民校，到年底发展到275处，334个班，共有学员0.8万人。1952年长垣县有速成识字重点民校56个班，学员1742人。业余教育扫除了大批文盲，提高了人民群众文化素质。

文化卫生事业的恢复与发展。在发展教育的同时，县委、县政府采取多种措施，发展文化事业，丰富群众的文化生活。1952年成立了县人民剧团，在全县范围内演出。成立群众业余剧团33个，每到重要节日，工作闲暇时自演自乐。与此同时，县委对旧的说唱、书画、泥塑、戏剧等艺人进行了整训，教育他们走党的文艺路线，使他们树立了为人民服务的观念。

卫生事业迅速发展。1949年，成立保健委员会，每月召开一次会议，由民政科负责召集。1949年底建立了人民医院。1952年，建立防疫卫生委员会、卫生科、卫生院、医疗会各一处。全县共建立公私卫生所8个。全县加入医疗会的中、西医医生共计467人。1952年，全县还开展了"三净五灭"卫生运动，使群众对卫生工作有了新的认识。

在县委的正确领导下，经过全县人民的共同努力，至1952年底，长垣县恢复国民经济的任务胜利完成，农业、手工业、私营工商业、文化、教育、卫生等各项事业都有较大的发展，出现了市场活跃，物价稳定的好局面。财政状况逐步好转，人民生活明显改善。这说明，一个以全民所有制经济、集体所有制经济、国家资本主义经济、资本主义经济和个体经济五种经济成分并存的社会经济形态已经形成，新民主主义经济体制已经展现出来，为大规模地进行第一个五年计划奠定了物质基础和思想基础，创造了良好的社会环境。

四、社会主义改造的基本完成

（一）对农业的社会主义改造

土地改革后，为避免两级分化及新的剥削产生，推动农村生产力进一步发展，1951年9月中共中央召开全国第一次互助合作会议，会议要求按照积极发展、稳步前进的方针和自愿互利的原则，采取典型示范、逐步推广的办法开展互助合作运动。互助组迈出了合作化的第一步，但它没有改变土地的私有性质，在党和政府的引导下，一些地方办起了初级农业生产合作社。长垣县的第一个初级农业合作社是1952年6月史庄村民张星秀建立的，共7户，33口人。后县委及时推广史庄的经验，相继在一区的落阵屯、三区的滑店、七区的官桥营等村试办了7个初级社。到1952年底，发展到12个社、168户。新的劳动合作形式的建立，粮食增产、农民增收，显示了比互助组更大的优越性，在全县农村起到了典型示范作用。如上官村第一社，共19户，由于实行了统一经营，粮食年均亩产200斤，超过其他群众的年均亩产量25斤。群众看到效果之后，入社建社的积极性更加高涨。

1953年10月16日，中共中央作出《关于实行粮食的计划收购与计划供应的决议》，决定实行粮食统购统销政策。县委、县政府执行中央决定，抓紧贯彻粮食统销统购政策。统销统购实行"三扣一减"的计算方法，即扣除口粮、种子、饲料，减去应交公粮以后，以统购率计购，"多余多购，少余少购，不余不购，缺粮供应"。

1953年12月中共中央通过《关于发展农业生产合作社的决议》，要求各级党委根据当地的具体情况，本着"积极领导、稳步前进"和"只许办好，不许办坏"的方针逐步试办和发展初级社。在此决议精神的指导下，长垣的农业合作化运动从建立互助组转到发展初级农业生产合作社。

1955年7月，毛泽东批评主张合作社稳步前进的同志像"小脚女人"，是严重的"右倾"，要求各级党委加快领导农业合作化运动的步伐。在这种思想指导下，从1955年下半年开始，农业合作化的速度明显加快，出现了从初级农业生产合作社向完全社会主义性质的高级农业生产合作社过渡的高潮。1956年1月6日在落阵屯村建立了第一个高级农业合作社。之后两个月，全县的1746个初级社建成了143个高级社（尚有1个初级社），入社总农户9万户，占总户数的98.9%，基本完成了农业社会主义改造任务。

（二）对手工业的社会主义改造

新中国成立初期，长垣县从事手工业者共有4500多人。绝大多数分散在农村，农忙时种地，农闲时经营。1952年长垣县委、县政府按照中共中央的统一部署，根据中央关于对手工业、资本主义工商业采取利用、限制和改造政策要求，开始了对全县手工业进行有领导、有准备、有步骤的社会主义改造。

在手工业社会主义改造中，根据手工业生产的特点，坚持由小到大，由低级到高级的发展原则，采取多种形式把手工业者组织起来，逐步改变手工业的生产关系。到1954年底全县手工业社发展到13个，社员385人，合作组13个，组员124人，生产总值37亿元。

1955年，县委、县政府按照省第三次手工业会议所确定的"统筹兼顾，全面安排，切实做好产、供、销平衡，积极巩固提高现有社，稳步发展新社"的方针，对现有合作社普遍进行了一次整顿、巩固、提高工作。通过整顿，提高了产品质量，改进了不合理的定额和工资。同时，实行了合同制生产方式，摆脱了生产的盲目性。1955年有一半以上的社、组与商业部门签订了生产合同。1956年全部实行合同制生产，产值78万元，基本上做到了产销平衡，同时，提高了产品质量，使手工业产品得到了群众的认可。在加强对手工业生产管理的同时，县委还十分注重对社员的政治、文化教育，在手工业社内建立了党团组织。1954年至1956年，从工人中发展党员89名，发展团员157名，建立团支部8个，评出先进生产者135人。同时，直接从工人中选拔一批政治素质高、业务能力强的领导干部。

由于党和政府在手工业社会主义改造工作中采取一系列正确的方针政策，长垣县手工业社会主义改造工作进展顺利。到1956年上半年，除归属农业社等17个单位、200人外，还有手工业社36个、社员1783人，供销生产社2个、65人，生产组13个、124人，比1955年增加90%以上。在规模上，30人以下的10个社，30人到50人的17个社，50人到100人的7个社，100人到240人的2个社。至此，把占全县手工业者94%以上的经营者进行了改造，形成了不同形式的合作组织，以合作社、合作组等经营方式纳入了社会主义工业发展轨道，成为社会主义性质的集体劳动者，完成了对手工业的社会主义改造。

（三）对私营工商业的社会主义改造

长垣县对私营工商业的社会主义改造是从1954年开始的。县委对私营工商业的社会主义改造始终坚持自愿原则，按照"团结、教育、改造"的方针进行。在改造形式上，对不同对象，采取不同形式。在资金和财产处理上，按照实事求是、公平合理的原则，进行清产核资。对从业人员量才使用，妥善安排。为加强对私营工商业的社会主义改造工作的领导，县委成立了对资本主义工商业进行社会主义改造的领导机构七人领导小组，由县委第二书记韩福增同志任组长，有关部门负责人参加，设专职办公室，具体指导此项工作的开展。县社成立了对私营工商业的社会主义改造办公室，主任张金河、秘书朱振华，另有几名成员，具体负责对私营工商业的社会主义改造工作。因长垣县没有规模较大的私营工商业，所以对私营工商业的社会主义改造工作比较简单。首先对全县私营工商业者进行清查，弄清人员和经营形式。经查，城关镇共有私营工商业者221人，资金2.3亿元，农村3143人，资金6.5亿元。这些人员一般都按商贩对待。之后把城镇和各集市上的私营工商业户组织起来，组成合作小组，向他们深入宣传党在过渡时期的总路线及统筹兼顾、全面安排、积极改造的一系列对私营工商业的社会主义改造政策。经过一段时间的学习，农村私有制开始瓦解，私营工商业者的互助合作积极性普遍提高，合作组织迅速扩大。广大工商业者深刻认识到，只有农业、手工业、资本主义工商业、交通运输业全面实现合作化，才能成为完整的社会主义经济成分。与此同时，国家对私营工商业实行代购、代销、经营、经销等形式，并对参加合作组织的私商的资金采取定息分红的办法，提高其入社的积极性。为了适应互助合作的发展，满足群众对生产资料的需要，在全县范围内展开了以生产资料为主的销货运动，对互助合作的巩固和发展，起到了很大的作用。据不完全统计，1954年上半年共销出步犁237张，水车40部，饼肥20多万斤，化肥1.5万斤，牲口27头，喷雾器6部，其他小件农具6万多件。至1954年底，全县共改造私营工商业者637人，改造资金4.2亿多元。

为适应农业合作化后农民购销的新变化，县委、县政府有计划地对商业网进行了调整，积极改进购销办法，活跃城乡经济，促进物资交流。同时，将各集市的合作组织逐步过渡为供销社或属于供销社的合作社，城关镇的合作组织逐步过渡为国营商店，隶属于国营公司的领导，其中百货、棉布、杂货三个主要行业于1956年上半年正式转为国营或合作社的门市部，其从业人员经过一段时间的学习和培训，成为国营、集体的正式职工。这些人员转为正式职工后，生产积极性更加高涨，他们说："我们做梦也没有想到能成为国营（集体）正式职工，感谢党的好政策，一定努力工作，报答党对我们的关怀。"此时，全县共有77个基社，商业网449个，较1955年增加203个，其中分销点67个，代销点86个，生产门市部23个，采购门市部27个。至此，对私营工商业的改造达到高潮，把私营工商业者1176人纳入了各种形式的改造轨道上。到年底，过渡为供销社的私营工商业者343户，345人，资金6297元；经、代销170户，199人，资金5524元，全县基本完成了对私营工商业的社会主义改造。

1956年长垣县社会主义改造任务已基本完成，社会主义制度已初步建立起来。全民所有制和集体所有制这两种形式的社会主义公有制经济在全县经济中已经居于绝对统治地位。1956年全县工业总产值198万元，其中全民所有制的工业产值占30.5%，合作社工业产值占69.5%；全县农业合作社总产值2986万元，占农业总产值的90%以上；全县商品零售额1861万元，其中，国营商业744万元，占40%，合作社及公私合营商业1115万元，占59.9%，私营商业2万元，占0.1%。至此，长垣县经济社会已经进入社会主义初级阶段。

第二节　全面探索社会主义建设

社会主义改造基本完成后，长垣和全国一样，进入社会主义社会。1956年9月党的八大召开后，长垣县认真贯彻落实党的八大精神，明确新形势下的主要任务，积极探索适合长垣县情的中国式的社会主义道路。在1956年到1966年的十年间，长垣在探索中国式的社会主义建设道路中曲折前进，有过"大跃进"、人民公社化运动的失误，也有过纠正"左"倾错误的努力和贯彻调整政策的成功。长垣人民在党的领导下，焕发出建设社会主义的昂扬干劲，自力更生、艰苦创业，打下了以后长垣经济建设的物质基础，培养了骨干力量，积累了宝贵经验。

一、对农业合作化制度的巩固和完善

（一）开展增产节约运动

由于自然灾害，1956年全国的农业计划没有完成，为缓和物资供应和财政支出的紧张局面，中央决定在全国范围内开展群众性的增产节约运动。

1957年3月27日，长垣县委下发了《中共长垣县委关于开展增产节约运动的意见》，并于4月1日召开了动员会。县委动员会后，在农业副业生产上，贯彻执行勤俭办社和民主办社方针，进一步整顿巩固农业合作社，实行

"三包"责任制，扩大自留地，开展劳动竞赛活动，提高社会生产积极性。同时，加强水利建设，扩大灌溉面积，开展积肥运动，推广新式农具，改善生产条件。此外还鼓励发展牧畜业，积极开展多种经营，多方面增加收入，并在加强生产管理、提高生产效率、节约生产成本、节约积累建设资金等方面进行了初步探索。通过这一系列增产节约措施，使全县灾民度过了1957年的严重水灾，对圆满完成"一五"计划也起到了重大作用。

（二）农业合作社的整顿与巩固

1957年1月14日，长垣县委三级干部大会后，对全县农业合作社中存在问题进行了一次普遍整顿，推行"包工包产、超产奖励"制度，清理各合作社建社以来的账目，贯彻自愿互利和公私两利政策，妥善解决了社员财产入社作价不合理等各种遗留问题。7月9日，县委又制定了《中共长垣县委对改变大社领导方法的方案》，将全县58个500户左右的大社，按200—300户的标准划分为生产连队，生产连队自负盈亏，单独分红。在推进大社划分联队的同时，9月下旬长垣县委又进行了撤区并乡工作，将全县9个农村区撤销为6个区，将全县61个小乡合并为20个乡和一个城关镇。

9月14日，中央下发了关于整顿农业合作社、关于做好农业生产管理工作和关于在农业合作社内部贯彻执行互利政策三项指示。按照中央、省委和安阳地委指导精神，结合长垣县农业合作社实际情况，11月13日，长垣县委下发了《中共长垣县委关于今冬整顿三类社的意见》，11月25日，县委抽调干部组建整党整社工作组，开始整党整社工作。整顿工作按照先行试点、走一步带一步的步骤进行，一、二类农业社由村党支部自己搞，三类社派工作组帮助开展工作，着中解决全县79个三类社中存在的党团组织薄弱、干部作风不民主、经营管理不善、干部队伍不纯、群众闹粮闹社等问题。

经过1957年整顿，改进了社队领导结构，贫下中农占社队干部的70%以上；高级合作化后的遗留问题得到初步解决；农业合作社制度得到进一步巩固，对促进集体经济发展，起到了积极作用。

（三）党内整风和反右派斗争

根据毛泽东《关于正确处理人民内部矛盾的问题》的讲话精神，及中央发出的《关于整风运动的指示》，和河南省委一届五次（扩大）会上通过的《关于继续深入开展反右派斗争和全省范围开展整风运动的意见》要求，1957年12月16日，长垣县委召开了县、区、乡三级干部大会，开始开展党内整风运动。此次整风运动主要是在县区、乡干部和中小学教职员工中开展的，共分为鸣放、反右派斗争、着重整改、批评反省提高自己四个阶段。整风运动于1959年1月10日全部结束。

这次整风运动历时一年有余，对于打击资产阶级右派分子的反动言行，批判反党反社会主义思潮，在广大群众中澄清大是大非，巩固社会主义制度和无产阶级专政，以及转变干部作风，整治贪污浪费是有积极意义的。但是，长垣县的党内整风和反右派斗争是中央反右扩大化的产物，运动中"大鸣""大放""大字报""大辩论"泛滥，在政治上混淆了两类不同性质的矛盾，把一批知识分子、党员、干部错划为右派分子，列为无产阶级专政对象，使其本人及子女受到很多不公正的待遇。错误地开展了反潘、杨、王斗争，阻断了言路，严重损害了党的民主政治建设，给全县经济社会带来很大危害。这次整风运动参与人数达到4812人，占全县干部、教职员工总数的99.3%，共有416人被划为右派分子。

二、"大跃进"和人民公社化运动

（一）"大跃进"运动

长垣县的"大跃进"运动始于1957年冬季的农田水利建设。为提前实现农业发展纲要的目标，长垣县委按照"以蓄为主、以小型为主、以社办为主"的治水方针，发展引黄灌溉、井灌工程和河网园林化工程，在全县掀起了一个规模宏大的水利建设高潮。1958年2月22日至27日，长垣县委召开中共长垣县第一次代表大会第二次会议。会议提出了"一年水利化，两年过黄河，三年跨长江，一年实现四无县，三年普及中小学，五年内全部扫除文盲，1958年摘掉灾区的帽子，从根本上改变全县面貌"的奋斗目标，拉开了长垣县全面"跃进"的序幕。5月，中央召开八大二次会议，通过了"鼓足干劲、力争上游、多快好省地建设社会主义"的"社会主义建设总路线"。中共长垣县委在全县已普遍开始"大跃进"的情况下，深入贯彻"社会主义建设总路线"精神，从思想上、政治上进一步发动群众，在全县范围内大张旗鼓地宣传"社会主义建设总路线"。7月，县委组织召开了2000多人动员会，号召全县"要把无产阶级红旗插遍每个角落"，为掀起工业、农业、交通、邮电、文教卫生的全面"跃进"奠定思想基础。至8月，长垣县"大跃进"运动发展到高潮。

长垣县的"大跃进"运动，出发点是贯彻中央提出的"多、快、好、省"的总路线，充分发挥社会主义制度下人多好办事的优越性，充分调动人民群众的主观能动性和创造力，带领全县人民争取以最快速度发展经济，摆脱贫困。但在实际工作中，由于县委在指导思想上"左"倾冒进错误的严重滋长，违背自然规律，一厢情愿地制定高指标，各级干部瞎指挥风、浮夸风盛行，造成事与愿违的结果，受到了沉痛的教训。在农业生产上，高指标带来高估产，高估产带来高征购，很多社队的群众口粮都被征购了。加上"以蓄为主"的水利建设导致土地盐碱化加重，过度深翻土地导致地力下降，从1958年开始到1962年，全县粮食产量连年下降，造成了全县严重缺粮的局面。在工业生产上，不切实际地建设了太多的工业项目，摊子过大，战线太长，生产设备、技术均达不到要求，产品质量不过关，多数企业不盈利。特别是大炼钢铁运动，不但没有生产出来多少合格的钢铁，反而进一步加剧了全县国民经济的失衡，造成了巨大的人力、物力浪费。大炼钢铁期间，不但全县精壮劳动力脱离了农业生产，连群众生活用的锅及简单铁制农具都被炼铁了，对全县农业生产力造成了巨大破坏。大批教师和青年学生离开学校上山炼铁，打乱了正常的教学秩序，教师中止了教学，学生荒废了学业，给全县教育事业造成了很大损害。1960年，全县进入最困难时期，人均口粮降至历史最低水平，干部群众食不果腹，生产基本上处于停顿状态。

（二）人民公社化运动

长垣县的人民公社化运动始于小社并大社。在1957年冬和1958年春的水利建设高潮中，以村为单位的高级社遇到了一些具体困难。受村、社地界的限制，渠道难以统一规划，合理使用；因社小、劳力少、资金少，大规模的水利建设显得力不从心。为了解决这些困难，不少地方按照前几年农业合作化的惯性，开始自发地"并大社"，1958年4月，中央发出《关于把小型的农业生产合作社适当并为大社的意见》，小社并大社步伐加快。至1958年7月20日，长垣县将原来的20个乡、1个城关镇和3个管理区全部撤销，把全县37个合作社合并为11个大社，即一乡一社。

1958年8月，中央政治局在北戴河举行扩大会议，作出了《关于在农村建立人民公社问题的决议》，决定在全国农村普遍建立人民公社。北戴河会议后，全国农村一哄而起，大办人民公社，只用一个月的时间就基本实现了人民公社化。在这种形势的推动下，长垣县委迅速将全县11个大型农业合作社改建成工、农、商、学、兵五位一体，政治、经济、文化、军事全面结合的11个人民公社，分别是城关、恼里、孟岗、九棘、方里、丁栾、樊相、佘家、老岸、常村、张寨。为了加强对人民公社的领导，县委于11月成立长垣县人民公社联合社，县长甘广兴任社长。全县从农村到机关、企业、学校普遍实行人民公社的管理体制。人民公社管理体制的特点就是"政社合一""一大二公"。在"一大二公"的管理体制下，公社在全社范围内，对生产资料实行无偿调拨，往往以增加公共积累为名，过多地搞义务劳动，把社员的生产资料和部分生活资料无偿收归公社所有，实际上是对农民的剥夺，极大地挫伤了群众的生产积极性。违反等价交换、按劳分配原则，实行"吃饭不要钱，按级发工资"，搞"穷过渡"，进一步降低了干部群众的责任心。地方干部大刮"共产风"和生产上的"瞎指挥风",给农村发展造成极大破坏。

（三）初步纠"左"和持续"大跃进"

1958年秋冬之间,中央发现"大跃进"和人民公社化运动中存在着由集体所有制急于向全民所有制、由社会主义急于向共产主义过渡的"左"倾冒进问题。第一次郑州会议和八届六中全会后,根据省委、新乡地委指示精神,长垣县委从1958年12月,开始对人民公社进行巩固和整顿。

1958年12月15日,长垣县委下发了《关于整顿人民公社的意见（初稿）》,决定在抓好工农业生产的同时,对全县所有人民公社进行一次全面、深入的整顿和巩固。整顿的内容主要有六个方面。一是整顿思想,二是整顿食堂和福利,三是整顿收入分配和财务管理制度,四是整顿劳动组织,五是整顿干部作风,六是整顿干部队伍。经过整社,广大群众思想稳定,生产情绪高涨,夏收夏种的情况明显好于1958年。但是,这种良好的发展势头很快被反右倾斗争打断了。

1959年夏季,中共中央在庐山召开政治局扩大会议和党的八届八中全会,错误地发动了对彭德怀的批判。随后,中央部署在全党开展一场反右倾斗争。10月4日至11日,根据新乡地委指示精神,长垣县委召开扩大会议,会议传达贯彻党的八届八中全会和省委三级干部会议精神,县委第一书记段美敏（5月安玉书调离长垣,段美敏接任第一书记）等县委主要领导都作了自我检查。会议错误地批判了耿其昌在新乡推行的"包工包产到户,定产三年不变"、允许社员回家吃饭等有利于农业生产的做法,说他是彻头彻尾的右倾机会主义分子,是"潘、杨、王"的漏网分子。会议将佘家公社党委第二书记周尚武、丁栾公社党委第一书记王子文、张寨公社党委第一书记刘文禄、一中副校长贾怀堂等几位支持、同情耿其昌的同志,作为严重右倾分子进行了重点揭发和批判。10月13日至27日,长垣县委召开县、公社、大队三级干部大会,会上,根据与会人员思想认识情况进行了站队。县委书记处书记姬望远被作为耿其昌的紧密追随者、长垣县地段责任制的坚决推行人、全县最危险的右倾分子受到重点批判。全县被作为右倾分子受到批判的扩大到208人，其中公社党委书记2人，县直单位科局长14人，公社党委副书记、社长3人，一般干部18人，中学校长、党支部书记8人，厂长、厂党支部书记6人，大队干部73人，小队干部78人。

县委三级干部会议后，从11月开始，县直各机关单位、文教卫生系统、各公社都在党内开展了整风，在党外开展了社会主义教育运动。到12月17日，全县整党整风运动全部结束，参加运动的党员人数为7445人，占全县党员总人数的98%。最终，全县被认为犯有右倾机会主义和右倾错误而受到批判斗争的干部达到304人。

长垣县的这次反右倾斗争是一场错误的党内斗争，对全县的政治生活和经济生活都造成了重大的负面影响。一是否定了"包工包产到户、包产到田、一定三年不变"的地段责任制，在纠"左"中实行的小片荒、自留地、允许社员自己喂养家禽家畜等有利于生产的做法又被当作右倾废除，使刚刚好转的局面再次步入"大跃进"的老轨道，进一步助长了"浮夸风"和"瞎指挥风"，掀起了更大规模的大办钢铁、大办水利、大搞农业增产运动。二是错误地打击了一大批干部，严重挫伤了干部带领群众发展生产的积极性。三是在反右倾斗争中错误地开展了"反瞒产"斗争，在粮食征购中说实话报实产受到辩论和斗争，导致产量越报越高，粮食征购任务随之提高，连群众的口粮都被征购了，绝大多数农村食堂严重缺粮，不少人患上浮肿病，甚至在个别社、队发生了饿死人的情况。

三、国民经济和社会政治关系的调整

（一）调整农业

由于工作中的失误和自然灾害的侵袭，长垣县农村生产力受到严重破坏，粮食产量呈现递减趋势，1961年甚至降到1952年的水平。面对严峻的困难形势，党和政府带领全体人民，采取一系列政治、经济、社会的积极

措施，不屈不挠同自然灾害做斗争，同自己工作中的错误做斗争。1960年11月中共中央发出《关于农村人民公社当前政策问题的紧急指示信》，1961年1月党的八届九中全会正式决定对国民经济实行"调整、巩固、充实、提高"，这两件事标志着党在实际工作中停止了"大跃进"的指导方针。开始认真调查研究，从实际出发，切实纠正"大跃进"和人民公社化运动的错误。

根据中央紧急指示信规定和重申的12条政策，长垣县大张旗鼓地清算退赔，纠正一平二调"共产风"。长垣县委连续召开了两次县委扩大会议，各公社均召开了多次党委会和群众会，传达贯彻中央指示精神。全县17463名县、社、大队、小队干部参加会议，参会群众32.5万人，使中央指示精神达到了家喻户晓。清算退赔使广大干部、群众受到一次深刻的反"共产风"教育，划清了两种所有制的界限。干部作风明显好转，有错误的干部都主动向群众作出检讨，95%以上的干部都参加生产劳动，与群众同堂同等同量吃饭，遇事同群众商量。政策兑现，取信于民，农民群众安下心来，兴家立业，发展生产。

人民公社的各项经营管理制度进行了调整，从克服公社、大队、生产队界限不清、责任不明的弊端出发，调整三级管理组织之间的关系，各种制度逐渐定型。生产管理实行"四固定"和"三包一奖"。劳动管理在划分劳动组织、确定农活定额、小段包工、基本劳动日制、评工记分、检查验收、假日、干部参加劳动等方面，建立起一整套制度。分配工作兼顾国家、集体、社员三者利益，合理确定扣除和分配的比例，较好地体现了按劳取酬、多劳多得的社会主义分配原则。这个时期形成的农村人民公社经营管理制度，对稳定农村形势，调动农民生产积极性，遏制"共产风"再起，发挥了积极作用。这些制度一直延续到党的十一届三中全会后的农村改革，被家庭联产承包责任制和社改乡所取代。

1962年2月，县委根据省委关于在"三严重"（盐碱严重、牲畜死亡严重、人口外流严重）地区实行借地政策的指示，在樊相公社邢固屯和常村公社油坊占两个大队进行借地试点，3月即在全县沙荒盐碱地区进行全面推广，5月又根据省委一般地区都可以借地的指示，全县在一般地区也实行了借地政策，每人可借红薯地二分到三分。至6月，全县3665个生产队均实行了借地政策，共向社员借地22.6万亩（包括自留地7.2万亩），占全县耕地总量的22.6%。借地政策当时被称为"救命政策""叫人政策"，对促进农村经济的恢复发展，起到了很大作用。借地政策实施后，全县农村发生了显著变化，过去外流人口陆续返乡，很多社员开始私养牲口、添置农具、主动积肥、积极参加集体生产劳动，群众生活得到明显改善。9月党的八届十中全会后，再次强调阶级斗争与两条道路的斗争，12月，中央发出《关于进一步巩固人民公社集体经济、发展农业生产的决定》后，县委制定了《关于几个与巩固集体经济有关的政策问题的处理意见》，对借地政策进行了适当调整，于1963年麦收后，收回了一般地区的借地和"三严重"地区的红薯借地。在贯彻紧急指示信、调整农村政策的同时，开展了以反"五风"为主要内容的整风整社运动。

（二）调整工业

长垣县从1961年下半年起，在调查研究的基础上，贯彻"调整、巩固、充实、提高"的八字方针，从经济结构和发展规模、管理体制、生产方向等方面入手，大刀阔斧进行调整。1961年下半年县委对全县工业进行了大刀阔斧的压缩调整。经过调整，全县县营工业由16家调整到7家，社办工业全部停办。在缩短战线、压缩规模的同时，按照中央《国营工业企业工作条例（草案）》精神，加强了企业管理，建立健全计划、财务、劳动工资、物资、设备、人事等各项管理制度，建立严格的责任制和经济核算制。1962年，又在企业中普遍开展"三查三看一找一建"活动，工业的一系列调整与整顿，不但很好地支持了农业生产，也提高了工业经济的运行质量。

同时，为了集中力量大办农业，发展粮食生产，迅速扭转粮食紧张的局面，1961年7月至9月县委根据中央和省委精神，结合工业、教育、机关单位等方面的调整，大力精减非农业人口，至1962年底，全县农村劳动力由1960年的10.7万多人上升到13.5万人，恢复到了1956年的水平。

（三）调整社会政治关系

1957年以来，按照上级指示，长垣县多次在党内党外开展反右倾的斗争，这些政治运动打击了一大批实事求是、敢讲真话的干部，破坏了党内民主生活和党的团结，加剧了浮夸风，助长了经济建设中的"左"的错误，在政治上、思想上、组织上造成很大恶果。调整国民经济，纠正"左"倾错误，必须解决过火斗争遗留问题，把广大干部群众从人人自危的状况中解脱出来。

1961年六七月间，河南省委召开三级干部会议，部署甄别平反工作。7月11日至15日，县委召开扩大会议，学习中央《农村人民公社工作条例（草案）》，传达省委三级干部会议精神，总结几年来的工作经验和教训。会议决定为1959年以来遭到错误批斗或错误处理的干部平反。7月25日，县委为原县委书记处书记兼农村工作部部长姬望远和原县委农村工作部副部长王作金2人平反恢复名誉，并恢复原来职务。8月1日，县委下发《关于平反复议工作方案》，决定对1959年以来在反右倾整风整党、民主补课运动中遭到批判、斗争和各种处理的各级干部共3057人给予甄别复议，对受到错斗错批错误处理的干部给予平反，恢复名誉，甄别复议工作按照"先易后难，先党内后党外，先地县委管理干部后本单位管理干部，先脱产干部后非脱产干部，先狱内后狱外"的次序，至1962年1月上旬全部结束。通过甄别复议，1274名干部被平反，并在适当范围内恢复了名誉和职务。其中，为260人全部平反，为529人大部分平反，为485人一部分平反。

（四）调整国民经济任务的胜利完成

1961年开始的国民经济调整，到1963年虽然取得了显著成效。但人民的吃、穿、用仍有很多困难。因此1963年至1965年，县委继续完善落实恢复发展经济的各项政策，完善生产责任制，治理盐碱沙荒等，至1965年底，长垣县完成了国民经济调整任务。

完善生产责任制。1964年2月，长垣县委政策研究室在张寨公社的牛店、杨庄、邰坡、寺谷四个大队和赵岗公社李湾大队开展调查研究，总结了牛店大队、李湾大队实行质量工分和寺谷大队秋田管理落实到组、责任到人的做法。之后在全县各公社、大队和生产队进行推广。1964年夏、秋生产中，以质量工分为核心，全县普遍实行了夏收夏种生产责任制、秋田管理责任制和三秋生产管理责任制。质量工分的实行，解决了社员只顾抢工分不管劳动质量的问题，提高了农业耕作水平。在1965年开展的比学赶帮运动中，全县各生产队又普遍建立起责任田和责任员制度，并在全县推行"基本口粮、基本劳动月和基本肥料交售"的三项基本制度，进一步加强农业经营管理。

治理盐碱沙荒。1964年秋季，县委在全县开展学习大寨总结"四夏"争取秋季丰收运动，学习大寨勤俭创业、乐于奉献、支援国家的革命精神和干劲，以大寨治山改变面貌为榜样，制定规划，治理沙荒、盐碱和旱涝灾害。在孟岗公社等风沙区，采取"换土、深翻压沙、植柳围沙、种桑绿化"等措施，缩小沙区面积，降低风沙危害。在常村公社、张寨公社、丁栾公社、佘家公社、樊相公社等盐碱地区，采取"大片起碱、小片翻碱、老碱打围田、开沟播种"的办法治理盐碱。通过连续两年的努力，全县风沙、盐碱、涝灾明显减轻，农作物产量明显提高。同时在全县普遍开展积肥运动，改良土壤，培养地力。大力开展植树造林活动，贯彻林业政策，划清林权，调动集体和社员植树造林的积极性，发展林业经济，改善农业生态环境。在水利建设方面，停止引黄灌溉，扒平阻水工程，恢复自然流势。1964年至1965年，在文明渠流域开挖了文明干渠、文明东支、丁栾公路沟、回木沟、三干渠和44条支渠，在天然文岩渠流域开挖17条支渠。各公社、大队、生产队积极打新井，修旧井，大挖排水沟，发展水草、莲藕种植，有效治理了涝灾。

经过连续三年的努力，长垣县国民经济得到较快发展。从1963年开始，全县经济形势出现明显好转，呈现出工农业产值和粮食连年快速增长的良好发展态势。1963年粮食总产量为10226万斤，较1962年增长20%。1964年粮食总产量为12168万斤，增长16%。1965年粮食总产量为14974万斤，增长23%。到1966年，全县社会总产值达到4799万元，国民收入达到2404万元，工农业总产值达到4335万元，分别比1962年增长了122%、125%和139.5%。1966年粮食总产量达到15101万斤，继续保持增长，并达到自给自足。工、农业生产的快速恢复和粮食的自给自足，标志着长垣县调整国民经济任务的基本完成。

四、城乡社会主义教育运动

为贯彻落实党的八届十中全会精神，长垣县委从1962年10月下旬起开展了以刹"歪风邪气"、制止单干、整顿干部作风为主要内容的社会主义教育运动。11月27日至12月21日的社会主义教育运动，主要是解决干部群众的思想问题，对广大干部群众进行发展农业生产与促进社会主义建设的关系，国家、集体与个人三者利益一致性的关系，目前利益和长远利益的关系教育，划清鼓足干劲与实事求是、"大跃进"与"浮夸风"、瞎指挥与正确领导、"一大二公"与"一平二调"等认识上的界限。

1963年2月的中央会议后，长垣县社会主义教育运动进入揭批"黑风"阶段。主要是揭批干部多吃多占、挪用公款、弄虚作假、盗窃财物和群众向往单干、投机倒把、出租土地、放高利贷、赌博、搞封建迷信活动等"黑风"。揭批"黑风"期间，结合整风进行了整社，撤销区级机构，将全县58个人民公社合并为15个人民公社，分别为城关、张寨、赵岗、魏庄、恼里、孟岗、芦岗、苗寨、方里、武丘、佘家、丁栾、樊相、常村、满村。揭批"黑风"运动至1963年6月结束。5月和9月，中央"双十条"

颁布后，长垣县社会主义教育运动转入"小四清"（清账目、清财物、清仓库、清工分）阶段，运动中"左"的氛围更加浓厚。

1963年12月9日至1964年1月18日，县委按照中央提出的"当前的主要危险是右倾，在地、县两级干部中批判怕'左'不怕右"的指导思想和"抽调大批工作队，集中力量打歼灭战"的工作方法，以公社为单位分两批召开公社三级干部会议，重点开展公社和大队两级干部的"四清"工作。此次"小四清"运动到2月底全部结束。1964年冬和1965年春天长垣县委再次开展"小四清"运动，又清查出"四不清"干部1万多人，涉及财物较大的人员都进行了经济退赔，情节较轻的经群众同意予以豁免。1965年2月，县委组成"五人四清专案组"，各公社也成立相应机构，以中央《农村社会主义教育运动目前提出的一些问题》及有关政策为准绳，对"小四清"运动中揭露出犯有严重"四不清"错误的干部进行审查处理。在此次运动中，长垣县开展的揭"黑风"和"小四清"运动，对于纠正干部多吃多占、强迫命令、欺压群众等不良作风，巩固集体经济起到了一定作用，在一定程度上打击了贪污盗窃、投机倒把和封建迷信活动。由于整个运动是在"以阶级斗争为纲"的总方针下进行的，许多属于人民内部矛盾的问题都被认为阶级斗争或阶级斗争在党内的反映而进行揭露和打击，使部分干部和群众受到错误批判和处理。

五、十年探索的成就及经验教训

从1956年9月党的八大一次会议到1966年5月"文化大革命"前夕，是党领导全国人民在探索中进行大规模社会主义建设的十年。十年间，长垣县委在领导全县人民建设社会主义的进程中走了不少弯路，遭受到严重挫折，但在全县经济社会事业建设各方面仍取得了一定成绩，为建设社会主义新长垣积累了宝贵经验。1966年，全县社会总产值达到4799万元，比1956年增长33.64%；财政收入达到196万元，增长148.5%。

水利建设成效显著。十年间农业方面的成就主要体现在大规模的水利建设上。在引黄灌溉方面，1958年2月至3月建成的长垣县第一个引黄灌区——卫东灌区，开挖干渠2条，长35公里；支渠9条，长80公里。1958年秋季建成的红旗灌区，长垣境内干渠两条，一条从封丘县小章寺村至长垣县武丘乡长村里村，全长44公里，一条从常村乡北辛兴村至佘家老岸村，全长62万公里。还有1958年冬至1959年春季建成的左寨灌区、1966年建成的郑寨灌区。这些大规模的引黄工程，虽经多次兴替，但大部分得以保留并不断完善，在长垣县农田灌溉上长期发挥作用。在排涝工程方面，1956年和1964年两次对天然文岩渠疏导治理，使其除涝标准达到三年一遇，防洪标准达到十年一遇，并于长垣县段建桥21座，至今发挥作用。1959年和1964年两次扩挖文明渠，渠宽扩大到17米，并裁弯取直，扩挖支流，控制面积扩大到246平方公里。1963年至1964年春季开挖治理丁栾沟，由县城北关直达滑县子相河，全长27.8公里，流域面积达289平方公里。1963年至1966年治理回木沟，沟宽扩至20—30米，流域面积由92平方公里扩大到656平方公里。这些排水工程均延用至今，特别是丁栾沟、回木沟，成为后来石头庄灌区的重要组成部分。大规模的水利建设，不仅建成了较为完善的农田排灌渠系，同时也为长垣县后来实行合理引黄、以排控引、井渠并举、引灌蓄排、协调发展的治水方针提供借鉴和指导，并为后来长垣县赵堤、方里等乡镇发展水稻种植创造了条件。

工业经济得到初步发展。1957年之前，长垣县工业是一纸空白，仅有长垣县榨油厂和一些手工业社。党的八届一次会议之后，长垣县工业经济得到迅速发展，特别是在1958年开始的"大跃进"期间，全县工业企业总数一度达到800多家，涉及电力、机械、造纸、钢铁、食品、纺织、服装、农机修造、农副产品加工、煤炭、建筑材料等众多领域。1959年长垣县工人总数近6万人，工业总产值达到1464多万元，荣获机械工业红旗县称号。这一时期全县工业发展虽然具有很大盲目性，且1961年后绝大多数企业被关停，但其间对较宽领域工业发展的探索，积累了经验，锻炼了队伍，为长垣县工业经济的长期发展播下了火种，打下了基础。

城乡基础设施得到加强，各项社会事业全面发展。公路建设方面，新建长垣至安阳、长垣至新乡两条砖渣干线公路62公里，县内干线128公里，便道（土公路）243公里，实现了县城与新乡、安阳的公路连接，并基本实现了县城与各乡、社及各乡、社之间通便道公路，初步形成了县内的路网框架。电力建设方面，建成小型发电厂一座，县城机关和主要街道实现电灯照明。卫生方面，建成了县人民医院和45个公社卫生院，各行政村都普及了半农半医诊所。教育方面，与1955年相比，全县初级中学由2所（一中和二中）发展到7所，一中、二中还开设了高中班，在校学生由1218人扩大到2783人；全县小学由262所发展到354所（其中民办44所），另有半耕半读农业中学55所、小学360所。

十年间，长垣县委在上级党委的领导下，坚持开展广泛的社会主义教育运动，加强整党、整社、整风工作，坚定了广大干部群众走社会主义道路的信念，加强了党对基层的领导，纯洁了党员、干部队伍。开展了学习大寨精神，学习红旗渠精神，学习雷锋精神，学习焦裕禄精神等全民教育活动，使自力更生、艰苦奋斗的创业精神和热爱集体、乐于助人、甘于奉献的良好社会风尚得以发扬光大，给后人留下了宝贵的精神财富。

第三节　"文化大革命"的挫折与伟大历史转折的实现

20世纪60年代中叶，正当长垣人民意气风发地为全面建设社会主义而努力奋斗的时候，一场史无前例的"文化大革命"爆发了，长垣陷入长达十年的政治动乱之中。"文化大革命"期间，长垣社会秩序动荡不安，政治运动接连不断，但是广大干部群众对极"左"路线进行了一定程度的抵制与抗争，长垣的国民经济也取得一定程度的发展与进步。

一、"文化大革命"的发动

（一）长垣县"文化大革命"的发起

1966年5月16日，中共中央下发了《中国共产党中央委员会通知》（以下简称《五六一通知》），一场以"打倒一切、派性斗争"为主要标志的"文化大革命"开始在全国发动。《五六一通知》下发后，长垣县的"文化大革命"首先在文教界展开。活动的主要内容是学习《五六一通知》"两报一刊"、社论等，开会讨论、写批判文章，后来出现批判校领导和教师的现象。8月8日，中共八届十一中全会通过了《中共中央关于无产阶级文化大革命的决定》（以下简称"十六条"）。8月10日，长垣县委召开会议，贯彻执行中共八届十一中全会公报和"十六条"，并决定从县、社抽出大批干部分头深入农村，向广大群众进行宣传贯彻。8月18日，毛泽东在天安门接见红卫兵后，长垣一中红卫兵总指挥部向全县发出《破四旧、立四新，横扫一切牛鬼蛇神的通告》，随后，长垣一中红卫兵在县城统一组织行动，破四关、四街的"四旧"，并采取了不少过激行为，大批文物遭到破坏。在这次"破四旧"中，长垣县许多领导干部被当作"黑帮""走资派""反革命修正主义分子"受到批斗和抄家，许多共产党员、共青团员、干部、教师、劳动模范被当作"保皇派""牛鬼蛇神""黑爪牙"来批斗，甚至一部分学习好的学生也被当作"修正主义苗子"而受到孤立和打击。

9月15日，长垣代表在天安门广场受到毛泽东的接见。受接见后，长垣红卫兵分别到首都各大院校串联，学习首都红卫兵的"革命经验"。从北京返回后，长垣一中的红卫兵组织也在一夜之间突然分成了势不两立的两大派：一派是以"九一五"进京人员为主的"九一五"红卫兵，一派是人数较少的"毛泽东思想红卫兵"。受毛泽东接见的红卫兵返回后，分别受到安阳地委和县委领导的热烈欢迎和祝贺。他们按照中央的指示，迅速在全县掀起大串联。除在本县相互串联外，1966年冬，长垣县各学校学生还纷纷组织起来，到全国各地的大中城市和井冈山、韶山等革命圣地进行大串联。大串联，严重扰乱了长垣社会秩序。12月底，长垣县"文化大革命"领导小组宣布各级党委、基层党团组织停止活动，"让群众自己教育自己"。各级党组织停止活动，整个机关、农村工作秩序、生产秩序一片混乱。

（二）"全面夺权"与稳定局面的努力

1967年，"文化大革命"局势发生急剧变化，进入一个社会更加动荡、冲突更加激烈的新阶段。

长垣县各学校的红卫兵组织首先将本校校长打倒，宣布罢免其校长职务，夺校长的权。2月初，长垣县委机关红卫兵组织"红旗战斗团"首先抢夺了县委及县委各机关、各部委的公章，并于次日在县戏院召开大会，欲宣布夺权成功。大会正在召开时，县人委机关红卫兵闯进会场，并将"红旗战斗团"团长揪出戏院。夺权大会虽然就此结束，但此后机关停止办公，局面日趋混乱，原有的领导人被打成"走资派"，统统"靠边站"。社会秩序混乱无序，人民群众深受其害。此后，根据中央军委《关于人民解放军坚决支持革命左派群众的决定》，中国人民解放军长垣县武装部及驻安阳8300部队、驻开封8181部队及8172部队都先后抽调部分人员开始介入长垣"文化大革命"，执行"三支两军"（支"左"、支工、支农、军管、军训）任务。混乱的局面得到遏制。

1968年2月，长垣县各派群众"造反"组织经过支"左"部队多方工作，取消各自组织的旗号，实现了名义上的大联合。在县人武部的主持下，经河南省革命委员会批准，长垣县革命委员会成立，长垣县革命委员会的建立对维护社会秩序起了一定作用，但革委会是由"三结合"组成，同时它又在各项工作中贯彻执行"左"的方针，且由于它的特殊组成，其本身又成为乱的根源。其间，发生了严重的"六二三"武斗事件，后经过反击"三右一风"运动，使长垣县革命委员会基本垮下，派性大旗再次树起，县革委会建立后刚刚有所收敛的无政府主义狂潮再度掀起。

二、"斗、批、改"运动

1969年4月，中共九大召开，确立了"无产阶级专政下继续革命"的理论，向工、农、商、学、党、政、军、民各方面提出了"斗、批、改"（斗垮走资本主义道路的当权派，批判资产阶级反动学术权威，批判资产阶级和一切剥削阶级的意识形态，改革教育，改革文艺，改革一切不适应社会主义基础的上层建筑）的任务，大批判、"清理阶级队伍"、整党、精简机构、教育革命成为"斗、批、改"的重要内容。

开展"革命大批判"。在河南，大批判就是批判"刘少奇及其在河南代理人文敏生、赵文甫之流的反革命修正主义路线"。据此长垣县革委会根据上级的指示，经常组织各单位召开这样的"大批判"，批判所谓"黑六论"，即刘少奇的"阶级斗争熄灭论""驯服工具论""群众落后论""入党做官论""党内和平论""公私融化论"，批判刘少奇等"党内走资派"的"历史罪行"，批判所谓"人性论""唯生产论"等。

"清理阶级队伍"运动。1968年5月25日，中共中央转发《北京新华印刷厂军管会发动群众开展对敌斗争的经验》，要求在全国各地区、各单位有步骤地有领导地把清理阶级队伍这项工作做好。8月，长垣县革委召开"深挖叛徒、特务，清理阶级队伍誓师大会"，对十几位领导干部加上莫须有的罪名进行批斗并挂牌游街。年底，长垣县革委成立了"清理阶级队伍"、清理敌伪档案办公室的"双清办公室"，组织大批专案人员，在全县范围内开展"清理阶级队伍"运动。全县有2181名干部和群众以"叛徒""特务""阶级异己分子""蜕化变质分子""现行反革命分子"被审查、批斗，蒙受不白之冤，其中9人被批斗至死亡，家属、亲友也受到株连。通过"双清"运动，长垣县将两个隐名潜逃、罪大恶极的历史反革命分子苗兰亭、张善朝清理出来，公开枪决。

精简机构。从1968年7月起，为响应毛泽东"在职干部也应分批下放劳动"的号召，落实毛泽东"国家机关的改革最根本的一条就是要联系群众"的指示，长垣县开始精兵简政。长垣县的精兵简政事实上是把所谓站错队和有问题的干部集中到"五七"干校或下放到农村劳动，排斥在领导岗位之外。在精兵简政的名义下，长垣县711名干部被裁减、下放，被送到农村或"五七"干校劳动，接受所谓"贫下中农的再教育"。

整党建党。长垣县自1969年8月初开始进行整建党试点工作。这次整建党共分5批进行，农村整党试点；常委包片、定点，抓好典型，以点带面；第三批与第二批基本相同；县直机关整党建党；社直机关整党建党。在整党建党的基础上，1971年4月，中共长垣县委第三次代表大会召开，长垣县委恢复。此次整党一直延续到1972年5月基本结束。经过整建党，在"文化大革命"初期动乱中瘫痪了的各级党组织得以重建，大多数党员恢复了组织生活，这对于稳定当时的局势，促进各项工作有序进行，起到了一定作用。但是，在错误的"五十字建党纲领"指导下，以是否"积极造反"作为衡量具备党员条件的标准，以派划线，进行"吐故纳新"，造成党员思想混乱和党组织严重不纯。

教育革命。"文化大革命"开始后，师生们热衷于搞串联，教学秩序被打乱，规章制度废止，教学设备、图书仪器损失严重，高等学校停止招生，"停课闹革命"长达三年之久。由于正常的管理制度被破坏，根据中央的指示精神，长垣县通过向学校派驻工人宣传队，实行工农管理；开展学工、学农活动；改革办学体制；改革高招办法等措施进行了一系列的教育改革，将全县248个公办小学的1229名公办教师，全部下放到队，接受"贫下中农的再教育"。还在公社设高中，大队办初中，村村办小学，取消考试制度，实行推荐升学制度。这些"教育革命"不但严重挫伤了广大教育工作者和教师的积极性，而且在社会上和中、小学中广泛产生了"读书无用""读书吃亏"等错误观念。中、小学生普遍不用功读书，学校秩序混乱，使长垣县的教育事业遭到巨大破坏，贻误了一代青少年的教育和成长，使长垣县建设人才青黄不接，后继乏人。1971年4月15日至7月31日召开了全国教育工作会议，通过了《全国教育工作会议纪要》（以下简称《纪要》）。《纪要》作出"两个估计"："文化大革命"前十七年教育战线是资产阶级专了无产阶级的政，是"黑线专政"；知识分子的大多数世界观基本上是资产阶级的，是资产阶级知识分子。"两个估计"传达到县后，广大教育工作者、知识分子纷纷表示"不理解""想不通"，并采取各种方式进行抵制。

"一反三打"。1970年1月，中共中央发出《关于打击反革命破坏活动的指示》，2月5日，又发出《关于反对贪污盗窃、投机倒把的指示》和《关于反对铺张浪费的通知》。根据这些指示，1970年春节过后，长垣县革委召开了全县干部大会，安排部署了打击反革命破坏活动，反对贪污、反对盗窃、反对投机倒把的"一打三反"工作。此后，"一打三反"运动便在长垣县轰轰烈烈地展开了。在这场运动中，全县层层动员，举办"一反三打"学习班，发动群众进行大检查、大揭发、大批判、大清理，迫使不少干部群众违心交代所谓政治和经济问题。这一运动一直持续到1971年8月。长垣县"一打三反"运动，打击了极少数反革命分子和各种犯罪分子。但是，"一打三反"是在极"左"思想指导下开展的，加上派性干扰，不准、不实、错定、漏定的案件不少，打击了一些无辜群众，制造了大量的冤案、错案，部分人身心受到严重伤害，有的甚至丧失了劳动能力，造成"一年的运动，多年的纠错"。

三、"文化大革命"中后期纠"左"的努力与反复

（一）批林整风与批林批孔

林彪叛逃事件后，长垣县委根据省、地委部署，开始了"批林整风"运动，并对县直机关进行了整顿，"文化大革命"初期受到冲击的部分老干部走上了工作岗位，一些机构相继恢复，军队撤回"三支两军"干部。县委恢复后，长垣社会相对比较稳定，家庭副业和农林畜业得到短暂发展。

1974年1月，毛泽东提出"中外反动派和历次机会主义路线的头子都是尊孔的，批孔是批林的一个组成部分"。中共中央将供批判的《林彪与孔孟之道》的材料转发全党，一场"批林批孔"运动立即在全国开展起来。2月2日，县委副书记肖飞午、刘万修，县委宣传部长曹克诚，向参加农业学大寨经验交流会的4500多人和县直机关各单位干部职工，分别传达了安阳地委紧急会议通知与中央有关文件，号召全县立即动员起来，认真学习中共中央文件和报纸有关文章，积极投入"批林批孔"斗争，迅速掀起"批林批孔"高潮。

"批林批孔"运动开展后，很多正确的东西被错误地批判，搞乱了人们的思想，使长垣县刚刚趋向稳定的政治局势和有所发展的国民经济，重新遭到严重破坏。全县人民在"文化大革命""左"倾错误笼罩下，依然走着曲折崎岖的道路，继续遭受着痛苦和灾难。

（二）国民经济的全面整顿

1975年1月，根据毛泽东的指示，邓小平开始着手对"文化大革命"所造成的严重混乱局面进行整顿。在这种形势下，长垣县也和全国一样，开始对全县各条战线进行整顿。河南省委为贯彻邓小平关于"整顿的核心是党的整顿"的指示精神，于8月29日作出《关于增强党性加强党的建设的整顿的决定》，受到长垣县广大党员干部的拥护，长垣县各级党委认真组织学习讨论，采取集中学习、集中讨论、集中揭发批判、集中开展批评与自我批评的办法，认真进行思想、作风和组织整顿，并制订各自的整党计划。1975年12月17日至29日，中共长垣县委在佘家公社召开整风会议，县委书记郑玉纯作了动员报告，阐明整风的重要意义及该项工作的方法和步骤。此次会议推动了全县农业学大寨运动的开展，加快了长垣县的建设步伐。

长垣县通过贯彻中央全面整顿的精神，各条战线进行近一年的整顿，各项工作出现了新的转机，同时也促使了人们从长期极"左"思潮的影响下醒悟过来。但整顿工作遭到江青一伙的强烈反对，后来也为毛泽东所不满，由此，自11月开始，在全国又掀起了一场"批邓反击右倾翻案风"运动，使经过整顿刚刚恢复正常的社会秩序、生产秩序再度被打乱，长垣县再次陷入一片混乱中。

四、粉碎"四人帮"，"文化大革命"结束

1976年党和国家领导人周恩来总理、朱德委员长、毛泽东主席相继去世，其间还发生了举世震惊的唐山大地震，全国人民沉浸在巨大的悲痛之中。在这种情况下，"四人帮"加紧了篡夺党和国家最高领导权的步伐。在这危急时刻，1976年10月6日，中共中央一举粉碎"四人帮"，使他们蓄谋已久的篡党夺权阴谋归于破产。喜讯传来，长垣县一片欢腾，1976年10月24日，县委、县革委在一中操场召开万人大会，热烈庆祝粉碎"四人帮"反革命集团的伟大胜利，号召全县党、政、军、民立即行动起来，掀起对"四人帮"反革命集团的大揭发、大批判活动。

（一）开展"揭批查"运动

1976年10月18日，中共中央发出了《关于王洪文、张春桥、江青、姚文元反党集团事件的通知》，通报了"四人帮"的罪行，号召全党开展揭发批判"四人帮"的斗争。县委根据中央、省委、地委的部署，深入宣传中央文件精神，层层举办揭批"四人帮"学习班，学习文件，武装思想，统一认识，培训骨干，为深入开展"揭批查"运动（揭露和批判"四人帮"的罪行，清查与"四人帮"篡党夺权阴谋活动有牵连的人和事及其帮派体系）做好思想上和组织上的准备。

1977年2月，长垣县委成立了揭批"四人帮"清查小组，专门负责清查与"四人帮"篡党夺权阴谋活动有牵连的人和事。3月14日至24日，县委召开了全县教师大会。会议传达了国务院总理华国锋关于教育工作的指示和讲话，深入揭批了"四人帮"篡党夺权和破坏教育的罪行。这次会议改变了教师的政治地位，为教师这个群体平了反。在全县深入开展揭批

"四人帮"运动的同时，为进一步解决因"四人帮"破坏造成的党员入党思想不纯的问题，彻底肃清"四人帮"的流毒和影响，遵照上级党委安排部署，1977年1月29日，中共长垣县委向全县发出了《关于公社党委进行开门整风的意见》。按照县委的意见，各公社党委于2月上旬以扩大会议的形式进行了开门整风。这次整风仍坚持以阶级斗争为纲，把毛泽东提出的"要搞马克思主义，不要搞修正主义；要团结，不要分裂；要光明正大，不要搞阴谋诡计"作为整风的指导思想。目的是通过整风，深揭狠批"四人帮"，把被"四人帮"搞乱了的东西纠正过来，把被"四人帮"破坏了的东西恢复过来，加强党的统一领导，增强革命团结，胜利完成1977年的工作任务。

县委整风后，从1977年2月下旬开始，在农村分批开展整党。结合整风，对农村党组织进行整顿，以加强党的建设，推动农业学大寨运动的深入开展。

（二）"一批双打"运动

为彻底清查"四人帮"帮派体系，推动"揭批查"运动的继续深入，河南省开展了"一批双打"运动。根据河南省委、安阳地委的安排，长垣县的"一批双打"运动在农村和县直单位分期分批进行。

1978年3月，长垣县从县直机关抽调大批干部，在农村开展了"一批双打"运动。农村"一批双打"运动和第二批整党紧密结合，是作为整建党的一项主要内容进行的。在搞好农村"一批双打"运动的基础上，从1978年7月21日开始，县委开展了县直机关的"一批双打"运动，并于当天上午召开了动员大会，县直5000多名干部、职工参加了会议。县委书记宋国臣首先传达了省委60号文件《关于大张旗鼓地开展"一批双打"的意见》。接着县委常委、县革委副主任刘声作了动员报告。最后，县委第一书记郑玉纯作了指示，号召全县干部、职工积极投入运动，坚决把"一批双打"搞好搞彻底。

　　长垣县的"一批双打"斗争，从清理打砸抢入手，重点抓大案、冤案，很快打开了局面，共揭发出在"文化大革命"中被打的199人，当场打死的6人，打后致死的9人，严重致残的2人。揭发出被抄家的71户，抢枪支弹药2起，抢档案3起。被列入大案要案的23起，需追究刑事责任的3起。政治方面的问题，揭发出163人。经济方面的问题，通过财政纪律大检查，发现在"文化大革命"期间请客送礼、吃喝浪费现象比较突出，共查出公款花费48.6万元，仅工交、农林、科教系统就花费3.64万多元；挪用资金，搞计划外建设现象比较普遍，检查中发现挪用公款金额达162万元；干部职工借占公款现象也比较普遍，共检查出借占公款2470人，共计45.74万元；贪污盗窃、投机倒把的105人，共计4.1万元。至1978年11月25日，县直48个局委，126个基层单位，共有干部职工7549人，实际参加"一批双打"运动的有6848人。通过学习文件，武装思想，联系实际，长垣县共揭发出各种问题3562条，涉及3341人。

　　在农村"一批双打"运动中，长垣县揭出的问题大量属于人民内部矛盾，坚持批判从严，处理从宽，抗拒从严，悔改从宽，重证据，不轻信口供。对于地富反坏和证据确凿的贪污盗窃、投机倒把分子，给予了坚决打击。农村"一批双打"运动还坚持抓革命、促生产，把广大干群的积极性及时引导到大干社会主义上来，搞好麦田管理和春耕备播工作，高质量、高标准地完成各项生产任务。县直"一批双打"运动，从清理打砸抢入手，重点抓大案、冤案，依法处理了少数打砸抢首恶分子，同时还揭发了贪污盗窃等经济方面的问题，有力地打击了"四人帮"在长垣的社会基础，促进了"揭批查"斗争的深入开展。结合"一批双打"斗争，县委还对各级领导班子进行了整顿，清除了一批帮派骨干和打砸抢分子，时任县委副书记的帮派头头张良才等人就是这时被清除的。长垣县各级党组织的混乱局面逐步得到扭转，正常生产秩序逐渐得到恢复。

五、初步拨乱反正

随着"揭批查"运动的开展，广大干部群众强烈要求纠正"文化大革命"的错误。1978年6月4日，长垣县委成立摘掉右派帽子办公室，根据中央文件、结合有关部门，对错划右派问题，进行全面清查，对错划的右派予以纠正，并适当安置。全县未平反右派402人，1978年改正399人，不予改正3人。需要安置的185人，全部进行了安置。因右派错误处理的163人，纠正157人，应安置的115人，安置110人。

9月12日，县委按照中央、省委、地委的指示和要求，开始在全县部署加强理论学习，开展实践是检验真理的唯一标准的讨论。

10月，长垣县委成立纠正冤、假、错案、落实干部政策领导小组和办公室，对"文化大革命"中造成的冤、假、错案予以纠正，平反昭雪，推倒了强加给长垣县广大干部群众的一切诬蔑不实之词；对历史上的遗留问题进行了处理；对能工作而没有分配工作的干部，及时分配了工作；分配工作不当的，及时进行了调整；对于年老体弱确实不能工作的干部，也做了适当的安置。12月7日，县委召开常委扩大会议，历时8天。各公社党委、县直各局委主要领导参加了会议。会议传达了省委常委扩大会议精神，联系长垣实际，抓住"文化大革命"中的重大问题进行揭发批判，分清路线的大是大非，对明显的冤、假、错案进行了平反昭雪。初步平反"文化大革命"中的冤假错案，落实党的政策，对于长垣县搞好治理整顿，拨乱反正，安定团结，调动一切积极因素，把工作重点转移到经济建设上来，具有十分重要的意义。但由于"两个凡是"方针的影响，进展缓慢。

党的十一届三中全会以后，从中央到地方都按照"实事求是、有错必纠"的原则，加快了对"文化大革命"的错案及以前历次政治运动的错案、历史遗留的陈案平反的步伐，形成了全党办案的高潮，受迫害的各级党、政、军机关干部陆续得到平反，受到打击、诬陷或迫害的教师、知识分子等也恢复了名誉。

六、国民经济的初步恢复发展

1976年10月粉碎"四人帮"后，历史进入了一个新阶段，长垣县各级党组织努力扭转混乱局面，恢复正常生产秩序，发展国民经济，长垣县的社会秩序、经济秩序趋于正常，工农业生产不但逐步恢复，而且由于初步落实政策，调动了广大人民群众建设社会主义的积极性，生产有了较快发展。

1977年全县完成工业总产值3200余万元，超过了原计划的30%，比1976年增长60%。商业总购销量达到8500万元，比1976年增加15%。财政收入扭转了几年完不成计划的情况，也有了较大的增长。农业生产在夏季干旱、秋季积涝、黄河漫滩等灾情严重的情况下，仍然取得了较好的收成。与1976年相比，粮食总产大体持平，棉花总产增加五成以上，其他各项经济作物，都有所增产，社队工副业和多种经营收入，有较大的增加。

1978年3月16日，长垣县召开多种经营工作会议，要求认真落实贯彻"以粮为纲，全面发展"的方针，狠抓一种、二养、三加工，全县各级党员干部积极工作，广开门路，使全县的多种经营得到迅速发展。4月、8月、10月，三次召开全县企业扭亏增盈会议，要求亏损的企业要认真分析内因，认清有利条件，大力发展企业生产，更多地积累建设资金，促进国民经济的高速发展，加速实现四个现代化进程。同时，对教育工作进行了大刀阔斧的拨乱反正，根据实际情况调整学校布局，集中教学力量将全县50处高中合并为8处，200多处初中调整为50处，每乡建一所重点初中，形成"县管高中，乡管初中，村管小学"的教育格局。虽然长垣县对学校布局调整的做法受到了严厉批评，但在5年后中央也出台了同样的教育体制改革决定，长垣经验被全省推广。

第六章 改革开放时期

第一节 革命老区改革开放的起步和探索发展

一、革命老区工作重点的转移

1978年12月18日至22日，中共十一届三中全会在北京召开。这次全会重新确立了解放思想、实事求是的指导思想，实现了思想路线的拨乱反正；停止使用"以阶级斗争为纲"的口号，作出工作重点转移的决策，实现了政治路线的拨乱反正；形成了以邓小平为核心的党中央领导集体，实现了组织路线的拨乱反正；作出实行改革开放的伟大决策，开启了我国改革开放和社会主义现代化建设的历史新时期。

党的十一届三中全会结束后，县委常委立即组织了学习新闻公报、学习全会文件。并发出通知，要求全县党员干部认真学习领会全会精神。1979年1月，县委认真贯彻中央的决定，着手实行家庭联产责任制，纠正农村工作长期存在的"左"的做法，极大地调动了农民的生产积极性，农村经济发生了历史性的变化。1979年2月3日，长垣县召开四级干部大会，参加会议的干部和先进模范代表5400多人，历时15天。会议传达贯彻了党的十一届三中全会精神，重点解决党的工作重心转移到经济建设上来和加快农业发展步伐的问题。会议中学习文件、联系实际、解放思想、批判极"左"、总结经验教训、讨论县委拟定的亟待解决的有关政策问题，为长垣县农业生产的快速发展扫除了障碍，创造了条件。

二、革命老区改革的起步

（一）农村改革的推进

党的十一届三中全会纠正农村工作中长期存在的"左"的做法，分析了农业现状，总结了正反两方面的历史经验，讨论通过了《中共中央关于加快农业发展若干问题的决定（草案）》，为农村改革指明了方向。1979年1月，县委认真贯彻中央的决定，着手纠正农村工作中长期存在的"左"的错误，开始在农村实行专业承包、小段包工、"五定一奖"（定任务、定劳动、定产量、定工作、定投资、超产奖励）、包产到户、包干到户等多种形式的农业生产责任制。在推行责任制过程中，社会上出现了不少疑虑，不少人犹豫、观望，有人甚至发出"辛辛苦苦几十年，一夜回到解放前"的指责，针对这一情况，县委、县政府及时组织学习邓小平的《关于农村政策问题》和中央《关于进一步加强和完善农业生产责任制的几个问题》的文件精神，统一认识，坚定步伐。在农村改革进程中，长垣县从实际出发，大胆探索。1982年1月1日，中共中央批转《全国农村工作会议纪要》后，长垣县在全县范围内对农、林、牧、副、机（具）全面实行家庭联产承包责任制，赋予农民充分的生产经营自主权。到1980年底，绝大多数生产队落实了以联合承包为主要形式的责任制，促进了农业生产的快速发展。以大包干为特征的家庭联产承包责任制实行以后，打破了人民公社政社合一、行政命令、平均主义和吃"大锅饭"等弊端，农民得到了土地的经营自主权和大部分农产品的自由处置权，极大地解放了生产力，使集体经济的优越性和个人的积极性同时得到发挥。经过农村生产体制的变革，全县农业生产得到了迅猛发展，粮食产量逐年提高。1979年粮食产量为1.38亿公斤，比1949年增长了1.3倍。1977年至1985年，为粮食大幅上升期。

（二）国民经济调整和城市改革的兴起

党的十一届三中全会后，鉴于国民经济中一些重大比例关系严重失调和经济工作中急于求成现象的出现，党中央于1979年4月召开工作会议，制定"调整、改革、整顿、提高"的八字方针，决定用三年时间对国民经济进行调整。这次调整的重点是加强农业的基础地位，进一步理顺农业与工业的关系。

县委认真贯彻中央八字方针，结合本地实际对国民经济进行了调整，农民的收入分配形式产生了较大变化，各户按承包土地面积，完成国家征购、农业税、集体提留后，一切收入归己，生产好坏与切身利益息息相关。全县农村农民农忙务农，农闲搞副业，比着改善，出现了农业丰收、副业增收的喜人局面。

农村改革的同时，长垣县对城市经济体制改革也进行了探索。按照中央对工业进行调整改革要求，采取关、停、并、转的办法，钢铁厂、磷肥厂、煤矿先后下马转产，钢铁厂转为化工厂，煤矿转成八一综合厂（后改为有色金属材料厂）、生活用品厂、联合服装厂。1982年，生活用品厂和联合服装厂合并，改为鞋楦模具厂。同时通过对内实行生产责任制，对外实行引进技术、资金、人才、设备和联营办企业的"四引一联"，增强了企业活力，工业形势日见好转。

三、革命老区农业区划的调整

新中国成立前，长垣县农作物以粮食为主，经济作物次之，在粮食中以小麦、高粱、玉米、谷子、大豆为大宗。小麦在革命老区的种植主要在满村乡、丁栾乡西部、樊相乡、常村乡大部及滩区四个乡的淤土地。临黄大堤两侧、黄河滩区是大豆的主要产地。经济作物以花生为大宗，革命老区主要分布在方里乡、丁栾乡北部、佘家乡南部等黄河冲积沙质土壤及青沙土质，其他乡也有零星种植。棉花普遍种植，但面积小。从1964年后，棉花普遍种植，在县西、北部的满村乡、丁栾乡、佘家乡、樊相乡、常村乡等老区乡镇大面积集中种植，成了商品棉基地。随着一年两熟制的推广，棉花集中产区、花生集中产区，已分别摸索、总结出与小麦轮作的一年两熟办法，水利条件充足地区，推广了小麦、玉米轮作。新中国成立后的36年来作物分布与粮食结构发生很大变化。全县粮食以夏粮为主，夏粮以小麦为主，播种面积已占总耕地的70％以上，产量高、分布广。

为合理开发利用农业资源，因地制宜，发挥优势，科学指导农业生产，促进全县农业的更快发展，长垣从1981年4月至1984年5月，对全县农村进行了农业资源调查和区划工作，制定了长远规划。全县革命老区农业区划分为四个类型。

（一）西部粮棉区

西部、北部为商品粮、棉重要生产基地，包括常村、樊相等乡镇全部，丁栾大部，共323个村，25.59万人，占全县总人口的43.4%，土地面积68.95万亩，占全县土地总面积的43.5%，其中耕地42.56万亩，占全县耕地的46.4%，农业人均耕地1.6亩，粮食总产13373万斤，占全县总产量的54.99%。通常植棉4.57万亩，总产皮棉107.5万公斤，占全县总产量的89.7%，商品棉99.68万公斤，为全县总贡献的94.3%。

该区土地比较肥沃，土质较好，大部分是淤土和两合土地，适宜粮棉作物生长，地势平坦，水利条件好，井渠较多，农业机械化程度高。根据该区优越条件，以粮棉为主导作物，进一步搞好水利排灌工程，扩建高产、稳产农田，实现园田化。在发展农业的同时，全面发展多种经营，增加经济收入，加快林、牧业发展，形成良性循环。

（二）中部粮油农桐间作区

包括方里、佘家、丁栾等五个乡的138个村，104488人，占全县总人口17.7%，土地面积25.62万亩，占全县总面积的16%，其中耕地面积16.18万亩，占全县总耕地的17.6%，农业人均耕地1.66亩，粮食总产量1790.7万公斤，占全县粮食总产量的13.39%。通常种植花生2.43万亩，占全县花生面积的45.1%，花生总产占全县花生总产量的47.3%。

该区地势起伏不平，土质多沙，漏水漏肥，比较瘠薄，风沙灾害严重，粮食产量低而不稳，夏粮面积小，但工副业较好，资金较充裕。在保证粮食自足或稍有剩余的基础上，抓好沙区农业致富四宝——打柳楔、栽桐树、种花生、养母猪。大力发展油料生产，大搞以农桐间作为主的农田网络，积极发展养猪事业，在风口沙丘带植柳、防风固沙，并发展引黄淤灌改良土壤，改变生产条件。

（三）背河洼稻麦水旱轮作区

在县东北部，临黄大提西侧，包括赵堤、佘家及方里乡东部，共57个村，41029人，占全县总人口的6.9%，土地面积10.24万亩，占全县土地总面积的6.5%，其中耕地6.13万亩，占全县总耕地的6.7%，农业人均耕地1.45亩，年粮食总产632.5万公斤，占全县粮食总产量的4.7%。

全区地势低洼，临河背洼悬殊很大，高差2—4米。因直接受天然文岩渠侧渗的影响，土地盐碱严重，农业生产水平低。全区以引黄灌溉、扩种水稻为主，实行一稻一麦，一年两熟。积极引黄灌淤改良土壤，大力开挖截渗沟，疏通排水系统，引、排配套，以达沟渠畅通，以便及时排除积水和缩短灌溉周期。积极发展多种经营，增加农民收入，增加农业生产后劲。

（四）东部黄河滩粮牧区

临黄大堤以东为黄河滩区、包括芦岗、苗寨、武丘等乡，206个村，131374人，占全县总人口的27.8%，土地面积53.5万亩，占全县土地总面积的33.75%，其中耕地26.9万亩，占全县总耕地的29.3%；农业人均耕地1.6亩，年粮食总产3596万公斤，占全县总产量的26.89%。

该区东靠黄河，西临天然文岩渠。地势南高北低，东高西低，土地面积大，草滩地较多，耕作粗放，有机肥料少，土地瘠薄，农业生产条件差，夏季较稳产，秋不保收。受黄河威胁很大，干旱和洪涝灾害严重，为国务院规定的"一水一麦"地区。该地区的农业，应坚持扩大夏粮作物面积，主攻单产，一季保全年，秋季多种抗灾肥田作物，力争多收。利用草滩优势，大力发展养牛、养羊业，发展以柳行、刺槐、泡桐、沙兰杨为主的防护林，搞好植树造林，营造防风林带。

第二节 革命老区农村改革和城市改革的全面展开

1982年9月召开的党的十二大，制定了全面开创社会主义现代化建设新局面的宏伟纲领。中共长垣县委、县政府带领全县老区人民，认真贯彻落实党的十二大和1987年召开的党的十三大会议精神，不断深化以农村为重点的全面经济体制改革，大力加强社会主义精神文明建设、民主法制建设和党的自身建设，有力地推动了长垣县经济和社会事业的快速发展。

一、农村经济体制改革

以家庭联产承包责任制为主要内容的农村第一步改革完成后，中共中央、国务院在稳定和不断完善家庭联产承包责任制的同时，开始进行以改革农产品统购、派购制度，建立和完善农村社会化服务体系，调整产业结构为中心内容的农村第二步改革。

1983年10月26日，长垣县划归濮阳市管辖。11月1日，根据中央〔1983〕35号文件精神和省市委的部署，县委研究了人民公社体制改革工作，成立了以县委副书记李柏拴为主的领导小组，全县进行人民公社体制改革，中旬在丁栾公社搞了试点，12月下旬其余14个公社全面展开，到1984年1月全部结束。经过体制改革，人民公社完成历史使命，改为乡。各乡召开人民代表大会选举产生乡人民政府，县委任命了乡党委、乡经济联合社两套班子的领导成员。各乡3套班子的配备按照年轻化、知识化、革命化、专业化的标准进行选拔，比较稳妥地解决了新老干部的交替问题。

1984年中央下发1号文件，改革的主要内容是建立"产供销、种养加、贸工农"一体化的农村综合发展经济制度，准许农民"离土不离乡"，把部分农民从土地上解放出来。这次改革，使农村产业结构发生了深刻变化。4月14日，根据省地委指示精神，县委研究下达《关于生产大队体制改革的意见》，全县进行生产大队体制改革，取消生产大队、生产队名称，改为行政村和村民小组。经过组织考察、民主评议等程序，建立了村支部和村民委员会。农村干部大大精减，平均年龄普遍降低。8月10日，全县开展调整土地工作，根据市委指示和全县的实际情况，县委研究发出《关于搞好土地调整进一步完善农业生产责任制的意见》。按照县委意见，各乡集中力量开展了土地调整工作。经过50多天的努力，全县551个行政村全部完成土地调整工作，基本解决了地块零星不便耕作管理的问题，绝大多数村民群众非常满意，促进了农业生产发展。

1985年1月1日，中共中央、国务院发布《关于进一步活跃农村经济的十项政策》，指出：打破集体经济中的"大锅饭"以后，农村工作的重点是进一步改革农业管理体制，改革农产品派购制度，在国家计划指导下，扩大市场调节，使农业生产适应市场需求，进一步把农村经济搞活。1月14日，县委召开常委扩大会议，传达贯彻中央〔1985〕1号文件《关于进一步活跃农村经济的十项政策》和省委〔1984〕101号文件、103号文件精神。10月30日，县委、县政府对减轻农民负担问题作出六条规定：提留项目只限于公积金和管理费3项，除农业税以外，提留总额一般不超过上年农业纯收入的4%，最高不得超过5%，并规定了精减农村干部、改革提留办法、壮大集体经济、加强财务管理、认真执行价格等政策，为减轻农民负担提出了原则和办法。

农村经济体制的改革不但使粮食产量迅猛增长，而且促进了商品经济在农村的发展。长垣农民对市场、信息、技术、竞争产生了浓厚的兴趣，种植业、养殖业、农副产品加工业、商业、饮食业、建筑业、防腐业、起重业、眼镜业等多种经营蓬勃发展。长垣革命老区各种类型的专业户、专业村、联合体逐年增多，大批农民进入第二、第三产业，进入流通领域。建立和完善农村社会服务体系，是农村改革进入第二阶段的一项重要内容。1986年中共中央、国务院第5次发出1号文件，即《中共中央国务院关于1986年农村工作的部署》。文件要求，深入改革、改善农业生产条件，组织产前产后服务，推动农村经济持续、稳定、协调发展。县委、县政府认真贯彻落实文件要求，提出完善家庭承包责任制，建立健全社会化服务体系；抓好农村产业结构调整；增加农业投入，加快改善生产条件；帮助贫困地区改变面貌；制止不合理摊派，切实减轻农民负担；发挥中心城市作用，促进农村商品经济发展；加强农村思想政治工作，促进社会主义精神文明建设。1986年3月上旬，长垣县划归新乡市管辖。

为了加快全县农业的发展，1988年1月15日，县委发布《关于进一步加快农业发展的意见》，其中包含加强对农业生产的领导、增加农业投入、搞好农田水利建设等8条意见。1990年5月8日，县委发布《关于进一步深化农村改革加快农业发展的意见》（以下简称《意见》），针对本县实际，提出了稳定农村各项政策、增加农业投入、科技兴农、完善农村服务体系、大力发展畜牧业等8条意见。此《意见》的贯彻与落实，进一步调动了农民的生产积极性，促进了农业的长足发展。1991年12月30日，县委发出通知，要求全县各级党组织认真学习党的十三届八中全会通过的《中共中央关于进一步加强农业和农村工作的决定》，结合实际总结经验，坚定不移地稳定以家庭承包为主的责任制，积极发展农业社会服务体系，树立大农业思想，加快实施科技兴农步伐，走农业高投入、高产出、高效益之路。

二、民营经济发展和乡镇企业的异军突起

（一）民营经济的发展

长垣在改革开放前，交通不发达，基础设施落后，加之地上无资源、地下无矿藏、缺乏明显的区位优势，是一个典型的农业大县、工业小县、财政穷县。特别是革命老区乡镇，发展劣势更为明显。但是黄河流域厚重的文化底蕴，悠久的历史文明，造就了长垣人勤劳朴实、坚韧不拔、敢闯敢干的性格，抱着"学套手艺谋发展"的坚定信念，硬是闯出了一条内陆

欠发达地区发展民营企业的路子。

党的十一届三中全会后，长垣县委认真贯彻落实党的各项农村经济政策，变革农村经营管理体制，全面推行家庭联产承包责任制，一批以家庭经营为主要形式，以商品生产为基本特征的专业户和新的经济联合体，如雨后春笋般应运而生。20世纪70年代末到20世纪80年代中期，为小商品经营阶段，主要以"提篮小卖"方式，从事补锅铸铁、木梳篦子等小商品经营；20世纪80年代中期到1992年，为家庭手工业阶段，主要以"前店后厂"的形式生产经营一些传统小商品。这一时期的产业主要是以建筑、防腐、起重、卫生材料与医疗器械为主。1988年长垣县提出了要大力发展民营经济的口号。民营经济进入加快发展的阶段，逐渐有了一定的名气，对长垣以后的发展产生了深远影响。

1986—2003年，长垣县认真落实科学发展观，按照建"中部经济强县"的发展目标，大力实施"民营立县、特色兴县"战略，坚持走"县域经济民营化，民营经济特色化，特色经济规模化，规模经济外向化"的路子，培育壮大了防腐、建筑、起重机械、医疗器械、厨师、绿色食品、花卉苗木七大优势产业，形成了集聚效应明显的商贸流通、起重机械、医疗器械、特色农业、劳务输出和生态养殖六大经济板块，经历了由劳务经济到回归经济再到特色经济三次质的飞跃。截至2003年底，全县民营企业达到2026家，民营企业总产值68.6亿元，民营企业贡献率在全县税收、财政收入、农民人均现金收入和城建投资中，分别达到66%、54%、80%、81%。

以医疗器械产业聚集区为载体，以革命老区乡镇丁栾、张三寨等乡镇为组团，大力发展医疗器械产业。以常村、樊相等乡镇为组团，以绿色农产品基地、苗木花卉基地、红提葡萄基地等为依托，实施规模化、集约化经营。以滩区、老区、背河洼地区等老区乡镇为组团，大力发展劳务经济，有力地促进了经济相对滞后地区的协调发展。"一把刷子刷出一个防腐产业，一把瓦刀垒出一个建筑产业，一把勺子发展一个厨师产业"，这便是对长垣劳务输出最生动的诠释。长垣每5个农民中，就有1个外出务工经商。2002年，长垣县被国家防腐蚀协会命名为"中国防腐之乡"。建筑业施工范围遍布全国大中城市。厨师业人才辈出，素有"香飘四海、艺播九州"之美誉。2003年，长垣县被烹任协会命名为"中国厨师之乡"，而且成功举办了中国(长垣)国际美食节，进一步弘扬了厨乡文化。以金鑫种猪场、立达禽业、豫牛乳业等公司为依托，建设牧草基地、饲料粮基地、滩区绿色奶业生产基地、无公害肉羊生产基地，走出了一条发展生态养殖业的路子。

1986—2003年，这十八年是长垣革命老区历史上发展最快、变化最大的一个重要历史阶段。商贸、起重机械、医疗器械、特色农业、劳务输出、生态养殖六大经济板块你追我赶，竞相发展，呈现出东西突破、中部提速、两翼带动、信息互通、优势互补、共同发展的格局。

（二）乡镇企业异军突起

随着农村经济的发展，农村产业结构的调整，大批富余劳动力逐渐从土地上转移出来，为乡镇企业的发展提供了有利条件。1984年3月，中共中央、国务院转发农牧渔业部党组《关于开创社队企业新局面的报告》，把社队企业改称乡镇企业。5月，中共河南省委、省政府发出了《关于发展乡镇企业的决定》。长垣乡镇企业是在农村经济改革中，由农业结构中游离发展而成的。它是一个多种生产形式，多种经济成分和多种经营的企业。它横跨农业、工业、防腐、建筑、运输、服务6大行业。革命老区乡镇根据各自的条件和原有技术基础，扬长避短，发挥优势，闯出各自的道路。黄河滩区水灾多，不宜办厂搞坐地企业，就以劳务输出为主。芦岗乡的建筑、苗寨乡的防腐、武丘乡的防腐和建筑并重，各具特色。临黄堤西的常村乡，由过去分金炉打首饰发展为冶炼、铸造业。丁栾乡人多地少，大搞坐地生产，由毛笔、梳篦发展到笔刷业、电线业、窗纱业、劳保用品等。佘家、赵堤、孟岗、方里4个乡以化工染料、化纤纺织、各类刷子、劳保用品、卫生材料为主。樊相乡则发展了较先进的金属化工、石油化工、汽车配件等新兴工业产品。生产由过去的"粗笨型"向"精巧型"转化。自1986年以来，长垣县坚持以经济建设为中心，把发展乡镇企业当作长垣农村奔小康的必由之路。乡镇企业获得了快速发展。1986年，全县乡镇企业单位数6015个，其中个体数4915个，完成总产值19717.3万元；1992年，县委、县政府下发了《关于发展乡镇企业的若干规定》，之后，乡镇企业发展迅速，乡镇企业单位数5375个，其中个体4330个，完成总产值102967万元。

（三）革命老区特色乡村涌现

1. 防腐之乡——苗寨乡

苗寨乡的防腐业是全县防腐业的发源地。技术装备先进，职工技术素质好，引进技术时间早，成绩突出。先后已和吉林化学工业公司研究院、中国科学院上海冶金研究所、武汉材料保护研究所、太原防腐蚀学会等15个单位建立了技术合作关系。1985年全乡有36个防腐工程队，分属2个公司，从业人员3000人，其中有工程师5人、助理工程师10人、技术员100人。主要机械设备和检测仪器有300台（部），固定资产200万元，流动资金150万元，年总产值1500万元，全员劳动生产率5000元，全乡年人均增收407.6元。当年引进新技术10项，可承揽高空、地下、各种管道及技术性强的防腐蚀工作面，每年完成的全优工程达到96%。

2. 建筑之乡——芦岗乡

芦岗乡建筑业始于何时无考。清末民初每年冬春就有大批劳力外出搞建筑。农业合作化以后，由集体组织外出，过去仅有清工、包工两种，逐渐发展为包工不包料的半包，包工包料的全包。20世纪80年代中期，全乡有1个建筑公司，45个建筑队，从业人员3867人，其中工程师30名、助理工程师120名、技术员400名。拥有大型施工设备85台（部），能承揽大、中型建筑，年施工能力达950万平方米，1981年至1985年，施工遍及21个省、市、自治区，工程合格率达98%，创65项全优工，先后受省、市、县表扬70多次。留在家乡的建筑技术人员村村都有，每年组织50个队，达3900余人，活跃在本地农村和县城。

三、科教文卫体制改革

（一）科技体制改革

1986—1990年，长垣县革命老区的科技发展相对缓慢。1990年，新乡市第三次科技大会提出了实行"科技兴县""科技兴农"的宏大战略工程，使广大干群的科技意识迅速提高。长垣县的科技进入了快速发展阶段。

农业方面。樊相镇的日光温室香瓜种植达400亩，年收入800万元；方里、佘家等乡镇改沙碱低产田为稻田高产区；满村乡推广施用微量元素——钛肥，使各类作物增长30%—35%。粮食作物不断引进新品种，保证了农业的稳产高产。常村镇饲养鸳鸯鸭采用"公司+农户"的方式，年纯收入达820万元，成为常村镇的龙头企业。

工业方面。黄河起重机设备机械总厂的离心浇铸筒组年产600台，产值300万元，利润132万元；新乡市中原震动器厂研制的低噪声震动器，填补了国内空白，年产值3000万元，实现利税500万元；宇安医用卫材有限公司的粘胶石膏绷带和透气过敏胶布被评为高新技术产品，产值3500万元，实现利税420万元；人民医院的安定鼻饲治小儿破伤风和治疗乙肝的新药"绿色病毒王"，获得省、市科技进步奖。

1986年，长垣县首次进行职称评聘工作，成立了县职称改革领导小组，为185人评定了高级职称，为2977人评定了中级职称，为6239人评定了初级职称。1986—1991年，全县共推广先进科技成果300余项，举办各种类型的科技培训班100余次，培养各类技术人才1500人。1990年，组织鉴定了"长垣驴"品种"塑料大棚应用""精加工配比家畜饲料"等项目。1991年，橡胶卷材厂的"再生胶卷材"年产值200万元，年利税30万元，获市科技成果二等奖；樊相水泵厂的"101水泵"年产值50万元，年利税10万元，获市科技成果二等奖；张寨治岗的"塑料大棚"，获市科技成果二等奖。1986—1991年底，长垣县共组织完成省市下达的科技攻关项目25项，推广先进科技成果300余次，举办多种类型的科技培训班100余次，培养各类技术人才1500人，1990年1月，成立了长垣县科技防腐公司，为科委二级机构，全民企业。同年4月，成立了科技开发中心——"八五"科技成果推广站。

（二）教育体制改革

长垣县教育管理体制经历了从"县管高中，乡镇管初中，村管小学"的三级管理模式到"分级管理，以县为主"的改革过程。乡级教育管理呈现出由乡中心校到乡教办室又到乡中心校管理的过程。

教学教法改革。一是幼儿教学教法改革。20世纪80年代，长垣县的幼教事业尚处于萌芽阶段，幼儿园（班）的管理仍处于松散型、保姆式的管理时期。1986年，长垣县共有幼儿园、学期班41个，在园（班）人数1846人，入园（班）率仅为10.3%，幼儿教师54人。全县幼儿教育1989年以前由县妇联负责，1990年移交县教育局，由县教育局教育股管理，1991年由教育局少工部监管。1986年以来，长垣县积极贯彻《幼儿园教育指导纲要（试行）》精神，实行课程改革，深入实施素质教育。在幼教事业萌芽阶段，幼儿园没有固定的课程，幼儿教师只是带领幼儿学一些易唱的歌曲、20以内的加减法、一小部分常用的字和操作简单的队形。幼教事业纳入正规化管理后，幼儿园不但有了固定的课程，幼儿教师还根据幼儿的生理、心理特征，引导幼儿阅读课外画册读物、讲故事、练习舞蹈等，在活动中开发幼儿智力，为幼儿顺利进入初等教育奠定了良好的基础。二是小学、初中教学教法改革。1986年4月2日，第六届全国人大第四次会议审议通过了《中华人民共和国义务教育法》，依据《中华人民共和国义务教育法》精神，长垣县一方面巩固和提高普及初等教育的成果，全面提高小学生的入学率、巩固率、毕业率和普及率；另一方面大力普及初级中等教育，明确提出了"六配套"的奋斗目标，即学校要有校舍、桌凳、围墙、大门、操场和厕所。按照普及九年制义务教育规划和实施意见，制定目标，突出重点，分布实施，狠抓落实。完成了"五三"学制向"六三"学制的调整。全县各中小学校全面贯彻党的教育方针和"教育要面向现代化、面向世界、面向未来"的指导思想，积极实施素质教育，大大减轻学生过重负担，严格控制中小学生流失，大大提高中小学生的毕业率和完成率。1989年，长垣县的普及初等教育顺利通过政府验收。三是高中教学教法改革。1986年长垣县有普通高中5所，分别是长垣县第一中学、长垣县第二中学、长垣县第四中学、长垣县第六中学、长垣县第十中学。拥有教师194人，其中本科学历教师56人，专科学历教师138人，学历合格率28.87%。招收新生837人，在校人数2758人。随着普通高中规模的扩大和人们对子女教育的高度重视，普通高中招生人数与年俱增。四是长垣县为积极贯彻国家提出的大力发展职业教育的方针，1983年，长垣县第八中学易名为长垣县第一农业中学，长垣县第一所职业高中成立。开设种植、养殖两个专业。长垣县第一农业中学成立之初，基础设施相当薄弱。在人们的心目中，农民孩子上学的目的就是要离开"面朝黄土背朝天"的生活，考入农中，毕业以后还要重复那种生活，把学生送到农中去就读者甚少。随着科学技术在农业生产中的广泛推广，农中毕业的学生担负起科技兴农的重任，农民深刻认识到科技在农业生产中的重要作用，纷纷把学生送到农中就学。农中加大基础设施投入，逐年扩大招生。随着长垣县防腐、建筑业的发展，技术人才短缺成为阻碍经济发展的重要因素，1988年，长垣县委、县政府果断决定，把长垣县第四中学改为长垣县第一职业高中，开设防腐、建筑、造纸3个专业。长垣县的职业教育，除为高等院校输送合格新生外，还担负起了振兴地方经济的重任，没考入高等院校的学生，利用所学一技之长，积极投身到家乡的建设中去，有的成为企业的技术骨干，有的成为地方的致富能手，并带动周围群众共同致富。长垣县的职业教育，顺应国内、地方市场，开设新的专业，就业率、升学率不断攀高，职业教育取得了令人瞩目的成绩。

办学体制改变。1984年3月3日，根据省市委指示精神，县委研究下达了《关于多种渠道集资办学加速发展教育事业的意见》，又召开了专题会议，在全县发展群众集资办学。经过宣传发动，取得明显效果。革命老区涌现出很多集资办学的先进大队和个人：芦岗乡的杨桥大队通过多种渠道集资、建成了标准化的小学，为全县树立了榜样。20世纪90年代以来，政府投入加社会集资建校兴起，长垣十中、长垣职业中专、长垣一中新校区相继建成。长垣农中、长垣二中、长垣六中等学校多策并举筹资建校，基础设施大为改观。1985年6月，佘家武校（长垣武校的前身）投资50万元动工建设，标志着民办学校开始步入长垣县教育的舞台，社会力量办学兴起。长垣县的民办教育撑起了长垣教育的一片天空，为长垣县的建设和发展做出了不可磨灭的贡献。

（三）文化事业更加繁荣

改革开放的东风，激荡着全县80万人民的文化创造力。

长垣革命老区的文化活动得到了蓬勃发展。文化活动内容由过去的传统文化开始向以高科技为基础的现代文化转变，文化活动形式也由原来的娱乐型向经济型转变。出现了"文化搭台、经济唱戏"的新模式。

1986—2003年，长垣积极开展各类群众性文体活动，全县文体人口达40%以上。全县基本形成了以县文化馆为龙头，以乡镇文化中心(站)为枢纽，以村文化大院为基础的三级文化网络，以节庆文化活动、月末文艺晚会、周末戏迷俱乐部和戏剧茶座为一体的活动格局。书画作品屡获省、国家级大奖。文化创作欣欣向荣，陈海文的散文、小说集《芸芸众生鸟》，李庆云的长篇小说《小城风云》，冯杰的诗集《一窗晚雪》《布鞋上的海》及儿童小说集《飞翔的恐龙蛋》《冬天里的童话》等都颇受读者的喜爱。特别是冯杰的诗更是蜚声中外。

（四）卫生体制改革

卫生事业许可制度改革。"七五"时期，随着社会主义建设的飞速发展，国民经济各项事业发展步伐的加快，兴办医疗卫生事业准入制度的进一步改革势在必行。1993年，长垣县卫生工作放宽了兴办卫生医疗事业的准入制度，彻底取消了"七五"以前国家兴办公益事业的单一模式，开始实行"多渠道、多层次、多形式"和国建、集体、个人多家兴办卫生医疗公益事业的办法，允许广大城乡退休医生及农产老中医自开诊所，自主开业。1996年，在办医方式上进一步改革，允许城乡联合、中医结合。2003年，全县医疗、医药经营网点迅速增加。

管理体制改革。"七五"时期，为适应市场经济体制发展的需要，县医疗卫生系统在经济效益管理及劳资分配制度方面进行改革，实行了浮动工资制。在经济效益管理方面，一是进一步扩大乡镇卫生院的经营自主权，在国家补助的情况下实行"全民所有、集体经营"的办法。二是推广承包经营制度、对管理不善、长期亏损的乡镇卫生院，根据所有权和经营权分开的原则，实行承包，使其扭亏为盈，收到了良好的经济效益和社会效益。

1991年开始，为调动基层干部积极性，在全县各医疗单位逐步推行了院长负责制，在各单位形成了以院长为核心的行政、业务领导集体，形成坚强的行政、业务领导系统。院长负全面责任，有权决定本单位的工作重点、经营决策、中层干部任免、经费使用、事业发展及职工奖惩等。同时，推行基层卫生院长竞争上岗制，把具有开拓精神、善于管理的科技人才选拔到领导岗位，并激励、监督院长尽职尽责，奋发进取。

1986—2003年，经济的快速发展推动了全县卫生事业的不断进步，长垣县卫生系统以"创新、进取、奉献、服务"为宗旨，以科技为先导，以人才为根本，以硬件建设为依托，使长垣县的卫生事业实现跨越式发展，县、乡、村三级卫生保健服务网络日臻完善，基本形成了集医疗、预防、保健、监督、教学等于一体的医疗保健服务体系。截至2003年底，全县有卫生医疗机构22个，卫技人员1683人，卫生人员1882人，其中具有高级职称的48人，中级职称的331人。大型医疗设备1060台(件)。卫生用房共48549平方米，价值1494万元，卫生系统总资产2618万元。共开设病床972张，其中床位使用率52%。村级卫生室515个，乡村卫生人员873人。相继建成了疾病控制防治中心、县医院传染病区，疾病控制体系和医疗救治体系进一步完善，公共服务水平不断提升。宏力"红十字"博爱医院开工建设，县人民医院、中医院医疗条件得到了进一步改善，新型农村合作医疗得以顺利实施，成功应对了"非典"公共卫生突发事件。

四、革命老区城镇建设的加快发展和经济社会发展的成就

随着经济的快速发展，长垣县不断加大对基础设施建设的投资力度，强力推进城镇建设，大力实施旧城改造和新城开发。1949年，长垣县人民政府进驻县城办公，自此，长垣县城开始进入快速建设时期。1955年，长垣县开始建电厂发电，县城中心街安装了路灯。随着电力的发展，四关五街先后都安装了路灯，至1985年电力网遍布全县。1971年，四关五街道路开宽为8—12米，路面改为砖渣、三合土。1973年，五街道路全部改为渣油路面。1982年，长垣自来水厂建成，先后铺设供水管道3749.5米，日供水360吨。1983年建成下水管道1305米，排水量为1立方米/秒。1985年重修县前街，路面拓宽为10米，临街房屋新建者均为二层以上楼房，出现了第一条较现代化街道，街道全长788米。并先后建起了人民剧院、人民影院、文化馆、百货楼、服务楼等。至1986年底，县城增设了排、供水管道，硬化了人行道，安装了高压水银路灯。同时修通了北环城公路西段延长了西关油路面，投资195万元建成县医院门诊和病房楼；投资40万元建成知识分子住宅楼；投资50万元，改造了水厂，增加自来水用户；建了一中教学大楼、县幼儿园，规划了专业商品市场。

20世纪六七十年代，长垣革命老区乡村住房大部分以里坯外砖的瓦屋居多。20世纪80年代后，乡村住房发展变化加快，屋墙由内坯外砖改变为"二四"或全"三七"的纯砖到顶，且开始向楼房及走廊化发展。特别是1986年以后，长垣县开始对各村进行规划建设，依据规划审批农村宅基地和公益设施建设。新居小楼拔地而起，乡村建设日新月异。1990年，全县共拥有油路160公里，2001年，全县乡村道路达769公里，行政村通油路率为86%。2003年，全县乡村道路达1300公里。

党的十一届三中全会后，各项改革逐年推进，改革促进了发展，县委、县政府带领全县人民从县情出发，着力构建社会主义市场体系，按照职责分开和精简、统一、效能的原则，对县、乡党政机关和企事业单位进行了较大规模的改革。机构改革的重点是理顺关系，归并业务相近、党政业务交叉的机构，精简内设机构和人员。县政府机构改革的重点是转变职能，实行政企分开，促进企业转换经营机制，加快现代企业制度的建立，强化宏观调控、综合协调、执法监督等职能，撤并机构重叠、业务交叉和分工过细的部门，完善政府运行机制，规范政府行为，依法行政，提高工作效率。

国民经济保持了较快增长，综合经济实力不断增强。1990年全县国内生产总值46669万元，国民收入37417万元、社会总产值90617万元，工农业总产值7908万元。而到1992年国内生产总值、国民收入、社会总产值分别增至60220万元、48683万元、135791万元，较1990年分别增长29%、30%、50%。1992年第一产业增加值25452万元、第二产业增加值21090万元、第三产业增加值13678万元。而到1997年国内生产总值，第一、第二、第三产业增加值分别增长至218524万元、80213万元、56453万元、81858万元，分别较1992年增长263%、215%、168%和498%。而到2003年国内生产总值、第一、第二、第三产业增加值分别增长到371428万元、88450万元、129448万元、153530万元，分别比1997年增长69%、10%、129%和87%。

财政收入逐年增长。1986年仅为1017万元，1997年增长为5880万元，到2002年增长为8506万元。2003年，财政收入首次突破亿元大关，为1.0088亿元。1986—2003年，长垣县的综合经济实力在全省县(市)中排序逐年上升，1990年居第92位，1994年上升到第56位，2001年居第44位，2003年上升到第37位。自1992年以来，长垣县经济增速在新乡市各县(市、区)中稳居第一位。

第三节　革命老区市场经济体制初步确立和跨世纪发展

1992—2002年，是我国实施国民经济"八五""九五"计划，深化改革、扩大开放的十年。这十年间，中共长垣县委、县政府在邓小平理论指引下，深入贯彻落实党的十四大、十五大精神，紧紧围绕解放和发展生产力这个根本任务进行改革开放，在全县初步建立起社会主义市场经济体制，提前实现了到2000年国民经济比1980年翻两番的奋斗目标，为全县实现社会主义现代化建设的第三步战略目标奠定了坚实的基础。

一、构建社会主义市场经济体制

（一）继续解放思想

1992年初，邓小平视察南方并就坚定不移地贯彻执行党的基本路线，坚持走有中国特色社会主义道路，加快改革开放步伐，集中精力把经济建设搞上去等重大问题发表谈话。10月，党的十四大召开，大会确立了建立社会主义市场经济的改革目标。以邓小平南方谈话和党的十四大为标志，中国的改革开放进入了一个新的阶段。长垣县各级党组织在深入认真学习邓小平南方讲话和党的十四大精神的同时，紧密联系长垣县实际，找出差距，制定措施，高举"团结奋进、振兴长垣"的旗帜，把各项工作推向前进。

为了更加深入地学习贯彻邓小平南方讲话和十四大精神，动员全县人民振奋精神，奋力拼搏，推动长垣经济再上新台阶，自1993年5月11日起，县委、县政府开展了"抓住机遇，加速发展"大讨论，旨在通过"横向比，找差距"，动员全县人民紧急行动起来，认清形势，看准位次，找出差距，查找根源，明确方向，落实措施，激发干劲，振奋精神，增强加快改革开放和经济建设的紧迫感和使命感，使长垣县经济和各项事业在奋进中崛起，在开拓中前进，各项主要经济指标在省内上升位次。经过讨论学习，找出了差距，摆正了位置，查出了根源，明确了奋斗目标，制定了详细措施，取得了明显成效。1994年3月10日，根据党的十四届三中全会精神和省市经济体制改革工作部署，长垣县制定了经济体制改革重点：以转换企业经营机制为重点，积极探索建立现代企业制度的有效途径。加快财税、金融、计划、投资体制改革步伐，建立有效的新型宏观调控体系。深入进行流通体制改革，以发展要素市场为重点，加快市场体系建设。进一步健全和完善社会保障体系，推进住房制度改革。深化农业农村改革、推动农村经济走向市场。做好政府机构改革的准备工作。加强对各项改革的领导和协调。同年6月，为了把1993年开展的"抓住机遇，加速发展"大讨论活动引向深入，使其向更高层次发展，按照新乡市委、市政府部署，县委、县政府在全县开展了"比先进、争位次、创业绩"活动。活动分为四个阶段：宣传发动阶段；比先进、找差距、争位次、定目标阶段；狠抓落实、创造业绩阶段；检查考核阶段。活动旨在使全县干部群众进一步认清形势，明确目标，促进全县国民经济的发展。这些都为革命老区经济社会快速发展提供了条件。

（二）建立社会主义市场经济体制

深化农村改革。随着党在农村改革开放政策的贯彻落实，广大农民的生产积极性得到较好的发挥。尤其是农村家庭联产承包责任制的完善和农村社会化服务体系的形成，农村有了较快发展，农民人均纯收入逐年攀升。为使农业适应建立社会主义市场经济体制的要求，长垣县全面深化农村改革，不断增加对农业的投资。在农业发展上，县委多次召集有关部门召开革命老区发展座谈会，分析革命老区农业发展中存在的问题，研究农业的发展现状，立足长垣实际，确立了"以增加农民收入为根本目标，大力调整农业结构，发展绿色农业，培育龙头企业，加快农业产业化进程"的发展思路。在生产的广度和深度上拓宽生产发展的路子，以市场为导向，依靠科技进步，大力推进"一优双高"（优质、高产、高效）开发、"三高"农田建设，调整种植业结构，发展经济作物，走"公司+农户"的路子，加快了农业产业化进程。1997年10月完成了农业产业化经营情况及龙头企业调查，12月制定了《长垣县农业产业发展规划》及龙头企业发展规划。1998年全国推行第二轮土地延包，土地承包经营权30年不变，农民在更广阔的领域和空间创业发展，专业户、专业村风起云涌，长垣县的革命老区农村出现了从未有过的勃勃生机，县东芦岗、苗寨等乡的建筑、防腐业，县北丁栾、张三寨等乡镇的卫材业，县西常村镇、樊相镇的绿色农业蓬勃发展。2000年3月22日，根据市政府〔2000〕13号文件精神，长垣县农业产业化工作领导小组成立，办公室设在农委。同年7月，制定了《长垣县"十五"农业产业化发展总体规划》及《长垣推进农业产业化总体方案》。2001年10月，中国正式加入世贸组织，农业发展面临新的挑战和机遇，长垣县适时推行了农业结构调整，农业生产逐渐由数量型向质量型转变，生产链条不断向纵深延伸。农业生产逐渐形成了"西部种植瓜果蔬菜、东部养牛羊、中部特色小杂粮"的农业生产布局。在加快农业产业化的进程中，县委、县政府深入开展了农业综合开发、滩区治理、扶贫开发等工作项目。同时为尽快提高农民素质，增加农民收入，2002年，县委、政府研究如何推进"强农工程"，并研究制定具体实施方案。随着农村税费改革的逐步实施，农民负担大幅度下降。进入21世纪，长垣县大力发展高效农业、创汇农业、绿色农业和专用特色农业，农民人均纯收入有了较大幅度的增长，人民生活水平进一步提高。在农业产业化发展过程中，全县打破行业、区域和所有制界限，重点培育、扶持了飘安、蒲丰制粉、长远、金鑫等10家涉农龙头企业，起到了强劲的龙头带动作用。长垣县涉农企业由传统的人民公社、生产队为基础的模式，逐步走向生产有基地，加工有企业，销售有市场，采取"公司+基地+农户"的农业产业化的模式。以龙头企业带动基地的发展，实行农户集中区域化种植、规模化发展，出现了新农业、新农村、新农民。

深化国有企业改革。20世纪90年代，为逐步适应社会主义市场经济，提高企业竞争力，县委、县政府在20世纪80年代初步改革的基础上，按照产权清晰、权责明确、政企分开、管理科学的要求，以企业产权制度改革为重点，以建立现代企业制度为目标，加快国有企业改革步伐。一是继续扩大企业自主权。1992年长垣县贯彻《全民所有工业企业转换经营机制条例》，把人事管理权、工资分配权、劳动用工权等十四项权力逐条落实到企业，把企业推向市场，直接参与市场竞争，使企业真正成为独立核算、自负盈亏、民主管理、自选项目、自主经营、自我约束、自我发展的经济实体。二是加快社会保障制度改革。逐步建立国家基本养老保险、企业补充保险和个人储蓄保险相结合的多层次养老保险制度，提高养老保险的社会化程度，进一步扩大待业保险范围，建立和完善各种所有制企业保险办法。三是采取"抓大、促中、放小"的措施，促进全县企业优化重组，带动工业产业升级。四是在轻工系统继续进行干部、用工、工资"三项制度"改革，进一步调动广大干部职工的积极性。1993年下半年，举办了由机关全体人员和企业厂长（经理）参加的学习班，逐条逐步学习了《中华人民共和国城镇集体所有制企业条例》和《全民所有制工业企业转换机制条例》，将其赋予企业的人事任免、机构设置、生产经营、内部分配、劳动用工等十四项权力，全部放给企业。各企业普遍进行了"三项制度"改革，各种承包责任制不断完善，初步形成了"干部能上能下，职工能进能出，工资可多可少，奖金可有可无"的新格局。五是在大力发展股份合作企业基础上，重点抓好股份合作企业规范化管理。1996年，长垣县股份合作企业规范化建设由点到面全部铺开，试点范围覆盖全县11个老区乡镇。5月，县委、县政府从县直机关抽调80多人，由40名正副科级干部带队，汇同乡镇160名干部组成33个工作组，分包33个重点规范企业，经过清产核资、资产评估、产权界定到组织验收，第一批33个企业全部领取了股份合作企业规范化管理合格证书，股份合作企业由试点先行转向整体推进。到1996年底，对所有革命老区乡（镇）股份合作企业进行了规范完善，通过规范完善，企业真正实现了产权清晰、管理科学，促进了乡镇企业的健康发展。六是建立现代企业制度，推进企业改革、改制。1997年，长垣县按照"试点先行、重点突破、先易后难、稳步推行"的原则，首先确定县农机公司、新乡市中原起重机厂为全县企业改制试点。县委、县政府从县直机关抽调60多名正副科级干部和专业人员、分别组成两个工作组深入改制企业，帮助企业改制，经过数月规范运作，在分别完成改制步骤和有关程序的基础上，于1998年6月、8月，分别组建了农机有限责任公司、起重股份有限公司，取得了企业制度创新方面的突破性进展。1998年，长垣县出台了《县属国营集体企业改制实施方案》，全国推进县属企业改制。在改制中始终坚持因企制宜、一企一策、宜租则租，宜卖则卖、宜破则破原则。1998—2000年，全县国营集体企业116家，改制放活企业63家，其中租赁经营的24家，承包经营的15家，企业合并8家，股份制改造11家，引资嫁接1家，破产4家，有力地促进了全县经济健康发展。

加快个体私营经济和第三产业发展。自20世纪90年代以来，长垣县的个体私营经济发展大致分为两个阶段，第一阶段：个体私营经济深化改革的加速增长期。1992年以来，随着邓小平南方谈话的发表及"三个有利于"标准的提出，长垣县的个体私营经济更是如鱼得水，逐步形成了独具特色的"长垣模式"。在农业方面，确定了"市场需要什么就种什么、养什么，什么东西赚钱，就种什么、养什么"的发展思路；在乡镇企业方面，提出了"个体起步，股份突破，小区发展，规模经营"和"重点发展股份合作企业，放手发展个体私营企业，巩固发展本县优势行业，因地制宜发展有特色的乡镇企业"的发展思路；在农村劳动力转移方面，确定了"十万大军搞农业'一优双高'开发，十万大军务工经商搞乡镇企业和第三产业，十万大军出长垣搞以防腐、建筑为主的劳务输出，兵分三路，振兴长垣"的发展思路。极大地调动了全县人民干事创业的积极性，个体私营经济得到了蓬勃发展。截至1995年底，全县个体工商户发展到1580户，个体私营企业68家，从业人员3129人，个体私营成为长垣县的一大经济支柱。第二阶段：个体私营经济整顿规范、优化结构的健康发展期。1996年以来，全县开展了多次清理取缔无照经营专项整治活动，取缔了非法卫材加工点、起重配件假冒伪劣门市部等，工商、税务、公安、文化等部门配合对网吧、电子游戏、音像制品等个体经营场所进行专项清理，工商、环保、公安、技术监督等部门配合对"十五小"个体私营污染企业实施了关闭，经济发展环境质量不断得到提高，市场经营不断得到改善，有规模、上档次的私营企业逐年增加，经济增长方式逐渐由粗放型向集约型转变，全县个体私营经济逐渐上档升级，经济结构逐步优化。形成了防腐、建筑、起重机械、医疗器械、厨师、绿色食品、花卉苗木等优势产业，在龙山商业街、长垣商贸城、金源蔬菜果品批发大市场、亿隆购物广场大型专业市场及各乡镇集贸市场、专业市场的带动下，长垣县的个体私营经济步入了一个黄金发展期、加速发展期、健康发展期，"长垣经验"在全国得到了推广。在大力发展个体私营经济的同时，全县国内外贸易日趋活跃，第三产业蓬勃发展。随着对外开放、对内搞活政策的深入贯彻，大批农民进入流通领域，商业、供销部门扩大批零网点，增设农贸市场，拓宽流通领域，多渠道、多层次、多成分、多形式、少环节的购销网络逐渐形成。个体商业发展迅速，市场竞争激烈，城乡市场购销两旺。相继兴建了金源大市场、宏力购物广场、龙山仿古商业街、新世纪针织商场、金贝山商业街，改建了东风商场，规范了医用卫材经营市场，整顿了全县生猪市场和烟花爆竹市场，咨询服务、物流配送、电子商务、连锁经营等现代服务也逐步兴起。

加快培育革命老区特色产业。1992年邓小平南方谈话发表以后，长垣县进一步明确提出"民营经济立县"的发展思路，并将发展民营经济纳入当地经济和社会发展的总体规划中，既制订了年度发展计划，又做出了中期规划，出台了对民营企业实行"四不限""五放宽""六允许"的政策。1992—1997年，民营企业进入家族式企业发展阶段，主要生产一些技术含量不高的卫生材料、起重机械配件等；1998—2003年底，进入现代企业制度建立阶段，多数企业创建了规范的法人治理结构，生产经营向专业化、社会化和现代化迈进，向农业、服务业等其他领域发展。20多年的摸爬滚打，长垣县民营企业形成了防腐建筑、卫生材料、起重机械、烹饪等支柱产业和优势行业。1999年，长垣县成功组织了"河南省民营企业座谈会"，省委政研室、省政府办公厅、省工商局、省工商联、省乡镇企业局、各地市体改委等有关部门领导和全省部分民营企业代表120人参加了会议。会议的成功召开，推动了长垣县非公有制经济的健康发展。长垣县积极推荐省扶持百家民营企业试点，帮助企业上规模、上档次。1999年，飘安卫材集团公司、宇安医用卫材有限公司、大方食品包装有限公司成为省政府扶持百家民营企业试点；2000年，魏庄镇、恼里镇被评为省民营企业先进乡镇；河南矿山起重机厂、新乡市飘安集团被评为省民营先进企业。一是防腐蚀业。长垣县的防腐业起步于20世纪60年代，发源于黄河滩区的苗寨等乡。改革开放以来，长垣县委、县政府始终把发展防腐业作为振兴县域经济的突破口，强化服务引导与管理，先后出台了《关于加强建筑防腐业的规定》《关于建筑防腐管理业中若干问题的处理意见》《关于扶持建筑、防腐业发展的税收优惠政策》《长垣防腐业发展规划》等相关防腐业发展的文件，从政策层面强化规范，为行业发展提供政策支持；同时强化防腐输出队伍的管理，主要劳务输出乡镇设立了劳务输出管理站主要村成立了劳务管理组,实现了防腐施工队伍管理有序、有组织、成建制输出和正规管理;立足驻外办事处,长期坚持对外出施工企业实行"五统一"管理;在外出施工队伍中推广半军事化管理手段,对具备建立民兵组织的施工队,建立民兵组织,逐步形成"组织在流动中建立,活动在流动开展,管理在流动中加强,作用在流动中发挥"的流动民兵管理模式,这种管理模式被解放军总参谋部以"长垣模式"向全国推广;加强防腐业自律管理,先后出台了《防腐企业自律公约》《防腐从业人员市场行为规则》,并通过防腐大会签订企业行为规范承诺书。通过以上种种措施的实行,使长垣县对防腐施工的管理逐步走上规范化,队伍管理、操作规范、技术标准、场区管理、安全措施、信息反馈等从无到有,先后建立起来,各项规章制度也逐步完善,安全、质量管理形成体系。特别是质量管理体系认证在中国防腐界的推行,标志着中国防腐质量体系管理与国际接轨。2002年3月长垣县被中国防腐蚀技术协会命名为"中国防腐之乡"。二是建筑业。长垣县建筑业历史悠久。县委、县政府在20世纪80年代,就把建筑业作为县域经济发展的突破口,每年召开两次建筑业专题会议,分析行业形势,研究发展方向,解决制约建筑业发展的突出问题,并制定了一系列鼓励非公有制企业发展的文件、政策,采取放水养鱼的政策,在税收、土地、信贷等全方位大力支持,促进了建筑企业的发展壮大。坚持以市场为中心,以基地为依托,优化配置劳动资源,有计划地组织、引导发展不同规模、不同专业性质和不同形式的建筑企业。坚持"投资主体多元,经营领域多角,设置形式多样"的原则,根据不同的专业特点,发展一部分具有一定综合性的智力密集的管理公司和一部分专业性强、机动灵活的劳务公司,优化组织结构,相互依托,共同发展。为了实现建筑业劳务有序、有组织、成建制输出和正规化管理,在施工队伍相对集中的北京、天津、太原等城市分别设立8个驻外办事处,切实把对建筑公司基地建设的立足点放在提高管理上。走"输出集团化、管理基地化、队伍专业化、培训制度化、流动有序化、协作合同化"的"六化"道路。对各施工企业大力推广了"统一管理施工队伍、统一管理施工安全、统一协作与驻地有关部门的关系、统一财务管理和收费标准、统一开展思想政治工作及文明施工、职业道德教育"的"五统一"管理制度，不断提高劳动队伍的素质，以良好的工程质量赢得良好的信誉。并相应成立了"国家建筑劳务输出长垣管理处"和"长垣县城乡建设委员会人民武装部"，在外出施工队伍中推广半军事化管理手段，对外出务工人员登记造册，实施"组、管、训"一体化管理模式。解放军总参谋部首长考察后，给予了高度评价，把长垣县务工人员实施的流动民兵管理模式称为"长垣模式"，并向全国推广。在建筑企业不断发展壮大的过程中，长垣县不断加大建筑业的技术注入，把提高企业科技含量和队伍素质当作一项长期战略任务来抓。1995年投资360万元，建成了集办公和培训于一体的"建筑防腐技术培训基地"，并取得建筑"四工种"项目经理培训教育，特殊工种、预算员的培训和鉴定资格。同年，长垣县被河南省政府命名为"建筑之乡"。1997年，投资400万元建成的"长垣县中等职业学校"，成为长垣县建筑业人才输出的基地。2000年被评为"优秀建筑之乡"，被誉为全国建筑"八强县之一"。三是起重机械业。长垣县地下没有矿产，地上没有钢铁企业，周边也没有科研单位，更没有大城市的辐射带动，但中小型起重机销售量占全国市场份额50%以上，并且远销日本、韩国、印度、伊朗、越南、泰国、印度尼西亚、阿尔及利亚等十几个国家和地区，是全国最大的起重机械及配件交易集散地。用"一把锤子打造出了一个起重行业"来形容长垣县起重机械的发展史一点也不过分。长垣起重行业的发展，大体经历了三个阶段：第一，起步阶段。20世纪70年代末至20世纪90年代初是长垣起重行业的起步阶段。生产方式主要以家庭作坊生产为主，投资少，规模小。第二，发展阶段。20世纪90年代，头脑灵活的长垣人为适应市场经济的发展，开办了股份制企业。县委、县政府确立了"个体起步，股份推进，小区发展，规模经营"的发展思路。在第一阶段资本积累的基础上，在县委、县政府的大力支持和引导下，作坊式的生产逐步发展成为规模化的生产，投资规模进一步扩大，生产管理进一步规范。在起重设备加工生产相对集中乡镇多渠道招商引资，多方面引进项目，建成了一大批骨干企业。

第三，繁荣阶段。2002年11月，经河南省人民政府批准，长垣县开始建设河南省起重机械工业园区。园区位于长垣县城南6公里处，以起重机械相对集中的魏庄镇为中心，规划面积8.4平方公里。四是卫生材料与医疗器械业。长垣的卫材与医疗器械行业，起源于20世纪70年代末到20世纪80年代初。进入20世纪90年代，县委、县政府立足县情，明确提出"非公有制经济立县"的发展战略，提出"壮大个体、完善股份、突出特色、规模发展"的工作思路，彻底放手发展非公有制经济，促使卫材与医疗器械业开始向规模化、规范化方向发展。1998年以后，长垣县卫材与医疗器械业进入蓬勃发展的新时期。为适应日益激烈的市场竞争，长垣卫材与医疗器械业大力实施名牌战略，采取抓质量、抓科技双管齐下，不断促进卫材与医疗器械业上规模、上档次、上水平。但在发展进程中，因公司加农户管理模式的部分存在，部分群众的法律观念淡薄，一些不法分子趁机生产销售一些不合格产品，甚至生产加工假冒伪劣产品的现象时有发生，严重影响了长垣医疗器械产品的质量和信誉，阻碍了产业的健康发展。县委、县政府克服地方保护主义，组织药监、工商、卫生、文化、交通、公安、法院等部门，加强对卫材与医疗器械业的监管整治力度，使医疗器械生产彻底实现由地下转地上，由松散变集中，由混乱变规范，由非法变合法，不断做大做强。长垣县卫材与医疗器械业主要分布于城北的丁栾、张三寨、满村、佘家、方里等5个乡镇，被誉为"医用卫生材料基地"。以此为依托，2002年11月，经河南省计委批准建设的面积为200公顷的"中国·河南卫材工业园区"粗具规模。五是绿色食品。长垣县的绿色食品业起步于20世纪90年代。进入20世纪90年代，针对长垣农村经济中出现的新形势、新问题，长垣县提出了"充分利用资源，走可持续发展道路"的思路，及时制定了"打绿色名牌，走特色路"的发展战略，把"大力发展绿色食品产业，促进农牧业提档升级"作为农村经济结构战略性调整和增加农民收入的突破口。1996年，长垣县成立了"绿色食品开发工作领导小组"，组建了"长垣县绿色食品办公室"，相继出台了《长垣县2003年至2007年绿色食品发展规划》等。特别是进入21世纪，全县把发展绿色农业作为调整农业产业结构的切入点，围绕粮食、油料、蔬菜等进行开发生产，并促其上规模、上档次、出效益。长垣绿色农业的发展出现了农业产业结构的板块经济和相对集中的连片成方的特色种植。绿色农业种植以县城西部的常村镇、樊相镇为主；赵堤镇、方里乡建成了绿色水稻、小麦种植基地；满村乡建成了绿色花生种植基地。"九五"期间，长垣县的农业产业化进程明显加快，全县形成了"西部瓜菜东部羊，中部花生小杂粮"的区域绿色农业新格局。全县建成特色乡（镇）7个，专业村68个，龙头企业63个，大中型饲养场18个，各类生产基地十几个，各类合作经济组织298个。建成高效农田1万公顷，引进推广各类优良品种20多个，优质小麦种植面积26666.7公顷，高效农业占全县农业总产值的25%。在绿色农业种植、养殖和绿色食品发展中，长垣县抓住了龙头带动这一关键环节，发挥龙头企业辐射带动作用，推动绿色农业产业经营。全县围绕绿色产业，集中财力、物力，重点扶持一批规模大、辐射带动能力强的绿色龙头企业，使之与农民结为关系密切的利益共同体。坚持"谁有能力谁牵头，谁牵头就扶持谁"的原则，重点培育了长远集团绿色食品公司、金鑫饲料工业有限公司、豫牛乳业发展有限公司、宏力高科技农业发展有限公司、蒲丰制粉有限公司5个龙头企业。与此同时，加强了对龙头企业的资金扶持、政策倾斜的力度，促使他们上规模、上档次、上水平、实现整体壮大，使优者更优，强者更强。

实施开放带动战略。20世纪90年代，长垣县认真贯彻落实党的十四大、十五大精神和河南省委关于实施开放带动战略的决定，在搞好各项改革的同时积极实施"优化环境、外引内联、四面辐射、梯次发展"的对外开放战略，充分利用国际、国内两个市场、两种资源，以开放促改革、促发展，不断提高国民经济开放程度，形成了外经、外贸、外资以及旅游创汇等全方位、多渠道、宽领域的对外开放新格局。1992年6月15日，长垣县出让给加拿大温哥华侨泰综合开发公司国有土地使用权一幅，面积0.552公顷，出让年限30年，出让金额75万元人民币。侨泰综合开发公司投资300多万元建造的侨泰商场于1993年建成开业，这是长垣县引进外资建造的第一家商场。1998年，长垣县成立了招商引资暨营造宽松环境工作领导小组，下设招商办公室，负责研究招商引资和营造宽松环境的有关工作，并成立有关部门解决有关问题。同时还建立了招商引资激励机制：对为长垣经济发展作出突出贡献的外地科技、管理人员，授予"长垣荣誉公民"称号，也可聘为县委、县政府科技顾问；对引进项目、资金、技术、信息等有功人员，给予特别奖励，并授予相应的政治荣誉；凡提供人才、项目、资金、技术、销售等信息的，被采用后，视其效益大小，一次性奖励1000—10000元；引进规模在500万元以上项目的，按总额的1%给予引资人（机构）一次性奖励。进入21世纪，长垣县进一步加大招商引资力度，改进吸纳资本方式，更新招商引资理念，创新招商引资举措，构筑招商引资网络，推行招商引资责任制，出台优惠政策，提供优质服务，使得资金到位率和项目成活率持续攀升，相继出台了《关于加快发展开放型经济的意见》等文件。

实施"科教兴县"战略。 1996年长垣县提出了实施"科教兴县"战略，成立了科技工作领导小组，下设办公室（在科委）。县政府配备了科技副县长，县直主要部门和技术推广部门设管理机构，并有专职领导负责科技工作。全县17个乡镇均设有科委，由主管科技副乡（镇）长兼任科委主任，并做到机构、人员、经费、办公设施"四落实"。全县所有革命老区村均配备了主抓科技的村委会副主任。制定出《关于加强科技创新加快经济发展的决定》《长垣县科技三项常用管理办法》等规定，并付诸实施。同时逐年增加科技投入。一是科技兴农。1998年以来，农业方面：直接和中科院、中国农学院的专家教授联系，并特邀万春侯等教授来长垣对微量元素——钛肥的推广和应用进行现场讲座和指导，免费在满村、张三寨等乡的5个村对各类作物进行了1600多亩示范应用，使粮食作物、蔬菜瓜果增产15%以上，经济作物增产20%以上。2000年成立了农业新技术学会，建立了完善的农业科技推广体系。切实加大了农业新技术，新产品的推广力度。如张寨乡与河南农科院、河南职业技术师范学院建立联系，定期聘请专家为广大农民讲课；樊相镇与中国农业大学，河南师范大学。河北邯郸科工贸公司等大专院校、科研单位建立长期合作关系。同年，长垣县建立科技激励机制，县财政每年拿出50万元作为科技奖励基金，对在创造发明、科研攻关、技术推广、科技示范基点建设等项活动中贡献突出的先进单位和个人进行奖励。1992—2000年，全县共举办农业技术培训班35次，培训农业科技人才2600人，推广农业科技成果28项，推广优良品种丰引6号、东单409、温4优产等。2001年，举办农业、农技、基层干部管理培训班50期，培训人员7000人次，建立培训基地8个，投入培训费用93万元，发放文字材料3万余册，发行录像教材40余套，培养了一大批农村科技带头人，每人都掌握1—2种实用技术。推广转化有显著经济效益的农业科技成果七项，分别是中华巨枣大棚密植栽培技术、红提葡萄露地栽培技术、鲜食性玉米栽培技术、食用仙人掌的引进种植、大棚水果高效农业栽培技术、秸秆汽化"四位一体"生态农业、优质麦引进推广优质栽培技术。全县共发展市级科技示范村6个，县级科技示范乡6个。组织申报省级科技项目6项，其中星火项目是新乡市长远实业集团的绿色蔬菜保鲜面。攻关项目主要有，无病毒名优果树种苗的繁育技术研究、绿色农业示范开发研究，保护地果树栽培、万亩绿色生态示范园。二是科技兴工。

2001年，河南省卫华起重机有限公司开发的WH-1架桥机被列为省级火炬计划，该项目属自行开发的光机电一体化高新技术项目。该机主副机配合动作能够满足在三维空间起重物需要，主要用于桥梁、大坝施工，整机性能达到国内先进水平，填补了省内空白。同年，组织申报科技进步奖4项，获得市科技进步奖3项。①新乡中原振动器厂承担的低噪声振动器，通过了省级科技成果鉴定。该产品由原来的滚锥与滚道敲打撞击产生振动改为偏心振动，使噪声大大降低，符合环保要求，属省内首创，达到国内同类产品先进水平。新增产值4400万元，新增利税1848万元。②新乡市绿霸特种涂料厂承担的LUBA-21型带锈（化锈）防锈底漆。该漆中的铁锈转化成分可与铁锈发生化学反应生成铬合物，形成致密保护膜，起到化锈、防锈作用，该项目属国内先进水平。组织申报河南新乡宇安医用卫材有限公司为高新技术产业，该厂产品——透气胶带为高新技术产品。2001年高新技术工业产值完成2.1亿元，比上年增加5000万元，高新技术工业增加值比上年增长4.5个百分点。推广转化工业科技成果4项：新乡市纳特利电器有限公司的ZL942182650型风能动力发动机；河南新乡宇安医用卫材有限公司的一次性输液器和一次性针管；河南飘安集团有限公司的EP-A绿色环保无纺布；治疗乙肝新药——绿色病毒王的推广应用。共申报专利21项，主要有磨损提示检修装置、联轴器全密封花键套、胶黏对联、限距离心混合器离心块、混凝土桥梁板垫块、限距磨联轴器、防爆电机等。科技对经济增长的贡献率达到了47%，比2000年提高了5个百分点，高新技术工业增加值占全部工业增加值的比重提高了6个百分点。2002年，实施科技计划6项（其中省级星火计划2项、攻关计划1项，市级科技计划3项）。项目实施后，共实现新增产值2.2亿元，新增利税2000万元；组织申报科技进步奖1项，获市科技进步奖二等奖；组织申报2003年省级科技计划8项（攻关计划5项、省星火计划1项、国家级星火计划1项、省火炬计划1项）；推广转化工业科技成果5项。依法整顿技术市场，对符合条件的单位颁发"技术贸易许可证"。完成国外智力引进项目申报两项，星火计划培训取得新进展，科技示范工作见成效。

二、革命老区劳务输出和富民工程的实施

（一）大力组织劳务输出

河南省长垣县地处黄河故道低滩区，是个典型的农业县，全县90%以上的人口在农村。随着市场经济的发展，农民的思想观念发生了变化，农闲时不再闲着，而是常结伴外出打工。对此，县委、县政府抓住契机，因势利导，将劳务输出作为老区人民脱贫致富的重要手段，采取以成建制为主，自发输出为辅的形式，强化管理，搞好服务，广开输出渠道。

为鼓励广大农民劳务输出，县委、县政府建立健全了劳务输出组织机构，调整、充实、完善了县乡村三级劳务输出管理网络，整顿、提高、扩大了劳务市场，成立了"国家劳务输出基地河南省长垣县管理处"和由县长任组长、县建委、经委、团委、乡镇企业局等7个单位的一把手为成员的"劳务输出领导小组"，加强对劳务输出的领导，负责对劳务人员的接受、培训、输出等工作，实行一条龙服务。长垣县为建立正常的劳动力流动机制，首先把农村剩余劳动力的有序转移纳入经济发展的长期规划，在巩固原有劳务市场的同时，还紧紧盯着国家的重点工程和省内外基建项目多、用工量大的新开发区，集中精干劳力，提供优质服务，开辟新的劳务市场，并指定专人带队，成建制地分批输出。规范劳务交流行为。在人员输出之前对劳务输入单位的工作环境、生活条件、经济效益进行实地考察，在相互认可和信任的基础上签订劳务输出合同对劳务输出人员按照专业技术、年龄结构、外出要求等分类登记，建档立卡，实行走访制度，定期到输出单位考察，落实履约管理情况，维护务工人员的合法权益。为了稳定队伍。采取派代表驻地管理、巡回检查、慰问等方式，了解和掌握务工人员的思想、工作、生活情况，虚心征求用工单位的意见和要求，帮助他们解决实际问题，协助单位做好思想政治工作。

为使务工人员输得出、留得住、用得上，长垣健全完善了培训机制，做到先训后用、持证上岗。县就业训练中心充分发挥技术训练基地的作用，采取"短平快"的办法对输出人员进行专业技术职业道德、法律知识、劳动纪律、安全生产等方面的培训和教育。县里还建立了防腐、建筑职业高中，烹任技术学校，开设了管理、预算、电焊、防腐、烹任等专业，每年向企业输送技工，向外地输送厨师，造就了一支庞大精干的务工队伍和适应各种工程需要的技术力量，实现了劳务输出由体力型向技能型的转变，增强了劳务输出的竞争力。在劳务输出中，还十分注重务工人员创业意识的培养，积极引导他们变单纯挣票子为有目的地换脑子、长点子、学管理、引技术，使之在返乡时当顾问、上项目、办实业。一大批打工者利用学到的技术进入乡村企业进行技术指导，或自己投资上项目、办企业，成为农民致富的带头人。

长垣县的农民业务员，在乡镇企业和区域经济的形成中，起到了不可估量的作用，他们是连接大市场的桥梁和纽带。县委、县政府对农民业务员政策上引导，工作上支持，业务上指导，生活上关照，精神上鼓励。从而使农民业务员队日益壮大。全县农民业务员活跃在全国各地，为家乡推销产品，传递信息，寻找项目，带动产业，换了脑子，富了经济，在家拿起锄头是农民，出外谈起业务是"老板"。全县个体私营、股份合作企业中，有80%的厂长(经理)是业务员出身。这些业务员很有活动能力，丁栾镇官路东村的业务员，把医用棉签卖到了中南海和钓鱼台国宾馆医务室。一个业务员办起一个企业，一批业务员带动一方经济。可以说，没有农民业务员，就没有长垣乡企业的大发展。

（二）实施富民工程

为进一步发展经济，实现富民奔小康目标，1994年8月，县委、县政府在深入调查研究的基础上，决定在革命老区实施富民工程，即以增加农民人均纯收入为目的，以激活农村家庭细胞和基层干部为手段，促使全县

13万多农户家家上项目，人人找致富门路，奋战三年，使农户上标准项目率达到96%，农户纯收入基本达到小康标准，实现小康村180个，小康示范镇3个。县委、县政府利用多种宣传手段，大张旗鼓地向群众讲解实施富民工程的重要意义和方法步骤。通过多层次多形式的宣传发动，富民工程深入人心，家喻户晓，全县上下叫响了"学习漯河，赶超舞阳，家家户户上项目；振兴长垣，建设家乡，治穷致富奔小康"的口号，初步形成了"富民有理，富民有利，富民有功，富民有为"和"谁致富谁光荣"的强大舆论氛围。

发展工业经济。由于行政区划变动，长垣先后属安阳、濮阳、新乡辖区，不管归属哪里，都属边缘县，上级从未给长垣安排过工业大项目，加上自身条件有限，20世纪80年代，长垣的工业状况一直是基础差，底子薄，规模小，设备陈旧，技术落后，效益很低，没有拳头名牌产品，1990年全县乡及乡以上工业总产值只有1.1亿元。几年来，长垣坚持"三高"（技术高起点、建设高速度、生产高效益）"三靠"（背靠大专院校、科研单位，背靠大厂矿企业、背靠金融部门）"三让"（让名、让权、让利）和"抓主体、兴两翼，构筑工业发展大框架"的指导思想发展工业经济，主要采取了以下措施：一是实行县四大班子领导包乡联厂制度，对工业的发展倾斜领导力量，及时帮助解决企业发展中的困难与问题，协调企业与各部门之间的关系。二是"抓大放小"。对涌现出的优势行业、优势企业和优势产品给予政策、资金、技术上的倾斜，促其上规模、上档次、上水平。重点抓了造纸厂、制药厂、起重机总厂、电厂、微型汽车配件厂、工艺美术厂、粮油加工厂等一批骨干企业。同时，对那些缺少主导产品、生产经营状况不佳、效益低下、资不抵债的小型企业完全放开允许拍卖、租赁或进行股份制改造，不但使县财政放下了包袱，而且为工业的发展提供了新的生长点。三是实施名牌战略，大力开发新产品。5年来，新开发产品获市以上奖励的有35项，其中，液力耦合器获亚太地区国际博览会银奖，电动葫芦获澳门国际新技术及产品展示会金奖，"黑虎丸"获全国"百病克星大赛"银奖，钻孔机获国家技术展览会金奖，52克凸板纸获省质量管理一等奖。四是实行"银企项目库"制度。为了解决发展工业缺乏项目、资金的问题，帮助企业与金融部门建立良好的、牢固的新型关系，我们帮企业与金融部门联合建立了"银企项目库"。实现了企业和银行"联姻"，开创了银企共同跑项目、要资金的新局面。目前，项目库内共有项目51个，其中，已实施项目17个。以上措施，促进了我县工业的发展，投资规模明显增大。"八五"期间，新建、扩建和技改工业项目57个。仅1995年就多渠道筹集资金新上项目26个，其中，固定资产投资在500万元以上的8个、1000万元以上的6个、2000万元以上的3个。利用世行贷款、投资8000多万元、年产量1.5万吨的纸厂扩建工程全部完工。八一线材厂、中原建筑工程设备厂、长垣铝厂、裕丰钢线绳有限公司等项目也相继建成投产。1995年11月，市委、市政府在长垣县召开了县域工业经济发展现场会。1995年，全县完成工业总产值27.24亿元，其中，乡及乡以上工业总产值达到7.6亿元，比1990年的1.1亿元增长590.9%；1996年上半年，乡及乡以上工业总产值完成3.5亿元，比去年同期增长34.6%。

发展乡镇企业。20世纪80年代，长垣县革命老区乡镇企业多数尚属家庭作坊式的庭院经济，处于原始积累阶段，股份合作企业还是空白。1990年乡镇企业总产值只有4.7亿元。"八五"期间，按照"多轮动，多轨运行，因地制宜，放手发展"的方针，坚持走"个体起步，股份推进，突出特色，规模经营"的路子，突出抓了四个方面的工作：一是重点发展股份合作企业。县委、县政府先后出台了一系列优惠政策和激励措施，取得了明显成效。1995年全县股份合作企业已发展到1560个，累计吸收股金6.8亿元，完成产值12亿元，占乡镇企业总产值的28%。1996年上半年，股份合作企业已发展到1690个，累计吸收股金7.8亿元，完成产值9亿元，占乡镇企业总产值的30.1%。同时，抓了已建成股份企业的规模化管理。

1996年5月，从县直部门抽调84名干部，帮助部分股份合作企业进行规范化改造，使203家企业达到了有班子、有章程、有账目、有积累、有股东证书的"五有"标准。二是放手发展个体私营经济。县委、县政府专门成立了"个体私营经济领导小组"，制定了《关于支持和保护个体私营经济的规定》等一系列文件，大胆实行了"五不限"（不限发展比例、不限发展速度、不限从业人数、不限经营规模、不限经营范围）、"五放宽"（放宽经营范围、放宽经营方式、放宽登记条件、放宽信贷政策、放宽用地政策）和"六允许"（允许冠大名称，允许使用圆形图章，允许参加信用评估，允许以不动产和货物抵押贷款，允许组建企业集团，允许购买、租赁、兼并国有、集体企业）等改革措施，从而有力地促进了个体私营经济的发展。1995年全县个体私营企业已发展到8472个，占乡镇企业总数的82.3%，完成产值19.8亿元，占乡镇企业总产值的46%。1996年上半年，个体私营经济发展到8976个，占乡镇企业总数的83.8%，完成产值14.4亿元，占乡镇企业总产值的48.1%。三是巩固发展优势行业，营造乡镇企业的"航空母舰"。现已组建完善"河南省防腐集团公司""新乡市飘安卫材集团公司""博达纺织工贸集团公司"等6个企业集团；防腐建筑、眼镜、起重机械、卫生材料等优势行业进一步加强了管理，提高了企业素质，增强了市场竞争能力。1996年上半年，飘安卫材集团公司又新上了石膏绷带生产线。四是因地制宜发展有特色的乡镇企业。在指导乡、村发展乡镇企业的过程中，长垣从各乡、村的地理、资源、技术、市场、人才、资金等实际情况出发，因地制宜确定发展路子，坚持一乡一色(一个乡一个特色)，一村一业(一个村一个主导产业)，一户一品(一个农户一个主导产品)，现已初步形成了具有鲜明地方特色的区域经济。

三、农业产业化步伐加快和农村经济全面发展

长垣县是一个农业大县，是国家粮食基地县，百分之八十以上的土地是革命老区，并且大部分在黄河滩区和背河洼地区。全县农业基础比较脆弱，抗御自然灾害的能力较差，大多靠天吃饭，粮食产量徘徊不前，农业增值产品少，综合效益低。1990年滩区革命老区乡人均纯收入不足200元，全县粮食总产量仅25.2万吨，农、林、牧、渔总产值3.8亿元。

这一时期，长垣在老区发展中主要采取了以下措施发展农业经济。一是稳定农村基本政策。长垣县是国家粮食基地县，曾获国家农业部粮食生产先进单位、省政府粮食基地建设奖。对农业生产极为重视，稳定以家庭联产承包为主的责任制，巩固了统分结合的双层经营体制，粮食产量连年增长，1995年粮食总产量达到33.2万吨，比1990年增长32%。二是加大水利投资，改变生产条件。仅"八五"期间，累计投资5000多万元，完成大小水利工程4500多个，先后开挖了大功河、禅房总干渠，改造了石头庄引黄闸，新打机井1327眼，新增有效灌溉面积30万亩，总面积达到70万亩。三是增加科技投入，实施种子工程。全县良种应用率达100%，统一供种面积30%，1995年粮食亩产271公斤，比1990年增加82公斤。四是调整种植业结构，走效益型农业路子。狠抓了以棉花、花生、瓜菜、药材为主的经济作物和以苹果、葡萄、桃为主的林果业。突出抓了樊相镇、满村乡食用菌栽培基地，佘家乡万亩苹果基地等生产基地建设，全县经济作物面积达到36万亩，经济林面积达到4.2万亩，粮经比例由1990年的9:1调整到1995年的6:4。五是积极发展畜牧养殖业。重点抓了牛、羊、猪、鸡、鱼的养殖，丁栾镇万头猪场，滩区牛、羊基地等粗具规模。1995年全县肉类总产量达到1.37万吨，比1990年的0.51万吨增长168.6%；今年上半年肉类总产量达到6419吨，较去年同期增长35.5%。六是注重拉长农业链条，走农业产业化道路。初步形成了有龙头企业、有基地、有市场、有服务体系的产业化格局。县造纸厂每年吞吐麦秸量达8.6万吨，年创利润200万元。还出现了博达纺织工贸集团公司、飘安卫材集团公司和面粉厂、油厂、方便面厂等龙头企业以及为数众多的中介服务组织。这些企业和中介服务组织把龙头伸向国内外大市场，把龙尾摆向千家万户，使广大农民形成了利益共同体。1995年全县农、林、牧、渔总产值达到9.1亿元，比1990年的3.8亿元增长139.5%；1996年上半年，农、林、牧、渔总产值达到4.7亿元，比去年同期增长46.9%。

这一时期，长垣不断深化农村改革，完善和稳定农村各项政策，加强服务体系建设，实施"科技兴农"战略，调整农村产业结构，提高农业综合效益。1992年，农业总产值增长为37419万元，农作物总播种面积为142.9万亩，粮食作物播种面积为113.9万亩，总产量为22.33万吨，农业机械总动力达27万千瓦。1998年，农业总产值增长到105627万元，农作物总播种面积160万亩，粮食作物播种面积129万亩，总产41.5万吨，农业机械总动力达42万千瓦。2003年，全县农业总产值达到13.9亿元，粮食总产38.56万吨，夏粮总产26.67万吨，秋粮总产11.89万吨，全县农业机械总动力达到85.6万千瓦。

农业结构不断优化。1997年，全县粮经比为81:19，到2002年为78:22。1986年，全县水果产量397吨，禽蛋产量1372吨，肉类总产量2684吨。1992年，水果产量359吨，禽蛋产量5290吨，肉类产量7862吨。2003年，水果产量5571吨。1986—2003年，抓了"一优双高"开发、"三高"农田建设、富民工程和小康村建设，大力发展高效农业、创汇农业、绿色农业和专用特色农业，全县形成了"西部瓜菜东部羊，中部花生小杂粮"的农业总体格局。截至2003年底，全县取得国家绿色组织认证的绿色基地面积16.5万亩，绿色作物种植面积达30万亩；无公害农产品生产基地面积达9万亩，总产量达到10.3万吨，其中无公害蔬菜基地面积2万亩，年产优质无公害蔬菜8.15万吨；洋香瓜、西洋南瓜、日本甘蓝等远销深圳、广州、西安、长春等地，年亩收入平均在2000元以上，从业者达1.2万多人，"公司+农户"和"市场+中介组织+农户"的生产经营模式高效运行；全县共种植优质小麦50万亩，占全县夏播面积的69.7%，实现总产18.4万吨，平均单产达368公斤；日光温室、塑料大棚发展到近万座；

培育壮大了长远、金鑫、豫牛等涉农龙头企业，豫牛乳业公司玉兰园基地面积达4500亩，宏力公司红提葡萄园基地面积达到1.3万亩，长远集团林业生态示范园区面积达2000亩，亿隆公司花卉苗木基地面积达400亩。

四、城镇建设的发展

到1992年，借邓小平南方谈话东风，长垣县在全省率先出让了土地使用权。对建设用地实行了"五统一"管理，明确提出了"抓好一片土，走活一盘棋，建设一座城"的城市建设方略，大胆推进土地使用制度改革，强力实施城市规划与建设，建成了一个布局合理、功能齐全、基础设施完备、经济和社会事业迅猛发展的新城区，走出了一条经济欠发达地区城镇建设的新路子。

1992—1995年短短的五年，长垣的新城建设就粗具规模。这一阶段完成的市政公用设施工程和建设项目有：县标环岛的建设；配套修建了建蒲路、红旗路、向阳路、人民路、花园路等道路12条；建提排站一座；投资400多万元建成新城宾馆；投资6000万元建成站前商业一条街；投资600万元建成全封闭农贸市场；投资2000万元建成大型眼镜市场；投资600万元建成大型粮油批发市场；投资3000万元建成花园式住宅区2个；投资300万元建成实验中学；投资700万元建成5000门程控通信大楼；投资300万元建成长垣县人民医院；投资1200多万元等建了医药、建材、冶炼、饮食等20多家企业。1996年以后，在注重硬件建设的同时，亦加强了城市的软件建设，包括绿化、亮化、供水、垃圾处理、路面保洁、停车场、公交车等，使城市内涵进一步扩大，城市品位进一步提高。

村镇规划意识和规划体系也逐步形成。1994年，樊相、丁栾撤乡建镇；1996年，魏庄、恼里撤乡建镇；2001年，常村、赵堤撤乡建镇。截至2003年底，丁栾镇为省级重点镇，恼里镇为市级重点镇(2002年被省建设厅命名为"中州名镇")，魏庄镇为市级重点镇和国家试点重点镇。全县各乡镇均先后完成了总体规划，并相应进行了基础设施建设。

2001—2020年，长垣县城镇体系规划布局为：主轴，沿长濮、长恼公路布局，沿轴线分布的城镇是赵堤、佘家、满村、丁栾、县城区、魏庄、恼里等城镇。本发展轴是长垣县城镇经济最发达的地区，也是长垣县主导产业卫材及起重机械工业分布最集中的地区。次轴，根据县内106国道沿线布局，沿轴线分布的城镇有樊相、县城区、张寨等。本轴线主要以发展绿色农业及其产品加工和农业生态园区等为主。规划采用中心+三中心镇（丁栾、魏庄、赵堤）的适当集中发展模式。集中全县的财力、物力使其三个中心城镇尽快提高城镇规模，增强城镇经济实力、协助中心城市带动全县经济社会发展。规划增设张寨、孟岗、芦岗、武丘四乡集镇为建制镇。至规划期末，全县城镇总数达到12个，共划分为三级，其中一级城镇1个，二级城镇3个，三级城镇8个。

进入21世纪，随着县委、县政府《关于加快城镇化进程的实施意见（2002年）》《关于在县城区推进城市社区建设的意见（2002年）》《关于城区市容环境卫生秩序综合整治实施意见（2003年）》《关于强化城市基础设施建设、加快城市化进程的意见（2003年）》等文件的下发，长垣县大力实施经营城市战略，通过土地置换、资源重组、政策拉动等措施，充分发挥城市的优势和潜能，以城市资源置换市政基础设施，以开发建设促进城市基础设施配套。一批城市标志性建筑开始建设并相继落成，它们是县四大班子综合楼、亿隆广场、龙山仿古商业街、西花园、宏力购物广场、富源俱乐部、东风商场、一中新校区、亿隆国际城、金贝山商城、蒲城商业中心、宏力学校、金源农贸市场、红十字博爱医院、宏力高层住宅、长垣美食一条街、宏力大酒店等。建设完善了工业、商业、仓储、行政金融、文化教育、生活居住、综合经济7个功能区。新建了振兴路、北环路、警民路、北顺河路等城市主干道；完成了对宏力大道、文明路等道路人行道铺设；对东环路、南环路等11条城区道路进行了亮化。投资2800万元的二水厂及供水管网改造项目、投资6820万元的污水处理厂项目开工建设。在县城区设立了蒲东、蒲西两个办事处(后增设了蒲北和南蒲),规划了20个社区居委会,宏大、亿隆、建蒲、恒友、卫华5个社区居委会于2003年10月挂牌成立。截至2003年底,县城区面积达16.2平方公里,城区人口13.5万人,全县城镇建成区面积达到27平方公里,城镇人口达19.8万人,全县城镇化水平达到25%。

加大城市管理力度,以创建"国家卫生县城"为载体,坚持依法管理、规范管理、长效管理,大力开展城区环境卫生综合整治。通过环卫工人定岗定员、严格落实"门前四包"责任制、机关干部每周参加义务劳动等措施,城市"六乱"现象明显减少,市容市貌明显改观,交通秩序井然有序,市民卫生意识和文明意识明显提升。强化小城镇建设。魏庄镇区面积达2.8平方公里,被列为全国小城镇综合体制改革试点镇;丁栾镇区面积达到2.5平方公里,被省政府列为小城镇建设重点镇;恼里镇被省建设厅命名为"中州名镇";常村、赵堤实现了撤乡建镇。园区建设如火如荼。位于张三寨乡南部的新乡市医疗器械工业聚集区、位于县城西部的新城产业聚集区、位于县城东部的蒲东劳保与安全用品集目推中发展区,使长垣的城镇化水平大大提升。特别是位于县南的河南起重机械工业园区,构建了园区与县城一体化的基础设施网络,实现了长垣县城与起重园区的对接。

2000年,长垣县被新乡市政府确定为新乡市副中心城市,被建设部评为县城居民区内"全国城市环境综合整治优秀县城";2001年,被省政府确定为26个城镇化建设重点县(市)之一;2002年,被中国防腐蚀协会命名为"中国防腐之乡",被评为全省创建省级文明城市唯一县级先进单位;2003年,被国家烹饪协会命名为"中国厨师之乡"。

五、加强精神文明和民主法制建设

(一)加强社会主义精神文明建设

20世纪90年代初,按照邓小平坚持"两手抓、两手都要硬"的要求,县委、县政府在集中精力抓经济建设的同时，狠抓了社会主义精神文明建设。在全县城乡进行了党的基本路线、形势政策、社会主义、集体主义等教育，动员全县人民以崭新的风貌、更大的热情，积极投身到建设有中国特色社会主义的伟大事业中。深入开展了文明城市创建、文明单位创建、思想道德建设等系列精神文明实践活动。1994年10月16日，县委号召全县人民深入学习"爱国主义教育实施纲要"，全县围绕贯彻落实《爱国主义实施纲要》，广泛开展了以"五爱"（爱祖国、爱人民、爱劳动、爱科学、爱社会主义）为基础，以培养"四有"（有理想、有道德、有文化、有纪律）新人为目标，以"三德"（社会公德、职业道德、家庭美德）为主要内容的道德教育。1996年5月，为深入贯彻落实中宣部、农业部《关于深入开展农村精神文明建设的若干意见》，长垣县以认真落实村规民约、争创文明户、文明村活动为切入点，使精神文明建设在农村扎实开展起来。10月，党的十四届六中全会作出《关于加强社会主义精神文明建设若干重要问题的决议》，县委、县政府认真贯彻全会精神，要求各级党委迅速组织党员干部学习中共六中全会精神，积极开展多种形式的爱国主义、集体主义、社会主义教育，引导全县人民正确处理国家、集体和个人的关系，树立正确的世界观、人生观、价值观，确立和社会主义市场经济相适应的新观念。1998年长垣县出台了《关于在全县开展"讲文明、树新风"活动的实施意见》和《讲文明树新风治脏治乱实施方案》，举行了"讲文明、树新风""告别不文明行为"千人签名仪式。认真贯彻落实《新乡市市民行为道德规范》和《公民道德建设实施纲要》，深入开展"道德规范进万家"活动。在各类事业单位、学校和社区开办文明市民学校，以《新乡市市民行为道德规范》《新乡市民守约》《公民道德建设实施纲要》等为基本教材，分期分批对广大市民进行"社会公德、职业道德、家庭美德"三德教育。1999年，制定了农村精神文明建设检查验收标准，建立了考核机制。在文明城市创建工作中，深入开展创优美环境、创优良秩序、创优质服务的"三优杯"竞赛活动，成立了创"三优"指挥部。1992—1993年，在"三优杯"竞赛评比中获新乡市第一名。1994年获新乡市第三名。1995—1997年连续三年获河南省"优胜杯"。1998年在新乡市创"三优"六县综合评比中，长垣县名列前茅。1999—2000年先后荣获"全国城市环境综合整治优秀县城"和河南省"城市环境综合整治优胜县城"称号，2001年被省政府命名为创建省级文明城市先进城市。

在精神文明建设中，长垣县坚持用邓小平理论武装广大党员干部，在全县深入开展理想信念、科技文化、政策法纪教育，大力弘扬新时期创业精神，深入开展学习林县人民艰苦创业精神和向史来贺、吴金印、张荣锁等先进典型学习活动。利用长垣历史文化优势和改革开放的新成就，开展多种形式的为振兴长垣做贡献活动。在文艺方面坚持"为人民服务，为社会主义服务"的方向和"百花齐放、百家争鸣"的方针，大力繁荣文化艺术事业。积极实施精品战略，抓好文艺创作的"五个一工程"，即一部好图书、一部好电视剧、一部好戏、一部好电影、一篇好的理论文章。广泛开展科技、文化、卫生"三下乡"活动。开展群众性文化活动，建设文明向上的社区文化、村镇文化、企业文化、校园文化、机关文化、家庭文化。一手抓文明，一手抓管理，加强对文化娱乐和新闻出版市场整治，深入开展"扫黄打非"斗争，形成健康、繁荣、有序的文化市场。坚持不懈地开展移风易俗，反对封建迷信活动，有效净化社会环境。

（二）推进社会主义民主法制建设

20世纪90年代，长垣县在坚持"以德治县"的同时十分注重开展"依法治县"工作，县政法部门在全县深入开展法制宣传教育，认真落实国家"三五""四五"普法教育规划和长垣县"依法治县"五年规划，增强全民法律意识。广大党员特别是党员领导干部带头学法、懂法、守法，依法行政，依法管理，依法办事，不断提高运用法律手段管理社会和经济的能力。同时，加大执法检查力度，坚决纠正有法不依、执法不严、以言代法、以权压法等现象。县委、县政府要求各级党委、政府正确处理改革、发展和稳定的关系，牢固树立"稳定压倒一切"的意识，坚持和完善维护稳定领导责任制，确保一方平安。十年间，长垣县多次开展"严厉打击犯罪"（简称严打）活动，对各类违法犯罪行为造成高压态势，特别是1999年六七月间，依法打击了"法轮功"邪教组织的非法活动。广泛深入地开展创建治安模范县、模范乡、模范单位和模范住宅小区活动。各级党委、政府认真对待新形势下出现的新矛盾和新问题，正确处理人民内部矛盾，认真做好信访工作，全面落实领导接待日、领导包案等信访工作"五项制度"，形成领导抓信访、依法管信访、基层强信访、源头控信访的格局。坚持定期排查并及时消除社会不安定因素，妥善解决好群众关心的热点、难点问题，努力把问题解决在基层，化解在萌芽状态。切实减轻政法队伍建设，努力提高整体素质，充分发挥其在维护社会稳定中的主力军作用。

加强社会主义民主政治建设。主要是坚持和完善人民代表大会制度，充分发挥人民代表大会及其常委会的职能作用，切实保护人民群众参与管理国家和社会事务的权利。坚持和完善中国共产党领导的多党合作制与政治协商制度，充分发挥各级政协和民主党派在政治协商、民主监督和参政议政中的重要作用，巩固和发展新时期的爱国统一战线，贯彻落实党的民族、宗教、侨务和对台政策，团结一切可以团结的力量，调动一切积极因素，为振兴长垣做贡献。注重发展基层民主，完善城镇居民和农村村民自治制度，加强对工会、共表团、妇联等群众团体的领导，充分发挥其密切联系群众的桥梁和纽带作用，支持他们依照各自的章程创造性地开展工作。

（三）实施机构改革

1992—2002年，长垣县认真贯彻落实中共十四大、十五大、十六大精神，围绕建立社会主义市场经济体制的目标，按照政企分开和精简、统一、效能的原则，先后进行了三次机构改革，精简机构、压缩人员、转变机制，服务好经济建设。

第一次改革：1992年，按照"小政府、大服务"的方向，长垣县积极稳妥地推进政治体制改革。按照"三不、四自"的原则，鼓励行政事业单位兴办生产加工型工业企业和服务性经营实体。县级涉农部门按行业成立经营型服务"中心"或"公司"，原行政事业人员80%到"中心"或"公司"兴办经济实体，实行企业化管理。在推行机关干部分流、兴办经济实体的基础上，大力推进了机关的职能转变。

第二次改革：1996年，根据中共新乡市委、市政府《关于印发〈新乡县（市）区、乡（镇）党政机构改革实施意见〉的通知》（新发〔1996〕18号）文件精神，长垣县第二次党政机构改革开始实施，改革的重点是理顺关系，转变职能，精兵简政，实行政企职责分开，撤并机关重叠、业务交叉、分工过细部门，减少管理层次和具体审批事务，提高工作效率。改革后，县级党政机构设置28个，比原有的64个减少了36个，精简56.3%，另设部门管理机构4个。全县17个乡（镇），一类乡（镇）14个，二类乡（镇）3个，乡（镇）设置4—5个综合性办公室（均为股级）。全县乡（镇）行政编制核定为720名，比原有的1240人减少520人，精简41.9%。

第三次改革：2002年，长垣县开始了第三次党政机构改革。这次改革的原则是：坚持加强和改善党的领导；坚持政企分开；坚持精简、统一、效能；坚持实事求是；坚持依法行政。通过机构改革，长垣县县直党政机构从34个减少到32个。县直党政群机关人员编制从1591人减少到1029人，精简35.26%。各乡镇统一设置综合办事机构，不搞一事一职，乡镇领导职数按9名配备。通过机构改革，乡镇党政机构行政编制精简了61.8%。

六、加强党的建设

（一）加强党的思想建设

在领导全县人民深化改革、扩大开放的进程中，中共长垣县委十分注重加强党的自身建设。县委坚持用邓小平建设有中国特色的社会主义理论武装全县党员干部的头脑，利用各级党校加强对党员、干部的教育和培训，组织党员干部认真学习邓小平理论和党的路线、方针、政策，广泛开展"学习史来贺、吴金印、争做人民好公仆"活动，使广大党员干部提高了理论水平和坚持党的基本路线的自觉性，进一步解放了思想，更新了观念，增强了中心意识、发展意识和机遇意识，在全县形成一种认真学习、民主讨论、积极探索、求真务实的风气。1992年，县委利用各级党校举办学习班118期，培训干部807人次，党支部书记2800人次，轮训党员69431人次。通过培训进一步解放思想，更新观念，解决好各级领导班子和党员干部的精神状态和坚持全心全意为人民服务的宗旨意识问题。把全县广大党员的思想统一到贯彻党的基本路线，坚持以经济为中心，发展才是硬道理上来。1994年9月，党的十四届四中全会作出《中共中央关于加强党的建设几个重大问题的决定》（以下简称《决定》），长垣县及时召开党员领导干部学习十四届四中全会精神会议。在全县掀起学习《决定》的热潮。1999年12月28日，根据党的十五大关于全党兴起学习马克思列宁主义、毛泽东思想，特别是邓小平理论新高潮的要求，县委认真贯彻落实市《关于进一步加强县级以上领导干部理论学习的意见》要求，2000年，研究制定了《2000年党员干部培训工作意见》，加强对全县广大党员干部教育培训，用邓小平理论武装全县广大党员干部的思想。按照中央和省、市委的安排部署，县委决定从2001年2月下旬开始，分两批在县直部门（包括垂直部门）、乡镇、村领导班子和基层干部中，有计划、有步骤地开展"三个代表"重要思想的学习教育活动。这次学习教育活动要把握的原则是：坚持学习教育与推进农村工作相结合；坚持正面教育、自我教育为主；坚持从实际出发，分类指导；坚持上下结合综合治理。通过"三个代表"重要思想的学习教育活动，推动了全县农村经济的大发展；提高了农民的收入水平；基层干部素质有了明显的提高；减轻农民负担工作有了新的成效；精神文明和民主法制建设有了新的加强；基层组织建设和党风廉政建设水平有了新的提高。

（二）加强领导班子建设

20世纪90年代，县委十分重视加强各级领导班子建设，努力把各级领导班子建设成为坚决贯彻党的基本理论和基本路线、全心全意为人民服务、具有领导现代化建设能力的坚强领导集体。在各级领导班子中开展了"焦裕禄"杯竞赛和"领导干部形象大讨论"，按照干部"四化"标准和"凭党性干工作，看政绩用干部"的原则，调整充实了县、乡领导班子，完成了县、乡两级人大、县政协、乡级党委的换届选举工作。把忠于马克思主义，坚持党的基本路线，拥护改革开放，善于研究社会主义市场经济规律，懂经济、会管理、善经营、有开拓进取精神，在改革开放、建设社会主义市场经济中做出突出贡献的干部选拔进各级领导班子。1999年4月新乡市委印发《中共新乡市委关于在县级以上党政领导班子、领导干部中深入开展以"讲学习、讲政治、讲正气"为主要内容的党性党风教育的意见》。根据中央和省委、市委统一部署，县委决定从2000年3月8日至5月上旬，在县级领导班子、领导干部中深入开展以"讲学习、讲政治、讲正气"为主要内容的党性党风教育。12月29日，县委又决定从是日开始，利用20天时间，在长垣县级领导班子、领导干部中开展"三讲"教育回头看活动。通过开展"三讲"教育，坚定了县级领导班子的政治信念，增强了班子成员"讲学习、讲政治、讲正气"的自觉性，恢复和发扬了批评与自我批评的优良传统，健全了班子生活、增强了班子团结，为实现长垣县的跨世纪发展奠定了思想基础和组织基础。

（三）加强党的基层组织建设

20世纪90年代，长垣县以农村和企业党建为重点，全面加强基层党组织建设。在农村以增强农民收入、壮大集体经济、保持社会稳定、富民强县奔小康为目标，以创建先进党建县活动为龙头，把河南省委要求开展的"一学双争"（学习史来贺，争创先进党组织，争当优秀共产党员）活动和新乡市开展的"双创一争"（创先进党委、创先进党支部，争当优秀共产党员）活动结合起来，使县、乡、村三级党组织建设配套进行，整体推进。为认真贯彻落实党的十四届四中全会提出的全面加强和改进党的基层组织建设的任务要求，1994年12月中旬，县委出台《关于整顿农村软弱涣散支部方案》。根据方案安排部署，决定从当年12月到第二年5月底，用半年的时间，对全县排查出的21个软弱涣散支部进行集中整顿。县四大班子领导实行包乡负责制，乡镇党委成员实行包村负责制。全县抽调105名县乡机关干部和市派干部组成工作队，工作队由5名以上队员组成，由一名副科级以上领导干部带队，派到21个支部帮助工作，配好班子，厘清经济发展思路，解决村里突出问题。

1995年，深入开展"两带一创"和"双创"活动，着力加强党的基层组织建设，抽调266人，整顿农村"软、懒、散"支部64个，培训农村党员干部2000多人次。1996年，以"双创一争"为主线，以乡镇党委集中建设活动和基层组织整顿为重点，把贯彻落实党的十四届六中全会精神和学习史来贺、吴金印等先进典型有机结合起来，抓乡带村，整体推进，使整顿工作取得了显著成效。在4个乡镇进行了党委集中建设试点工作，抽调94名工作队员对余下13个乡镇和15个后进村进行了集中建设和整顿，调整充实党支部103个，调整党支部书记74名。同时加强了国营企业、乡镇企业和新型经济组织党建工作，新设组织13个，其中党委1个，党总支1个，党支部11个。

1998年，深入开展"双学双创双争"活动，实施"一区两带"工程，积极开展以农村和企业为重点的基层组织整顿工作，在全县推选干部驻村工作制度。1999年以来，深入开展了"三级联创"活动，紧紧围绕党建目标，分级争创"基层党组织建设先进县"、"六好"乡镇党委、"五好"农村党支部和"五好"国营企业党组织。2000年，深化"三级联创"活动，对照"三个代表"要求，提升联创目标，完善联创措施，与17个乡镇签订了党建目标责任书。其间，3个乡镇党委，17个党支部，31名党员受到市级表彰，1个党委和11个党支部受到省委表彰，长垣县被市委评为基层组织建设先进县。2002年，"双强"工程建设迈出新的步伐。4月组织58名"双强"党员干部到辉县市百泉镇集中封闭培训；9月组织26名"双强"村支部书记到苏州参加培训。全县共培养"双强"党员3026名，"双强"村支部书记187名。非公有制经济党建工作得到进一步加强，全县非公有制企业党组织达218个，其中党支部67个，党总支4个，党小组147个。

企业主要是根据1997年1月《中共中央关于进一步加强和改进国有企业党的建设工作的通知》，加大企业党建工作力度，突出抓好国有企业领导班子建设，优化领导班子集体结构。充分发挥企业党组织的政治核心作用，全心全意依靠工人阶级，齐心协力振奋企业。注意在各类新型经济组织建立党组织，开展党建活动。

（四）加强党风廉政建设

党风问题关系党的生死存亡。长垣县在深化改革、扩大开放的过程中，十分注重加强党风和廉政建设。坚持党的实事求是的思想路线，坚持抓落实、鼓实劲、求实效，反对和纠正图形式、摆排场、摆花架子、做表面文章、哗众取宠、沽名钓誉等不良作风。特别注重预防和消除以权谋私、权钱交易、贪污受贿等违犯党纪国法的消极腐败现象。

1998年11月21日，中共中央、国务院制定了《关于实行党风廉政建设责任制的意见》，长垣县认真落实《党风廉政建设责任制情况报告制度》《长垣县党风廉政建设责任制民主评议制度》《长垣县党风廉政建设责任制领导干部廉政档案管理办法》等三项制度。1999年，全县17个乡镇，在原有专职纪检书记的基础上，每乡（镇）全都配备了1—2名专职纪检干部。全县598个行政村有567个建立了纪检小组，聘请了320名廉政监督员，乡、村、组三级党风廉政建设组织网络建立健全。2000年，中共长垣县委、长垣县人民政府印以了《党风廉政建设责任制考核办法》，考核包括平时考核和年度考核，必要时组织专门考核，采取百分制考核办法。领导班子和领导干部贯彻落实党风廉政建设责任制的考核评定，采取定性与定量分析相结合的办法进行，民主测评结果作为重要依据。坚持在教育第一，预防为主，加强监督，关口前移的体制、机制、法制三位一体的结合上推进党风廉政建设。

第四节　推进经济社会科学发展和全面建设小康社会

2002年以后，长垣县进入夺取全面建设小康社会的新阶段，革命老区人民在县委、县政府的正确领导下，高举邓小平理论伟大旗帜，认真实践科学发展观，全面贯彻执行党的路线、方针、政策，以经济建设为中心，解放思想，开拓创新，真抓实干，促进了国民经济和社会各项事业持续、健康、快速发展。

一、科学制定发展战略

党的十六大确立了全面建设小康社会的奋斗目标。为深入学习贯彻党的十六大精神，把全县人民的思想统一到十六大精神上来，同心同德完成十六大确定的战略任务，确保全县在21世纪新阶段奋斗目标的胜利实现，2002年11月21日，中共长垣县委发布了《关于认真学习贯彻党的十六大精神的通知》，要求各乡（镇）党委、县委各部委、县直各单位党组（党委）要认真学习贯彻十六大精神，紧密联系本单位实际，联系党员干部思想、工作实际，着眼于做好全县的改革、发展、稳定等各项工作，全面推进党的建设。12月，又在长垣党校举办了长垣县学习十六大精神科级干部培训班，培训班共分三期，全县共有600多名正副科级干部参加了培训。2003年1月18日，中国共产党长垣县第九次代表大会召开。会议确立了全面建设小康社会的指导思想：高举邓小平理论伟大旗帜，认真实践"三个代表"重要思想，深入贯彻落实党的十六大精神，坚持以经济建设为中心，积极推进科教兴县、民营经济强县、第三产业富县、依法以德治县进程，大力加强物质文明、政治文明、精神文明和党的建设，使发展的速度与质量和效益相统一，解放思想、与时俱进、同心同德、开拓创新，以卧薪尝胆、锲而不舍的意志和毅力，埋头苦干，扎实工作，实现跨越式发展，全面建设小康社会，为实现我县社会主义现代化建设第三步战略目标奠定坚实基础。明确了经济全面提速、城市化进程加快、人民生活水平进一步提高的奋斗目标。会后，全县人民在县委领导下，紧紧围绕建设"新而强、富而美"社会主义新长垣的目标阔步前进，经受了非典疫情、洪涝灾害、资源紧缺等严峻考验，经济社会发展取得显著成绩。2005年9月15日，中共长垣县委召开九届五次全体（扩大）会议。会议强调：全县各级各部门都要认真贯彻落实中共领导视察新乡时的重要讲话和新乡市委八届六次全会精神，深刻分析长垣经济社会发展面临的新形势、新情况、新问题，更加自觉地树立和落实科学发展观，更加务实地抓紧抓好各项任务，全面完成2005年的各项工作目标任务，为"十一五"的良好开局奠定坚实基础，加快长垣县全面建设小康社会进程。2006年3月8日至9日，长垣县委召开九届六次全体（扩大）会议暨经济工作会议。会议强调，长垣要实现大踏步、超常规、跨越式、加速度发展，必须以自主创新为主战略，提升县域经济创新力；以民营经济为主体，提升县域经济驱动力；以特色经济为主导，提升县域经济内动力；以"三项带动"为龙头，提升县域经济竞争力；以城乡协调发展为主线，提升县域经济和谐力。要求全县上下用新的思维方式、新的工作作风、新的执政能力、新的发展环境推进各项工作的落实，促进经济社会跨越发展、率先发展、协调发展。

2006年5月16日至18日，中国共产党长垣县第十次代表大会召开。与会代表审议了县委、县纪委工作报告，通过了《中国共产党长垣县第十次代表大会关于第九届委员会报告的决议》和《中国共产党长垣县第十次代表大会关于中共长垣县纪律检查委员会工作报告的决议》。会议选举产生了中共长垣县第十届委员会委员39人，候补委员7人和中共长垣县纪律检查委员会委员21人。5月18日，中共长垣县第十届委员会第一次会议召开，会议选举县委常委11人，书记1人，副书记2人。明确了以后五年的指导思想：高举邓小平理论和"三个代表"重要思想伟大旗帜，认真贯彻落实党的十六大、十六届五中全会和省委徐光春书记莅长调研讲话精神，紧紧围绕建设"中部经济强县"的奋斗目标，认真落实科学发展观，抓住解放思想、改革创新、扶持引导三个关键环节，以自主创新为主战略，以民营经济为主体，以特色经济为主导，以中小型企业为主角，以城乡协调发展为主线，全力打造创新长垣、效益长垣、开放长垣、富裕长垣、魅力长垣、和谐长垣，争当全省县域经济发展的典范、民营经济发展的典范、社会主义新农村建设的典范。县十次党代会以后，县委在上级党委的正确领导下，深入贯彻落实科学发展观，团结带领全县共产党员和人民群众，解放思想，抢抓机遇，埋头苦干，务求实效，克服重重困难，圆满完成县十次党代会确定的各项任务。

2011年6月18日至21日，中国共产党长垣县第十一次代表大会召开。出席大会的代表370人，列席人员79人，大会主席团58人。大会听取和审议中共长垣县第十届委员会的工作报告及中共长垣县纪律检查委员会的工作报告，大会选举产生了中共长垣县第十一届委员会委员39人、候补委员7人、中共长垣县纪律检查委员会委员19人和出席中国共产党新乡市第十次代表大会代表。6月21日，中共长垣县第十一届委员会第一次全体会议召开。会议选举产生了中共长垣县第十一届委员会常务委员11人，书记1人，副书记2人。确立了以后五年的指导思想：以马克思列宁主义、毛泽东思想、邓小平理论和"三个代表"重要思想为指导，深入贯彻落实科学发展观，坚持"四个重在"实践要领，以加快转变经济发展方式为主线，以建设富强、科教、宜居、和谐长垣为核心任务，着力构建现代产业体系，着力推进城乡统筹，着力改善民计民生，着力提高党的建设科学化水平，促进经济又好又快发展和社会和谐稳定，奋力打造中原经济区豫鲁合作区最具发展活力、最具竞争力、最具特色品牌影响力的区域性中心城市。明确了建设富强、科教、宜居、和谐长垣的奋斗目标。十一届县委以科学发展观为统领，以加快经济发展方式转变为主线，以建设富强、科教、宜居、和谐长垣为核心任务，紧抓中原经济区建设重大战略机遇，突出新型城镇化引领，强力实施招商引资、项目建设、改革创新"三大引擎"驱动战略，着力构建现代产业体系，着力推进城乡统筹，着力促进民生改善和社会和谐，经济社会实现了持续健康较快发展。

二、加快推进产业转型升级

由于地处黄河"豆腐腰"区段，处于两省四市结合处，老区人民生存条件差，发展先天不足。曾经盐碱遍地，水患连年，民生多艰。加上远离大中城市和国家政治中心，得到各种政策资源相对缺少，很长一段时期这里都是边缘化地带。但经过改革开放40年的发展，长垣县取得这样令人瞩目的成绩，主要在于坚决贯彻执行了十一届三中全会以来党的各项方针政策，始终扭住发展不放松，紧紧围绕富民强县目标不动摇，善于把上级精神同本地实际相结合，创造性开展工作，千方百计加快产业发展。这一时期，长垣县大力实施"民营立县、特色兴县"战略，培育壮大了起重机械及特色装备制造、卫生材料及医疗器械、防腐蚀及新材料、汽车及零部件等优势产业，形成了集聚效应明显的县域特色经济，长垣城乡面貌发生了巨大的历史性变化。

（一）打破思想壁垒

落后地区与先进地区的差距，归根结底是在思想解放程度上的差距。长垣自古就有重商的传统、言商的氛围。中国传统文化中，士农工商，商处末流，而长垣自古能工巧匠、小商小贩特别多，这是长垣发展的经济土壤。长垣人自古讲求经世致用，反映到经济发展上就是务实，从不做空洞的文学讨论，也不理会外部环境的变化，始终把养家糊口放在第一位，始终认定市场是衣食父母，利润是生存根本。解放后虽有数次政治运动，但长垣人能在政策夹缝中求生存、找出路，小商小贩不绝于市，叫卖之声不绝于耳。改革开放后，计划经济形态略有松动，一部分脱离土地的长垣农民，依靠世代相传的商业技巧，发扬传统的重商精神，开始走向市场竞争的舞台。长垣之所以能够实现大幅度跨越和赶超，最核心的就是靠思想的解放，敢为人先、敢冒风险、勇于拼搏、勇争一流。没有小农意识的破除，就不可能出现一支庞大的外出创业队伍；没有条条框框的打破，就不可能有蓬勃发展的民营经济；没有创新创造的思维，就不可能形成独具特色的优势产业。科学发展要求越高，解放思想任务越重。在社会主义市场经济体制确立和逐步完善过程中，老区人民始终强化机遇意识，超前谋划、及早行动，抓住用好中央政策机遇，全力以赴保增长、促发展；强化创新意识，以更宽眼界、更大魄力、更活思维深化改革、破解难题，争创发展新优势；强化开放意识，积极适应国际国内环境新变化，充分发挥后发优势、比较优势，捕捉新商机、开辟新途径。

（二）充分激发民力

实践证明，经济社会发展最大动力在民间；越是群众创业创造活跃的地方，经济发展内生动力就越强。长垣革命老区之所以创造出"无中生有"的奇迹，主要得益于充分尊重群众的首创精神，放手让群众干，全力支持群众干，顺应了百姓求发展求致富的迫切愿望，选准了干部群众共谋发展的结合点，让发展活力和潜能充分释放出来。对于群众发家致富的窍门，政府因势利导，放手发展私营经济、家庭作坊、个体商户大量涌现，出现了"家家办工厂、户户闻机声"的景象，硬是用一把铁锤锻就了"中国起重机械名城"，用一根棉签捻起了"中国卫生材料生产基地"，用一支油刷漆成了"中国防腐蚀之都"，用一副炒勺烹出了"中国厨师之乡""中华美食名城"，把一个个不起眼的行当做成了一个个特色产业，民营经济成为撬动经济腾飞的支点。长垣历史上有重商传统，发展民营经济有深厚土壤。立足这一现实，县委、县政府很早就确立了"民营立县"战略，鲜明提出促进全民创业，并一以贯之，一届接着一届干，届届都有大发展。一是解除束缚，使群众放手创业。早在20世纪90年代，县委、县政府明确提出了"不重比例重发展，不重属性重作用"，在全县大力倡导敢富、争富、颂富的新观念，使群众解除顾虑，放胆、放手创业。党的十六大提出"两个毫不动摇"以后，县委、县政府进一步解放思想，强调过去干了而不敢说的，今天要旗帜鲜明地叫响，过去做得不尽如人意的，今天要放开手脚做，过去不敢重用的人，今天要大胆地用，不断疏通民营经济发展的航道。二是典型带动，使群众竞相创业。县委、县政府及时总结创业实践经验，先后推出了身残志坚的王国胜、自主创新的韩宪保等一大批创业模范，推出了卫华集团、宏力集团、驼人集团等一大批名牌企业，通过多种媒体广泛宣传他们的先进事迹和成功经验，在县城主要街道人民路免费为做出突出贡献的企业家做广告宣传、"树碑立传"，使广大群众创业路上学有榜样、赶有标兵；大力表彰他们做出的突出贡献，在政治上给荣誉、社会上给地位、经济上给实惠，先后有140多名创业能手被推选为省、市、县人大代表或政协委员，5人还当选了县人大副主任或县政协副主席，在全社会形成了"创业至上、创业光荣"的价值取向和浓厚氛围。三是强化扶持，使群众便于创业。先后出台了一系列扶持创业的具体措施，在市场准入、工商登记、信贷、土地、财税等方面能放则放、能宽则宽、能优惠则优惠。政府拿出数千万元作为担保基金，建立中小企业信用担保体系；帮助创业群众选择项目，加强创业培训，建成各类培训机构40多个，2007年以来每年举办培训班100多期，培训10万多人次。得力的措施使长垣民营经济的"星星之火"已成燎原之势，形成了广大群众思创业、敢创业、会创业、创大业的生动局面。县域经济发展必须切实把促进全民创业摆在全局和战略的高度，旗帜鲜明地倡导创业，千方百计地支持创业，措施更实、政策更好、环境更优，充分启动民资、挖掘民力、开发民智，把劳动力资源变成人力资本，把民间资金变成生产投资，把群众致富愿望变成创业行动，为经济又好又快发展提供强大持久的内生动力。

（三）敢于改革创新

农区的出路在工业化，产业转型升级的核心要素为改革创新。为改变农业大县、财政穷县的落后面貌，2002年以来，长垣县大力实施"民营立县、特色兴县"战略，致力推进科技、制度、管理"三个创新"，重点支持外向型、就业型、科技型、农产品加工型"四类企业"，不断优化政务、法制、管理、市场、舆论"五个环境"，为民营经济发展营造了良好氛围，不断推进工业规模发展、上档升级、集约经营。一手抓硬件，大力推进基础设施和标准厂房建设，提高投资强度和土地利用率；一手抓软件，成立创业服务中心和生产力促进中心，设立科技研发基金，建设孵化基地，建成了一批各具特色的产业集聚区，打造了集约发展的高效平台。为提高创新能力，长垣深入开展"质量兴县、科技创新""民营企业管理年""诚信年"等活动，投资3600万元建设创业孵化器，建成省、市级研发中心多家，有效提升了企业科技创新和经营管理水平。北京起重运输设计院在长垣成立河南分院，120多家高等院校、科研院所与我县企业达成合作，获批专利367件，卫华集团、驼人集团两家企业设立了博士后科研工作站，其中驼人集团承担了国家"863"计划项目，驰名商标、著名商标数量均居全省各县（市）第一位，起重、卫材等企业参与制定了50余项国际标准、国家标准、行业标准。大力实施品牌创建，充分运用国家知识产权强县工程示范县政策，积极培育知识产权优势企业，支持企业参与更多行业标准制（修）订和加快自主创新体系建设，增强企业议价话语权，打造先进科技成果转化基地。2015年申报国家高新技术企业3家、省级以上科技计划项目10个、省级以上技术中心7家，高技术产业增加值占工业增加值的比重达到18%，科技进步贡献率达到48%。

（四）突出地方特色

特色就是市场通行证、品牌影响力、区域竞争力。长垣人善于寻求市场空隙、把握市场走向，实施差异化经营、扬长避短、错位发展，做到人无我有、人有我优、人优我精。提到起重机，人们就会想到长垣；提到长垣，人们就会想到起重机，起重机成了长垣的一张名片，长垣成了起重机之都，两者紧密联系在一起，形成了巨大的品牌扩张力和区域竞争力。这一时期针对产业发展早期普遍存在的企业无序散布，庭院经济、前店后厂等粗放现象，县委、县政府及时提出了集聚、集群、集约发展的思路，先后制定了起重机械、医疗器械等行业发展和园区建设规划。2000年以来，长垣县委、县政府积极引导起重机生产企业进行全面改制，先后成立集团公司，推动企业战略合作或兼并重组，涌现出了卫华、矿山、飘安、驼人、重工集团等集团和宏力集团、亿隆集团等综合性大企业，全县企业实现了由"散兵游勇"到"集团作战"、从"千军万马"到"虎踞龙盘"的转变，形成了龙头带动、协作配套的局面。 2003年县委、县政府提出了"园区经济"的发展思路，开始探索产业集聚发展的道路。以长垣县产业集聚区为核心，建成了起重、汽车及零部件、防腐蚀及新材料、木岗高新技术、参木和恼里装备制造六大专业园区和12个乡镇创业园区，推动产业集聚区、专业园区、乡镇创业园联动发展，形成了功能互补、企业配套、链条完善的产业集聚发展新格局。县委、县政府坚持把产业集聚区发展与城镇总体规划、新农村建设空间布局规划、土地利用总体规划结合起来，与文化、教育、卫生、环保等公共服务设施规划结合起来，科学编制产业集聚区总规划、专项规划和控制性详细规划，做到了功能互补、资源共享、统筹考虑、同步推进。同时，坚持规划一张图、审批一支笔、管理一个口、落实一个音，加强用地分类、用地规模与经济社会发展目标、基础设施布局、城镇规模定位、土地利用区划与用途管制等的衔接，防止功能冲突，重复建设，节约集约利用土地，优化空间布局，促进城乡统筹发展和城镇化与工业化互动融合。进入21世纪，到2006年前后，长垣县民营经济迅速发展，要素资源快速聚集，发展速度显著提升，特色产业蓬勃兴起，经济总量迅速膨胀。起重、卫材、防腐、建筑四大支柱产业在这一时期日益壮大，民营企业由作坊式的生产逐步发展成为较为规范化的生产厂家，投资规模进一步扩大，生产管理进一步规范，并且有了统一的质量标准。到2006年起重产业拥有整机生产企业86家，配件生产经营企业近900家，产品达10大系列200多个品种，在全国各地设有2600多个销售网点。其中，销售收入超亿元的骨干企业14家，科技企业、高新技术企业5家；48家取得国家、省生产许可证和安全认证，10家获得全国著名品牌企业称号。全县共有国家级职业技能鉴定所1个，省级技术研发中心1个，起重职业技术学校1所，三分之一以上的骨干企业建有自己的研发机构，或与科研机构建立了长期稳定的合作关系。中小型起重机销量已占全国市场份额65%以上，业内有"长垣停产，全国缺货"的说法。同年，河南长垣起重工业园区建成区面积达5平方公里，入园企业139家，累计完成固定资产投资34亿元，被命名为河南省民营科技园。这一时期，长垣卫生材料行业也进入鼎盛发展时期，多数企业摆脱了家庭经营管理模式，初步确立了现代企业制度和较为规范的法人治理结构，生产经营向工业化、专业化和现代化迈进。2005年，医疗器械行业实现销售收入25亿元左右。2006年，全县拥有医疗器械生产企业38家，从业人员3万余人，产品达30多个系列600多个品种，销往全国2万多家医院，年销售额近20亿元，产品覆盖面占全国市场的67%以上，成为全国最大的医疗器械生产基地。建筑业拥有40多家企业，5万多名从业人员，施工范围遍布全国大中城市，年实现劳务收入2.7亿元。防腐业拥有国家一级资质企业10家，二级资质企业6家，从业人员8万多人，年实现劳务收入3.6亿元。2005年，第三届中国腐蚀控制大会在长垣召开，授予长垣"中国防腐蚀之都"称号。2006年，全县民营企业达到3347家，民营经济贡献率在全县地区生产总值、财政收入和农民人均现金收入中，分别达到75%、68%和85%，长垣经济的快速发展，引起省内外的广泛关注，被《河南日报》誉为"长垣现象"，新乡市委、市政府在发展民营经济方面，号召全市"远学温州，近学长垣"。长垣实践证明，发展县域经济一定要找准特色，从历史传统、发展基础、资源禀赋等实际情况出发，把握市场需求，发挥比较优势，确定发展重点和方向；要培育特色，着力引导资源要素向特色集中，政策扶持向特色倾斜，尽快做大市场、形成规模；要放大特色，在加强自主创新中做强特色，在打造品牌中做优特色，在拉长产业链条中做久特色，让特色更亮更火。

（五）推进产业重组

经济社会发展在保持较快速度的同时，发展中的问题日益突出，产品低端制约盈利空间，恶性竞争影响信誉品牌，过剩产能损害产业发展，传统发展方式难以持续。县委、县政府因势利导，坚持以领导方式转变推动发展方式转变，在"转"字上破题，在"变"字中发展，主动换挡，加快转型，着力推进起重行业向特色装备制造业转型，卫生材料行业向生物医药和医疗器械拓展，防腐行业向新材料转变，产业发展出现了全新的局面。针对产业发展早期普遍存在的企业无序散布，庭院经济、前店后厂等粗放现象，县委、县政府及时提出了集聚、集群、集约发展的思路，先后制定了起重机械、医疗器械等行业发展和园区建设规划。2000年以来，长垣县委、县政府积极引导起重机生产企业进行全面改制，推动企业战略合作或兼并重组，涌现出了卫华、矿山等集团和宏力集团、亿隆集团等综合性大企业，全县企业实现了由"散兵游勇"到"集团作战"、从"千军万马"到"虎踞龙盘"的转变，形成了龙头带动、协作配套的局面。县委、县政府坚持把产业集聚区发展与城镇总体规划、新农村建设空间布局规划、土地利用总体规划结合起来，与文化、教育、卫生、环保等公共服务设施规划结合起来，科学编制产业集聚区总规划、专项规划和控制性详细规划，做到了功能互补、资源共享、统筹考虑、同步推进。同时，坚持规划一张图、审批一支笔、管理一个口、落实一个音，加强用地分类、用地规模与经济社会发展目标、基础设施布局、城镇规模定位、土地利用区划与用途管制等的衔接，防止功能冲突，重复建设，节约集约利用土地，优化空间布局，促进城乡统筹发展和城镇化与工业化互动融合。2012年，长垣县委制定《长垣县工业经济转型升级激励政策》，推动起重行业向特色装备制造业转型，卫生材料行业向生物医药和医疗器械拓展，防腐行业向新材料转变，培育汽车及零部件等战略性新兴产业。出台《关于加强起重装备制造业监管的意见》《关于支持起重装备制造企业重组的意见》，60余家中小企业与骨干企业签订重组协议，4家企业进入全国行业前10强。针对防腐蚀和卫生材料多数企业处于产业链和价值链的低端，高附加值产品少、竞争力不强的问题，着眼产业化和规模化，设置专业园区，明确产业定位、发展方向和准入标准，着力引进、实施一批影响力大、成长性好、带动力强的龙头企业和优势项目，防腐蚀及新材料产业以防腐蚀及新材料产业园为载体，重点发展新型建材、节能环保材料、高端防腐涂料等产品，突出抓好源宏包装新型膜材料、防腐集团新型涂料等项目。卫生材料产业以健康产业园为载体，优化提升卫生材料及医疗器械产业，大力发展高端医疗器械和高端卫材，加快推进驼人健康科技产业园、河南金鸿堂生物医药等项目建设。针对起重机械产品低端压缩盈利空间，恶性竞争影响品牌效应，产能过剩制约产业发展问题，依托起重装备制造产业基础，大力培育发展了汽车及零部件产业，规划建设了汽车产业园，引进了一批投资规模较大、带动能力较强的项目。围绕产业转型升级和新兴产业培育，狠抓起重装备制造、汽车及零部件等产业上下游缺失环节和关键环节的补充延伸，促进产业链条完善和功能配套，实现产业关联发展。持续推动起重装备制造产业向高端起重机械及工程机械转型升级，大力发展欧式起重机、集装箱式起重机和起重机电减速器、电器控制等关键零部件。依托生产企业，大力发展专用汽车及传动系、前后桥等汽车总成和差速器、发动机悬架等关键零部件配套产品，积极培育发展汽车后市场，重点实施豫沪电动乘用车、美国泰坦农用车等项目。汽车及零部件、生物医药、新材料、新能源等战略性新兴产业加快发展，特色休闲旅游、金融、保险、信息中介、仓储物流等现代服务业蓬勃发展，建成了集餐饮、休闲、娱乐于一体的食博园。着力提升三产业态。在提升传统服务业的同时，依托"中国厨师之乡"文化品牌和食博园等重点项目，大力发展特色休闲旅游业。目前，食博园运营良好，天然文岩渠综合休闲项目建设正在积极推进。通过大力调整和优化产业结构，进一步增强了县域经济的核心竞争力，有力支撑了城乡统筹发展。

（六）改善营商环境

良好的环境是聚集和激活发展资源要素的关键。长垣坚持抓环境就是抓经济、抓发展，积极营造环境"洼地"，构建发展"温棚"，努力打造投资成本最低、环境最优、最具吸引力的地区。一是提供温情化服务，营造爱商"家园"。经常性地开展"作风、纪律、素质、能力"集中教育活动，建立党政领导干部在县电视台公开述职、县直单位公开承诺等制度，全面推选一站式办公、一条龙服务、一次性告知等服务方式，实行"阳光审批"，全力为企业提供优质高效方便快捷的服务。优化开放招商软环境，促进依靠优惠政策向依靠优质服务、优良环境招商转变，建立健全招商引资信息处理和受理服务中心、联审联批和代理服务中心、投诉权益保护中心，持续开展招商引资、项目建设环境专项整治活动，充分发挥重点项目代办、代建、代招、代训机制的推动作用，落实招商引资月点评通报、半年考评末位警示、年底考评总结奖惩等推进机制，加强对重点招商项目承诺兑现、合同履约、要素保障情况的督查，提高签约项目合同履约率、资金到位率、项目开工率。健全上级政策项目资金信息共享对接、月度专题例会、跟踪协调等机制，实行项目谋划专家咨询论证制度；强化项目建设督导协调，实行招商项目筛选、签约项目用地服务、项目规范履约等制度，重点推进一批重大转型项目投产达效，促进产业集聚区主导产业实现由大向强新跨越。二是建设公平化市场，打造安商"沃土"。坚持边发展、边规范，多次开展起重机械、医疗器械市场专项整治活动和企业周边环境整治活动，既"无为"促发展，任何部门不经批准不得到企业检查，从源头遏制"吃、拿、卡、要、报、销"行为，又"有为"抓政风，坚决惩治"懒、拖、软、散、庸、滑"，依法严肃处理破坏生产环境的案件和行政不作为的事件。三是优化完善服务平台建设，塑造聚商"磁场"。印发《长垣县产业集聚区微信公众服务平台建设方案》，完善电子商务公共信息服务平台模块，加大集聚区内企业推介宣传力度，积极推进重点企业在"新三板"挂牌；深化银企合作，继续拓展"助保贷"业务，着力破解企业融资难，为企业融资搞好服务，加大同县域外金融机构合作，为产业集聚区企业融资6亿元；依托县职业教育中心对企业各类人才进行技能培训，年培训2000人次。完善产业集聚区基建和配套建设，加快北京起重运输机械设计研究院河南分院、河南省特种设备安全检测院长垣分院等创新服务平台建设，推动产业集聚区成为产业创新策源地。

（七）坚持以人为本

产业发展归根结底是以人为本的发展。只有坚持以人为本，才能端正发展的出发点和落脚点，真正做到干群同心、上下协力促发展。长垣这些年发展很快，根本就在于县委、县政府的决策部署顺应了群众期盼，体现了群众利益，让群众从改革发展中得到了实实在在好处，得到了群众真心拥护，凝聚起加快发展的强大合力。这些年，不断加大财政投入力度，改善群众的医疗卫生条件，县人民医院、中医院等县级医院建起了高标准综合门诊楼和病房大楼，购进了现代化的医疗设备。大力发展基础教育和职业教育，新建起了职教中心、烹饪学院等一批职业高职院校，不断完善城乡低保、医疗救助、五保供养等社会保障体系，被确定为"城市居民社会养老保险试点县，有效解决了群众看病难、上学难、保障低等问题。如长垣千方百计在群众创业路上"扶上马、送一程"。又如推进村庄整合，大胆探索土地流转的途径和办法，极大改善了农村生产生活环境，促进了农民增收。县域经济发展要牢牢坚持以人为本的理念，要时时为群众着想，决策听群众呼声，实施靠群众力量，政绩由群众评价，成果让群众共享，多做打基础、管长远的工作，多做惠百姓、聚人心的事情，切实做到在产业发展中强县、在强县中富民。

三、加快统筹城乡发展

这一时期，长垣县围绕"合理的城镇体系、合理的产业布局、合理的人口分布、合理的就业结构"四大目标，突出"城乡建设、产业发展、公共服务、机制创新"四大重点，全面推进城乡统筹发展，积极探索不以牺牲农业和粮食、生态和环境为代价，以新型城镇化引领"三化"协调科学发展的路子，取得了实实在在的效果。

2010年，全县地区生产总值143.7亿元，是"十五"末的2.3倍，"十一五"期间年均增长18.4%。规模以上工业企业增加值57.4亿元，是"十五"末的4.4倍，年均增长34.4%。财政收入5亿元，是"十五"末的2.5倍，年均增长19.9%。全社会固定资产投资150.7亿元，是"十五"末的4倍，年均增长32.2%。城镇居民人均可支配收入12911元，是"十五"末的2.1倍，年均增长16%；农民人均纯收入7263元，是"十五"末的1.9倍，年均增长14%，县域经济综合实力名列"中国中部经济百强县"第69位，前移了18个位次。刘明祖、司马义·铁力瓦尔地、张梅颖、周铁农、厉无畏、李金华等国家领导，以及徐光春、李柏拴、尹晋华、卢展工、邓凯等省领导和部分市领导都曾先后到长垣视察调研民营经济和县域经济发展情况及新型农村社区建设工作，都给予了高度评价和充分肯定。

（一）加快推进城乡建设

按照"内涵、组团、集群、紧凑、节约"的建设理念，围绕"膨胀主城区、提升集聚区，发展镇区、建设新村"的思路，实施"1515"民生工程（15分钟经济圈、10分钟生态休闲圈、5分钟生活服务圈）和城乡建设三年行动计划，着力推进城区现代化、镇村一体化和产城融合。一是提升城市发展水平，促进城区现代化。围绕构建"一极一副一轴多节点"的现代城镇体系，以主城区为重点，着力完善城镇基础设施，先后融资30多亿元，修建县城道路24条、45公里，形成了"七纵六横"的路网格局，新增城市面积9.8平方公里；实施改造棚户区项目15个。实施"清水入城"工程，新建容园、如意园等景观游园，城市第二水厂、垃圾处理场和污水处理厂等一大批公共服务设施投入使用，城市综合承载能力和辐射带动作用明显增强。2010年，城镇建成区面积达73平方公里，其中城区建成面积35平方公里（包括起重工业园区建成区），城镇化率达到43.4%。二是加快新型农村社区建设，促进镇村一体化。制定出台《长垣县新型农村社区奖补实施办法》等政策文件，狠抓规划控制、镇区开发、社区建设、基础设施和公共服务设施配套等关键环节，让更多的农户迁居新社区，享受新生活。三是加快产业集聚区和创业园建设，促进产城融合。以产业集聚区和创业园建设为载体，推动产业集聚、人口集中。实施经三路北延、桂陵大道南延等工程，加快产业集聚区与城区的对接，实现基础设施的互通共享。实行项目集中供地制和项目寄养制，引导关联企业向产业集聚区集中，形成了特色装备制造和医用卫材及医疗器械两大产业集群，发展壮大了汽车零部件、电子电器等新兴产业。规划建设12个创业园，充分利用废弃厂房、撤并学校，通过拆旧复垦整合建设用地，建设标准化厂房，发展工业经济，壮大乡镇实力。同时，严格控制项目单位面积投资强度，新建标准化厂房18万平方米。2010年全县产业集聚区完成销售收入210亿元，实现利税42亿元，被授予中国产业集群经济示范基地。

（二）强化产业支撑作用

坚持把产业结构调整作为转变经济发展方式的主要内容，着力提升产业发展水平，推动新型工业化和农业现代化，促进"三化"协调发展。一是大力发展现代农业。着眼于农业增效、农民增收，把发展现代农业作为工作重点强势推进。"十一五"期间，全县粮食总面积基本稳定在140万亩左右，其中优质粮食面积达到102万亩，比"十五"末增加了16万亩。2009年粮食总产达到70.2万吨，再创历史新高。农业经济在努力稳定粮食生产的同时，大力实施高效生态农业建设提升行动，制定了《长垣县特色高效农业区域发展规划》《长垣县现代农业建设行动计划实施方案》《长垣县农村土地承包经营权流转工作规划》《长垣县农村集体土地交易流转管理暂行办法》等一系列指导性文件，开展"金农合作共赢"和特色农业发展互助资金试点，强力推进农业经济向规模化、标准化、品牌化、特色化、产业化方向发展。一是选准特色扩大规模。全县形成12个高效农业区域板块（3个优质粮食作物生产板块、4个现代畜牧业板块、5个高效生态农业旅游板块）。二是提高标准发展品牌。绿色品牌产品实现了零的突破，成功创建了"宏力"牌葡萄、"长远"牌挂面和"喜顺"牌小麦粉3个名优品牌绿色有机产品。25个养殖场通过无公害畜产品产地认定。重点扶持一批涉农龙头企业做大做强，促进农业产业化发展，农民专业合作社增加到170家以上。三是着力提升三产业态。在提升传统服务业的同时，依托"中国厨师之乡"文化品牌和食博园等重点项目，大力发展特色休闲旅游业。目前，食博园运营良好，天然文岩渠综合休闲项目建设正在积极推进。通过大力调整和优化产业结构，实现了农业增效、工业图强和三产立新，进一步增强了县域经济的核心竞争力，有力支撑了城乡统筹发展。

（三）努力实现公共服务均等化

突出"三就两保"（就学、就医、就业和社会保障、住房保障），推进城乡公共服务均衡协调发展。一是整合教育卫生资源，保障就学就医。农村中小学校全部达到"普九"标准，全县各乡镇均建设了青年教师公寓。改造乡级中心卫生院18所，建成标准化村级卫生室213所，农村新型合作医疗参合率达99.8%。二是实施创业就业工程，增加居民收入。依托长垣烹饪职业技术学院、长垣县职业中等专业技术学校等41个职业教育平台，为产业发展培养充足的技术人才，促进了全民创业、社会就业。实现劳动力转移就业19.8万人次。"就业不出镇，务工不进城"成为农村劳动力转移就业的新趋势。三是探索完善保障体系，增强群众幸福感。在推进新型农村社区建设的过程中，居民在三年内免费享受新型农村合作医疗和定期健康检查；入住新型农村社区的居民，申请低保、参加社会养老保险可享受城市居民待遇，使全县人民共享改革发展成果，促进了社会和谐。

四、突出抓好"三农"工作

长垣县在革命老区发展中，在大力发展工业经济、加快城乡一体化进程的同时，始终抓牢"三农"不放松，努力做到执政为民重"三农"、以人为本谋"三农"、统筹城乡兴"三农"、改革开放促"三农"。特别是2004年以来，我们紧紧抓住贯彻落实"中央1号文件"的大好机遇，按照"多予、少取、放活"的方针，从发展新农业、壮大新产业、建设新村镇、培育新农民、组建新经济组织、创建好班子入手，统筹城乡经济、社会、环境协调发展，全面建设社会主义新农村，农民收入不断增加，生活质量逐步提高，全县农业和农村经济得到了长足发展。

（一）以项目建设为重点，发展现代农业

长垣县大力实施项目带动战略，在搞好工业项目建设的同时，注重农业项目建设。一方面，围绕改善农业基础条件引项目，先后实施了石头庄灌区节水续建配套项目、世行贷款农业综合开发项目、井渠双灌建设项目、优质小麦生产基地建设项目、林业治沙贴息贷款项目、退耕还林和防沙治沙项目、国家土地整理项目、亚行滩区安全建设工程项目等一大批基础设施建设项目，改善了农村生产条件，加快了农业结构调整步伐，促进了农业增产、农民增收。另一方面，围绕特色农业项目，先后实施了宏力万亩红提葡萄种植建设项目、豫牛沿黄绿色养殖带建设项目、滩区肉羊基地建设项目、金鑫20万头种猪场建设项目、豫牛饲草饲料粮建设项目、立达禽业种鸡场建设项目等一大批农业产业化建设项目，大力发展特色种植业、养殖业，积极推进农业产业化进程，培育壮大了宏力高科、飘安、长远、亿隆、金鑫、豫牛、大方、蒲丰等一批生产规模大、科技含量高、带动能力强、经济效益好的涉农龙头企业。革命老区赵堤镇凭借自身优势，组建了长垣县绿色精米加工厂，培植起一个绿色精米产业；革命老区佘家乡通过实施"回归工程"，招商融资建成卫材企业3家、汽车配件制造厂2家、防腐保温制品厂2家、农产品加工企业4家，有效安置了一批农村富余劳动力，实现了以工带农滚动发展，进一步增加了农民收入。

（二）以农民增收为目标，发展新产业

立足长垣特色和现有基础，大力实施"民营立县、特色兴县"战略，坚持走"县域经济特色化，特色经济产业化，产业经济规模化"的路子，进一步壮大了防腐、建筑、起重机械、医疗器械、厨师、绿色食品、花卉苗木七大优势产业。比如，特色农业板块形成了优质小麦、绿色水稻、大豆、花生、玉米、蔬菜、果品和生猪、蛋鸡等多个区域性主导产业，建立各类生产基地和高效园区8个。涉农龙头企业63家，其中国家级龙头企业1家，省级2家，年产值4.56亿元，带动农户53200户。优势产业的兴起，实现了农业经济向工业经济、农村向城镇、农民向工人的三个过渡。

（三）以村镇规划为龙头，建设新村镇

长垣围绕"布局合理、设施配套、环境整洁、村貌美化"的目标，积极推进新村镇建设，力求反映地方特色、体现文化内涵、保护生态环境。严格按照规划搞建设，做到规划一步到位，建设分步实施。以县城为中心，辐射带动建制镇发展，形成以城带乡、以工促农、城乡一体的发展格局。城乡道路网络日臻完善，我们积极实施公路建设项目，以公路建设转变群众观念，以公路建设推动对外开放，以公路建设促进经济发展。先后完成了总投资8000万元，按农三级及以上标准修建7条131公里，解决革命老区35个村4.5万群众行路难问题的县乡公路建设。在滩区修建了恼芦路、芦马路2条串滩公路，在老区修建设了陈赵路，在背河洼地区修建了小苇路、孟方路，大大改善了这些地区的交通条件，激活了发展的新动力。截至目前，全县农村公路晴雨通车总里程达到了1345公里，实现了县乡通、乡乡通、村村通柏油路。建设中特别注意保护耕地，注重基础设施配套，加强"空心村"改造，深入开展了"卫生村镇""文明村镇""生态村镇"建设，倡导健康、文明、科学的生活方式，村容村貌焕然一新。2004年2月，长垣县被省爱卫会授予省级卫生县城荣誉称号，成为新乡市唯一的省级卫生县城。

（四）以提高农民素质为载体，培育新农民

长垣地处黄河"豆腐腰"区段，历史上自然灾害频繁，受自然、地理和人文等因素的影响，外出做买卖、耍手艺成为大部分长垣人维持生计的一条门路。这一时期，为打造劳务输出品牌，县委、县政府大力实施了"农民知识化"工程，全县70%以上的适龄农民成为具有较高科学文化素质和较强就业能力的新型农民或产业工人。防腐业施工范围遍布全国32多个省市自治区，并走出国门，打入德国、卡塔尔、伊拉克、苏丹等10多个国家和地区。长垣被中国工业防腐蚀技术协会命名为"中国防腐之都"。

（五）以农业产业化为基础，组建新经济组织

长垣围绕七大优势产业，积极鼓励农民兴办各类专业合作经济组织，扶持和发展产业协会等新经济组织，最大限度地把农民组织起来，提升农民的组织化程度，促进了新技术、新品种的推广。这一时期，全县共有各类农业合作经济组织103家。涉及信息服务、技术服务、仓储运输、劳动力介绍等方面，农民经济人达4万余人。建立多元化投入机制，引导"三资"以工哺农。树立和强化农业项目运作理念，积极创优投资环境，开放农业投入模式，重点围绕农产品深加工项目、名优特农产品开发项目等开

展招商引资，用好的项目吸引投资者，使得工商资本、民间资本和外资纷纷进军农业生产领域，一批农业龙头企业应运而生，覆盖产、加、销各个环节。从投资行业看，种植业、养殖业、园艺业是投资的重点。

（六）以加强农村基层组织建设为抓手，创建好班子

把加强农村基层党组织建设、创建好班子作为农村各项工作的龙头，通过强化农村基层党组织的战斗堡垒作用，提高农村干部的素质和能力，为加快新农村建设提供了强有力的组织保障。深入开展"三级联创"活动，提升了创建标准，丰富了创建内涵。结合村级组织换届选举，认真抓好了农村"双强"工程建设，大力培养选拔带头致富能力强、带领群众致富能力强的"双强"队伍，为农村基层组织注入了新鲜血液。进一步搞好非公有制企业党建工作，指导他们建立党支部，扩大党组织的覆盖面。加强流动党员管理，全面掌握了外出务工党员的数量、结构、分布和从事工作等情况。先进性教育活动开始以来，县委在全县开展了"十百千"干部下基层驻农村活动，指导发展经济，协调化解矛盾，维护农村稳定，实实在在为群众办实事、办好事。同时，各村都建立健全了民主理财、民主管理、民主选举、村民议政、村民代表大会等制度，拓宽了农民参政议政渠道，激发了农民的参政议政意识，提高了参政议政水平。

五、优化发展环境

这一时期，长垣县为加快革命老区经济的快速发展，不断探索创新工作方法，采取得力措施，促进革命老区经济持续健康稳定发展。一是转变职能，提高服务水平。深化干部人事制度改革，造就一支高素质的干部队伍，使各级领导干部将精力放在谋发展、干实事上来。加快行政审批制度改革，成立了行政审批中心，抽调相关职能部门集中办公，实行政务公开，简化手续，提高行政效率。坚持依法行政，制止"三乱"，提高行政执法的透明度，出台了长垣县制止"三乱"、营造良好发展环境的有关决定。坚持以正面教育为主，处罚为辅，对严重影响、

破坏发展环境的人员进行严肃处理，有效地改善了企业的发展环境。2010年10月21日，中共长垣县委发出《关于加强干部队伍作风建设的意见》。2010年11月29日，中共长垣县委发出《关于印发<长垣县深化干部选拔任用制度改革实施办法（试行）>的通知》。12月6日，中共长垣县委、长垣县人民政府发出《关于印发<长垣县中长期人才发展规划纲要（2011—2020年）>的通知》。二是健全激励约束机制，助推县域经济发展。项目引资双带动战略是我县发展县域经济的主战略之一，县委、县政府专门出台了《长垣县招商引资奖惩办法》，制定了项目引进激励机制，对项目引进成效显著单位进行重点奖励，对工作不力的单位党政主要领导、分管领导给予降级降职处分，营造出大上项目、上大项目的良好氛围。三是强化领导机制，严格督导考评。成立了县域经济发展领导小组，定期召开党政联席会议研究解决县域经济发展中遇到的难点问题。根据国家和省市的指导要求，建立了相对完善的县域经济发展责任考评体系，对涉及经济发展的重大工作事项，纳入政府工作管理目标定期考评。这些不断创新的工作方法，解决了县域经济发展中的实际问题，稳定了社会安全，促进了县域经济的又好又快发展。

六、社会和谐度逐步提高

这一时期精神文明建设得到加强。大力加强社会公德、职业道德、家庭美德教育，深入开展"十大孝亲敬老模范"评选、"十大杰出青年"评选等活动，营造了良好的社会环境。扎实推进精神文明创建工作，县委、县政府分别对省、市、县文明村给予资金奖励，大大激发了创建热情。在全县商贸企业倡导"诚实光荣、失信可耻"，社会大局保持稳定。全面落实综治措施，深入开展"平安长垣"创建活动，先后组织开展"命案攻坚"、"打黑除恶"、打击"两抢一盗"、治理混乱村等专项斗争，社会治安形势明显好转。深入开展"争创四无""百日整治""三走进一解决"活动，继续实行领导包案、信访七联单、县领导天天挂牌接待上访群众和轮流下乡接待群众等工作制度，开通了书记热线，进一步畅通信访渠道。

民主法制进一步完善。进一步改革和完善决策机制，加强工作协调，重大决策充分征求社会各界的意见。加强对人大、政府、政协工作的领导与协调，注重班子成员之间的沟通和联系，制定和完善了县四大班子领导联系乡镇、分包项目责任制等工作制度，充分发挥领导班子成员的整体作用，做到了重大决策统一协商、中心工作统一安排、工作推进统一步调，形成了四大班子团结协作、默契配合、共谋发展的生动局面。同时，发展统一战线，发挥工青妇等群团组织作用，团结各方力量，充分发挥了联系群众的桥梁和纽带作用。深入开展"五五"普法宣传教育，提高了全民法制观念、法制意识和法律素质。加强水环境综合治理和企业污染防治，严格环评审批，全县环境质量进一步改善。深入开展拥军优属活动，军民关系得到了进一步巩固和发展。不断提高技术创新能力，被确定为全省知识产权优势培育区域。高度重视安全生产工作，全县没有发生重特大安全事故。但是，基础教育还是长垣的薄弱环节，尤其是滩区、老区、背河地区的师资力量还需要进一步加强。

七、加强党的建设

（一）加强基层组织建设

深化"三级联创"活动，在全市率先实行乡镇（街道）党（工）委书记基层党建工作定期述职制度。扎实推进"五好五提高五推进"活动，继续抓好"十百千"干部下基层驻农村工作，全面完成基层党组织活动场所建设工作，全县599个行政村、120个民营企业党组织都有了固定规范的活动场所。自2005年2月开始，用一年半的时间，在全县共产党员中开展了以实践"三个代表"重要思想为重要内容的保持共产党员先进性教育活动。推动了全县农村经济的大发展；提高了农民的收入水平；基层干部素质有了明显的提高；减轻农民负担工作有了新的成效。精神文明和民主法制建设有了新的加强；基层组织建设和党风廉政建设水平有了新的提高。

突出做好了非公有制经济组织党建、社区党建和流动党员管理，规模以上民营企业党组织覆盖面达到100%，有效扩大了党的工作覆盖面。

（二）加强领导班子建设

2004年5月12日，中共长垣县委印发《关于对全县乡局级领导班子和领导干部实施动态管理的意见》。意见明确了动态管理干部的指导思想、管理对象、方式方法等。对乡局级领导班子实施动态管理的主要内容是整体效能、工作实绩、团结状况、班子形象四项；对乡局级领导干部实施动态管理的主要内容是开拓创新意识、落实决策效率、组织领导能力、勤政为民、团结配合、廉洁自律、理论文化素养七个方面。坚持县委理论中心组学习制度，进一步提高了领导干部治县理政、驾驭市场的能力。坚持民主集中制原则，完善集体领导下的个人分工负责制，做到慎决策、快执行。圆满完成了县政府、人大、政协和乡人大、政府领导班子换届工作，增加了干部8小时以外的考察内容，树立了正确的用人导向。加强干部培训工作，举办十七大精神和公共管理核心内容轮训班，选派青年干部到经济发达的上海、广东等地区谋职锻炼，有效提升了干部的执政能力。

（三）加强干部队伍建设

深入开展"作风建设年"活动，强力实施"抓干部作风，抓干部素质，抓干部理念，大兴学习之风，大兴调查研究之风，大兴落实之风"的"三抓三兴"工作举措，重点开展好了四项活动。深入开展"调查研究月"活动，县级领导深入乡镇、企业、村街，听民声，察民情，聚民智，办民事，深入探究了影响发展的问题及对策，形成了33篇有分量、有见地、有价值的调研报告。在全县开展了"读好书、记笔记、谈心得"活动，并组织乡镇和县直单位的所有班子成员包括县领导，抽签进行演讲，谈读后感，谈学习体会，把广大干部的注意力转移到勤学习、强素质、办实事、搞服务上来，提升执政能力和水平。认真开展主题教育活动，开展"讲正气、树三观"和"一学三做"大讨论活动，改进了干部作风，提升了执政水平，密切了党群干群关系，推动了各项工作的顺利开展。

（四）加强党风廉政建设

坚持和完善反腐败领导体制和工作机制，采取有效措施，狠抓党风廉政建设责任制的落实，有力地推动了反腐倡廉工作的深入开展。抓教育，做到防微杜渐、警钟长鸣。坚持运用正反两方面的典型，教育引导广大领导干部树立正确的世界观、人生观和价值观。安排豫北监狱3名在押职务犯罪服刑人员为全县科级领导干部作警示报告，并组织科级干部到豫北监狱等地方进行参观，使全县党员干部的精神得到了洗礼、思想受到了震撼。开展"党纪条规宣传月"、《行政机关公务员处分条例》、党风廉政建设知识竞赛等活动，筑牢了全县党员干部惩贪扬廉的思想防线。抓制度，做到健全机制、注重长效。制定下发了《县委、县政府班子成员2007年度党风廉政建设岗位职责》，并对《县委常委、副县长公开廉政承诺》《领导干部廉洁从政二十三条规定》等进行了补充修订。深入推进商业贿赂专项治理，狠抓重点岗位、重点工作、重点环节的整治，做到纠风治乱、依法行政。面向社会公开办事程序、时限、条件等内容，广泛听取社会各界的意见、建议，自觉接受监督。

第五节　新时代革命老区发展的新探索

一、党的十八大以来经济社会发展成就

十八大以来，长垣县始终坚持发展为要、量质并举，综合实力显著增强，实现了由曾经的"差等生"到"示范生"的蝶变。地区生产总值连续突破300亿元大关、400亿元大关、500亿元大关，2021年地区生产总值达到529.59亿元，是2015年的1.78倍，从全省第26位升至第10位。一般公共预算收入达到40.72亿元，是2015年的2.65倍，从全省第19位升到第6位。综合实力跃居新乡市首位，连续三年在全省经济社会高质量发展考评中排

名县（市）前三位，在省市发展大局中的地位和作用更加凸显。我们办成了一些多年想办而未办成的大事要事。2019年，成功实现撤县设市，长垣迈入了新的发展阶段。

（一）始终坚持统筹协调、均衡发展，城乡面貌变化巨大

历时十四年菏宝高速长垣段和东明黄河大桥全线通车，打通了长垣出海的交通大动脉；327国道长垣段、中环路、天然文岩渠右堤道路、沿黄大道等17条城乡干道通车，建成了市域30分钟通勤圈。"中国医疗耗材之都"成为"产业之城"的又一名片；获得首批全国乡村治理体系建设试点、全国农村创新创业典型县、国家农产品质量安全县、全国主要农作物生产全程机械化示范县等荣誉。蒲西产业新城、蒲东新城、职教园区等重点片区初具规模，医疗器械产业新城等三大专项顺利实施，成为经济高质量发展的新地标。这一时期民营经济的"主力军"地位更加凸显，税收贡献从79%增至91%，地区生产总值贡献从80%增至83%，城镇就业贡献从87%增至93%，企业数量贡献从78%增至92%，技术创新成果贡献始终保持100%，树立了全省"南长葛、北长垣"民营经济发展典范。"三善之地、君子之乡"成为对外开放的厚重文化名片；蝉联全国文明城市、国家园林县城，创成国家节水型城市、省级森林城市，展现了城市新形象；成功创建国家园林县城、全国县级文明城市。方里、佘家实现撤乡建镇，魏庄镇改设街道办事处，恼里镇、丁栾镇分别被确定为国家重点镇、河南省首批重点示范镇。

（二）始终坚持深化改革、扩大开放，发展活力加速释放

在深化改革开放中先行先试、系统破题，发展活力再添新动能。累计承接国家级、省级改革试点任务59项，"放管服"、农村五项改革等重点领域改革持续深化，农村土地制度改革试点经验为新《土地管理法》修订提供了长垣实践，政府机构改革顺利完成，教育、医疗、乡镇综合行政执法体制等多项改革走在全省乃至全国前列。农村土地承包经

营权、农村集体建设用地使用权、农村宅基地等确权登记发证工作有序实施，农村集体经营性建设用地入市、农村土地承包经营权抵押贷款等农村综合改革扎实推进，农村产权交易中心组建运行。投融资、商事制度、国有集体企业改制、教育、文化等专项改革均取得积极进展。招商引资、项目建设成效明显。连续举办国际起重装备博览交易会、国际医疗器械博览会等大型会展活动，对外交流合作进一步扩大。创新金融服务、人才引进、用地保障等促进企业发展的一系列政策举措，民营企业总数达到22665家，销售收入超亿元企业达到175家，纳税超千万元企业达到89家。

（三）始终坚持生态优先、绿色发展，环境质量有效提升

坚决打赢蓝天、碧水、净土保卫战，全面完成污染防治攻坚战三年行动计划目标任务，生态环境质量明显改善。沿黄生态廊道加快建设，天然文岩渠引黄调蓄工程、九龙湿地公园等一批生态项目建成投用，成功创建国家级黄河水利风景区。围城绿色廊道实现闭合，"山水林田湖草沙"生命共同体更趋优化。大力实施"蓝天、碧水、乡村清洁"工程，严格落实"六控"措施，重点整治"污染围城"和"小散乱差"企业，空气环境质量明显改善。持续推进防汛除涝及水生态文明城市建设工程，多年来"清水绕城"的美好愿景正逐步成为现实。加强农村环境卫生综合整治，实行村收集、乡转运、县处理的农村垃圾集中收集处理机制，实现城乡垃圾无害化处理全覆盖。

（四）始终坚持发展为民、共建共享，民计民生持续改善

高标准实施处于黄河滩区的革命老区居民迁建工程，9181户31286名滩区群众出深滩、进县城。居民人均可支配收入提前一年实现比2010年翻一番的目标。"全面改薄"提前完成，普通高考一本上线人数年年攀升，职业教育开启园区化发展新阶段，成功创建国家义务教育发展基本均衡县、国家级农村职业教育和成人教育示范县。县域医疗中心建成运营，城

乡医疗卫生服务体系实现提质升级。县人民医院综合门诊楼、县残疾人康复中心等一批重点医疗卫生服务项目投入使用，被确定为省级医养结合试点县。在全国率先免费实施无创产前基因检测等健康筛查服务。综合性社会福利中心、乡镇敬老院等一大批公共服务设施建成投用，95%特困人员和50%独居老人实现集中供养服务。全民就业创业势头良好，医疗、养老、工伤、失业等保险参保率逐年提升。县图书馆、体育场、游泳馆、烹饪文化博物馆开放运营，蝉联省级文化先进县。

（五）始终坚持依法行政、勤廉有为，自身建设不断加强

扎实开展党的群众路线教育实践活动、"三严三实"专题教育和"两学一做"学习教育，强化正风肃纪，大力整治懒政怠政为官不为等不良风气，行政效能和服务水平持续提升。坚持依法行政，完善政府工作规则，建立政府法律顾问等制度，加强行政监察和审计监督，权力运行更加规范。自觉接受人大及其常委会法律监督、工作监督和政协民主监督，民主法治建设迈出新步伐。

二、打好革命老区脱贫攻坚战

近几年来，长垣县委、县政府深入贯彻党的十九大和十九届历次全会精神，全面落实省委、省政府关于脱贫攻坚工作的决策部署，按照"四个切实""五个一批""六个精准"指导原则和"转、扶、搬、保、救"五措并举的工作要求，把脱贫攻坚作为第一政治任务和第一民生工程，以消除贫困，实现全县人民同步迈入小康社会为目标，以促进贫困人口增收致富为核心，因地制宜，精准施策，取得了阶段性成效。全县52个贫困村全部摘帽，11283户36037人建档立卡贫困户全部脱贫，长垣驻光山县脱贫攻坚帮扶工作队被评为全国脱贫攻坚先进集体。

（一）坚决落实主体责任

一是加强组织领导。成立了以县委书记为第一组长的脱贫攻坚领导小组。县委、县政府专门出台了《关于打赢脱贫攻坚战的实施意见》。各乡

镇成立了脱贫攻坚领导小组，建立了扶贫办，设立了扶贫专干，明确了各乡镇分管党建工作的副书记同时分管脱贫攻坚工作，并做到"七有"，即有脱贫攻坚领导小组、有办公室、有牌子、有电脑、有档案专柜、有经费保障、有脱贫攻坚方案。明确了各行政村党支部书记、村委会主任为本村脱贫攻坚第一责任人，并设一名副职为专干。在原一正两副五名工作人员的基础上，抽调14名后备干部和优秀年轻干部充实到扶贫办，充实壮大县扶贫办工作队伍。二是完善结对帮扶。实行县、乡、村三级干部及两代表一委员结对帮扶，共有1535名村干部和党员结对帮扶4958户13213人，实现了对398个面上村贫困户帮扶全覆盖。在联村帮户、结对帮扶的过程中，县直有关局委、驻村工作队和广大乡村干部，因户而宜、因人而宜，制定了1520条帮扶措施。其中发展种植业3192条，发展养殖业4962条，发展生产加工1834条，转移就业5132条。帮扶措施精准到户到人，实现了对贫困户全覆盖，为稳定脱贫夯实了基础。三是制定专项方案。在深入分析贫困户致贫原因、脱贫需求的基础上，根据省委、省政府"五个办法""五个方案""五个专项方案"精神，研究制定了《长垣县教育脱贫专项方案》《长垣县民政救助脱贫专项方案》《长垣县光伏扶贫专项方案》等12项针对性较强的专项脱贫方案，为脱贫工作更好地开展提供了政策保障。四是注重督导检查。研究制定《长垣县脱贫攻坚督导方案》，成立了分别由县领导任组长，县纪委、县委组织部、县督查局、县扶贫办人员为成员的四个督导组。对13个乡镇、13个县直单位、46个驻村工作队的脱贫攻坚工作，每月督导一次，点评一次，整改一次。

（二）开展精准识别

一是精准识别扶贫对象。在建档立卡"回头看"过程中，严格落实《河南省扶贫对象精准识别及管理办法》精神，以"坚持标准、综合考量、民主评议、群众认可"的原则，采取"一进、二看、三算、四比、五议、六定"的方法，按照"本人申请、村民评议、村'两委'确定、乡镇党委政府核实"的程序，实现了贫困人口对全县13个乡镇44个行政村的全覆盖。二是完善贫困户建档立卡和信息录入。按照"一户一档、一村一册"的要求，组织乡、村两级对全县贫困户和贫困人口开展了建档立卡工作。对建档立卡贫困户的信息进行了集中录入，实现了贫困户信息与省信息系统、国家扶贫办信息系统的对接对应与统一管理。每个贫困村、贫困户完善了建档立卡资料，明确了帮扶责任人、制订了帮扶计划并填写了《扶贫手册》《贫困户精准脱贫明白卡》。对脱贫攻坚档案资料和建档立卡数据库实行专人管理，并建立了扶贫对象动态管理机制，做到及时纳入、退出，实现了对建档立卡贫困对象的精细化动态管理。三是严格贫困人口退出程序。在贫困户的识别退出工作中，严格贯彻落实《河南省贫困退出实施办法》，对稳定达到脱贫标准的贫困户及时退出，新增贫困户或返贫贫困户及时纳入扶贫范围严格执行退出标准、规范退出工作流程，做到了程序公开、数据准确、档案完整、结果公正。贫困户的退出都经过"两公示一公告"，让群众参与评价，做到了全程透明，公开、公正。

（三）强化帮扶实效

一是加强技能培训助脱贫。民生服务中心根据区域特色和贫困劳动力的培训意愿，因地制宜开展"一村一品"特色培训。农林畜牧局对建档立卡贫困人员进行种植、养殖技术培训。商务工商局进行电商培训，在贫困村中建设村级电商服务站。深入开展"雨露计划"，使贫困人员通过审核申请"雨露计划"助学金。二是转移就业助脱贫。与企业合作开展订单式岗前培训，依托人力资源公司介绍务工等方式搭建就业平台，使贫困家庭有了稳定收入；各乡镇通过安排交通协管、保洁、保安等公益性岗位，安排符合岗位需求且外出就业困难的贫困劳动力就业。三是强化产业发展助脱贫。与华大基因、河南水投集团共建受控式高效循环水集装箱养殖项目，投资1100余万元，占股19%，带动612户1298人实现稳定脱贫；投入扶贫资金3608万元参与新行葡萄、三阳畜牧、顺鑫农业公司等合作社的15个种植、养殖到户增收项目，带动902户3471人稳定脱贫。四是光伏发电助脱贫。以乡镇为单位集中安装光伏发电设备，将发电收益用于扶持贫困户的同时，对自愿参与光伏发电的一般贫困户提供小额贷款，贴息5年。五是小额贴息贷款助脱贫。六是加强社会保障助脱贫。县教体局为建档立卡贫困家庭大学生办理信用助学贷款，免除了建档立卡贫困家庭公办普通高中学生的学费、住宿费；县民政局将建档立卡贫困人员纳入了低保保障、五保保障。对建档立卡贫困人员实施医疗救助，发放医疗救助金；卫计委为贫困人员发放医疗救助证，为420个行政村配备了健康一体机，为贫困户慢性病患者发放新农合慢性病就诊证。政府每年出资1000多万元携手华大基因对全县贫困家庭实施5项免费"基因检测健康筛查服务项目"，做到早发现、早治疗，从根源上阻断了因病致贫、因病返贫。七是加强基础设施建设助脱贫。投入扶贫资金为贫困村打机井、改善贫困村的道路等生产生活条件；县交通运输局完成贫困村外联县乡道路建设任务。

（四）严格使用资金

一是合理使用资金。长垣县每年安排扶贫资金。同时，整合行业扶贫资金。项目主要有到户增收项目、贫困村打井、整村推进、省派第一书记专项扶贫资金、光伏发电扶贫项目、雨露计划、小额信贷贴息、集装箱高效水产养殖扶贫项目、少数民族发展资金等。二是规范扶贫资金使用程序。制定了扶贫项目信息公开和公告公示制度。扶贫专项资金分配和使用情况都按制度要求进行了项目信息公开和公告公示制。所有扶贫项目均通过"长垣县公共资源交易中心网"和乡村政务公开栏进行公示。经招投标实施的项目在长垣县公共资源交易中心进行公告，同时在"中国采购与招标网""河南招标采购综合网""河南省政府采购网""河南省公共资源交易公共服务平台"网站上发布。三是加强扶贫资金监管。为规范扶贫资金的使用和管理，制定了《长垣县扶贫资金管理办法》，从适用范围、预算管理、资金下达、资金拨付、项目管理、审计监督、绩效评价、责任追究等方面进行详细的规定和说明，加强和规范扶贫资金管理，提高了资金使用效益，加大了精准扶贫力度，加快了脱贫进程。县审计局、财政局等相关单位每半年开展一次扶贫项目资金检查，检查资金占当年扶贫资金的100%。县委巡查办对县扶贫办进行了专项巡查，没有发现扶贫资金使用违规违纪问题。

三、革命老区现代农业发展

长垣革命老区乡镇大部分属黄河冲积平原的一部分，全境土层深厚，土质肥沃，水资源丰沛，具有良好的现代农业生产条件。近年来，县委、县政府为加快革命老区发展，紧紧围绕"促农增效、带民增收"两个主题，积极培育龙头企业、农民专业合作组织、家庭农场、种植大户等新型农业经营主体，大力发展品牌农业、生态农业，全县农业产业化发展保持了良好态势，革命老区农业农村工作有了较大发展。

（一）粮食产量稳中有增

适宜的气候条件、肥沃的土地资源为长垣进行农业生产提供了得天独厚的条件。长年累月的黄河泥沙淤积，不仅有效增加了耕地面积，而且为长垣带来了农业生产所需的各种有机肥料。作为国家重要的粮食生产基地，长垣一直把粮食生产摆在重要的位置，紧紧围绕河南省粮食生产核心区战略，大力开展了高产创建、示范方建设、良种繁育、测土配方施肥等活动，促进了粮食稳产高产。近年来，长垣先后荣获国家粮食生产基地县、国家绿色农业示范区和全国绿色食品原料(小麦)标准化生产基地、全国粮食生产先进县、全国平安农机示范县、河南省林业生态县等荣誉称号。

（二）畜牧业快速发展

畜牧业是现代农业的重要组成部分，随着人们收入水平和生活水平的提高，消费结构也不断升级，对肉禽蛋奶等产品的消费快速增长，长垣县积极应对这一市场需求的变化，畜牧业在长垣得到快速发展，正日渐成为老区农民增收的重要渠道。近年来，通过狠抓良种引进与繁育，长垣基本形成了县、乡、村三级覆盖的畜禽改良网络，为全县畜牧业科学快速发展提供了有力支撑。通过提供优惠政策和资金扶持，长垣先后建成了河南予诺农业科技有限公司、长垣县三合肉牛养殖场、河南牧源春农业有限公司等一批规模化、现代化的肉牛企业，已建成标准化肉牛小区78个。

（三）林业生态建设不断改善

长垣是典型的黄河冲积平原，林业生态建设是治理水土流失、改善生态环境以及进行农业生产的重要保障。长垣对林业生态建设尤为重视，过去几年里，先后实施了退耕还林补植补造及后续产业培育等国家林业重点工程和"百万千"农田防护林、生态廊道网络、防沙治沙、社区绿化美化、高速廊道绿化提升、森林抚育等省级林业重点生态工程。全县18个乡（镇、街道办事处）全部达到平原绿化高级标准全县农田林网控制率达95%以上，全部达到平原绿化高级标准，形成了较完备的农田防护林体系，有效遏制了干热风等自然灾害，全县沙化土地面积逐年减少，生物多样性得到有效保护。

（四）农业现代化体系加快构建

长垣通过积极推动种植业、畜牧业、渔业和林业产业结构优化调整，大力发展农产品精深加工业、休闲农业和生态农业，初步形成了以绿色果蔬、苗木花卉、食用菌、肉牛养殖、良种繁育五大农业产业集群为主的现代农业产业体系。持续加大农业基础设施投入力度，大力推进规模化经营、集约化管理。水产养殖异军突起，河南水投华锐水产受控式循环水集装箱石斑鱼、罗非鱼养殖，顺鑫农业南美白对虾工厂化养殖及鲈鱼流水槽养殖，赵堤螃蟹养殖等均在省内外处于领先地位。此外，以市场为导向，积极发展多种形式规模经营，培育壮大各种新型农业经营主体，截至目前，全县拥有涉农龙头企业100多家，省级以上农业产业化重点龙头企业9家，蒲田食用菌等5家专业合作社被评为全国示范社。农产品质量安全持续加强。以农产品质量安全监测体系建设为总抓手，积极开展标准化创建、农产品质量安全监测中心建设等工作，全县农产品质量得到显著提升，为保证人民舌尖上的安全做出了重要贡献。

四、革命老区乡村振兴的实践探索

近几年，长垣县革命老区深入实施乡村振兴战略，革命老区乡镇实施了"村庄净化""住房安全""设施提升""美化村庄"四大工程，积极推进示范镇区建设和农村人居环境改善，不断提升农民生产生活环境。

（一）加快城乡建设步伐

这一时期，长垣县坚持以人的城镇化为核心，有序推动农业转移人口就地城镇化，人口城镇化率年均增长2个百分点，被确定为第二批国家新型城镇化综合试点。乡村设施逐步完备，养老服务中心、垃圾集中处理等12项城乡基础设施和公共服务设施实现全覆盖，新建改建农村公路605公里，农村自来水普及率达到100%，天然气用户达到69800户，镇容村貌焕然一新，美丽乡村景象喜人。高标准实施乡村振兴"11115"示范创建工程和"369"财政奖励计划，参与乡村振兴示范创建的村达到446个。被评为全国农村人居环境整治成效明显激励县、全省农村生活垃圾分类和资源化利用示范县。赵堤镇获评河南省首批美丽小镇，丁栾镇官路西村等19个村庄被评为新乡市乡村振兴示范村。以农村综合改革助推乡村振兴，农村宅基地和村民自建住房管理工作经验在全省推广。

（二）着力推进示范镇区和示范村建设

长垣县将赵堤、常村、樊相等革命老区镇区作为全县的示范镇区，对镇区整体风格风貌进行了重新规划设计，重点加强道路建设、临街墙体美化、街道和出入镇区部位绿化、游园广场等方面的建设力度。同时，长垣县着力推进美丽乡村示范村建设，美丽乡村示范村在设计和建设上突出人文特色和乡土风格，先后实施了环境绿化、坑塘整治、广场(游园)建设、墙体立面整治等，累计硬化街巷、绿化街巷、整治美化墙体、新建农村健身广场和小游园，很多乡村成为集养殖、种植、群众休闲观光于一体的场所。按照"通"

"净""绿""亮""文"的五字方针，长垣县打造了一批各具特色的改善革命老区农村人居环境示范村、达标村，如赵堤镇的后小渠、瓦屋寨、大浪口等，这些村庄道路硬化畅通、环境整洁、绿树成荫、街道亮化、村风文化建设氛围浓厚，得到了广大群众的一致好评。长垣县在实施全域城镇化农村基础设施提升工程中，先期对86个行政村按照城区标准进行再提升，透水面包砖人行道的铺设、高标准粉饰的墙体、形式多样的文化墙建设，促使这些村庄面貌发生了根本性变化。

（三）着力推进农村垃圾无害化处理全覆盖

一是建设覆盖全县农村的垃圾清扫收集运输处理体系。针对过去农村垃圾就地填埋容易造成二次污染的问题，长垣县按照"五有"（户有垃圾桶，巷有垃圾箱，村有保洁车，乡有运输车、中转站）标准，对各乡镇环卫车辆配置，保洁设施的数量、布局、规模等统筹规划和建设，做到"方便投放、集中收集、密闭运输、统一处理"。在所有革命老区乡镇建设了高标准的农村垃圾中转站，建成后移交乡镇使用。在管理上，结合中转站自动记录设备每月记录的垃圾进站量、出站量，按照核定标准对乡镇予以补贴。二是探索农村垃圾分类减量的路子。按照"无害化、资源化、减量化"要求，采取政策引导、利益激励等措施，探索并建立"农户初步分类，村组街分拣收集，乡镇压缩运输，县城集中处理"的模式，最大限度实现生活垃圾分类减量化。三是建立健全垃圾无害化处理长效机制。在对垃圾无害化处理场进行扩容的同时，强化运行管理，实现处理场全天候运转、垃圾中转站12小时运转和保洁员8小时工作制，确保农村垃圾及时进站，中转站垃圾满箱即运的目标，提升垃圾无害化处理场运行质量。同时，针对垃圾处理场库容或将满容的可能，积极谋划、启动建设垃圾发电场项目，将垃圾发电项目作为今后消解垃圾的重要途径。

（四）着力推进农村市场化保洁全覆盖

长垣县以提高垃圾处理场运行质量和完善乡镇垃圾中转站运转机制

为依托，以"村收集、乡运输、县处理"垃圾清运模式和农村长效保洁机制为支撑，着力推进农村垃圾集中处理全覆盖，促进了农村环境的净化。长垣县积极引导革命老区乡镇，通过向社会公开购买农村保洁服务的方式，实现大面积农村环卫保洁市场化，让农村保洁工作更加到位。目前，丁栾、方里、赵堤、余家、樊相、满村、张三寨、苗寨等老区乡镇均由专业保洁承包农村保洁，每天定时对农村的垃圾进行处理和转运。在保洁经费上，实行三级分担制，县财政补贴、乡镇筹集、群众自筹相结合，对实行市场化保洁的乡镇（街道），县政府提高了改善农村人居环境奖补，同时根据各乡镇垃圾中转站垃圾运输量，提高垃圾运输补贴，县财政分担比例基本达到50%；乡镇自筹40%，各村收取卫生保洁费占10%。此外，引入市场竞争，完善农村长效保洁机制。在明确乡村环卫设施配备标准、保洁员配备标准和农村保洁标准的前提下，指导各乡镇以协议、合同承包的方式确立环卫作业市场经济关系，通过公开招投标的方式，择优选出独立、专业的环卫保洁公司承担具体作业实施并接受县、乡考评，促使保洁公司强化内部考核和管理，不断提高作业水平，提高资金使用效能。全县革命老区行政村基本达到了无垃圾堆放、无污水横流、无杂物当道、日常生产生活物品堆放规范的"三无一规范"标准。逐步实现了农村保洁由粗放到精细的提升，基础设施由量到质的提升，景观由乱到美的提升，打造出一批风景如画、内涵丰富、村民宜居的美丽乡村，农村居民生产生活环境明显优化。同时，长垣县加强农村环境卫生整治力度，扩大农村环境卫生整治范围，将村道、村内企业、住户建筑工地、家畜家禽圈养、村内明沟、坑塘、排水沟渠、路边、田间和村内乱涂乱画、乱拉乱挂、乱搭乱建、乱停乱放、店外经营、马路市场纳入整治范围，取缔店外经营、马路市场，治理不规范广告匾牌，整治村内外坑塘，老区乡镇成立了城管工作站负责集贸市场的管理。

（五）稳妥推进农村集体经营性建设用地入市试点工作

关于农村集体经营性建设用地入市试点工作，该项工作目前已取得阶段性成果，省委主要领导多次听取专项汇报，作出批示和安排，国土资源部、省国土资源厅领导也多次亲临长垣县调研指导，在稳步推进该项工作的基础上，国土资源部又新增加长垣县土地征收制度改革试点任务，与农村集体经营性建设用地入市改革试点统筹推进，制定了《农村集体经营性建设用地入市和土地征收制度改革试点工作实施方案》并已上报国土资源部备案，初步形成了长垣县改革工作的特色和亮点以及可借鉴、可复制、可推广的经验和做法。

五、革命老区社会事业和民生建设

这一时期，长垣县委、县政府坚持把保障和改善民生作为所有工作的出发点和落脚点，切实践行党的十八大报告中提出的"多谋民生之利，多解民生之忧，解决好人民最关心最直接最现实的利益问题，努力让人民过上更好生活"，在增进百姓福祉中倾力而为、久久为功，全力打造幸福民生工程，全县民生建设工作成绩优异，在改善和提高人民生活水平上取得了卓越成效，连年被评为省重点民生实事工作先进单位。

（一）覆盖城乡的公共服务、社会事业取得新进展

长垣县推进公共服务均等化，各项民生支出逐年增长。协调发展社会事业。实施农村中小学校舍维修改造项目。成立职教集团、幼教集团，推进职业教育和幼教事业规范发展。设立乡村教师生活补贴，建设乡镇教师公寓，鼓励教师扎根农村。健全城乡公共文化服务体系，中国烹饪文化博物馆、医学博物馆、图书馆、文化馆等建成开放，长垣县被命名为"河南省文化先进县"，实现农家书屋全覆盖。社会保障体系日趋健全。扩大新农合、养老、医疗等社会保险覆盖面。建成保障性住房9803套，危房改造工作获全省一等奖。农村饮用水安全问题全部解决。所有乡镇（街道）均建成了标准化敬老院。全面加强城乡社会治理。在全省率先实现社会治安技

防体系县域全覆盖，建成集民生服务、治安综治、城市综合执法等功能于一体的大"10"综合服务平台。实行网格化治理模式，建立服务管理长效机制，为群众创造安定有序的生产生活环境，群众的安全感、满意度均居省直管县第一和全省前列，被评为"河南省信访工作先进县""河南省安全生产工作先进县""河南省平安建设工作先进县""河南省卫生应急综合示范县"。

（二）教育事业实现快速发展

长垣始终坚持教育优先发展战略，秉持育人为本、改革创新、促进公平、完善制度、提高质量、推进均衡的发展理念，推动各级各类教育协调高质发展。教育经费投入持续增长，各级各类教育发展实现新突破。首先，大力推进学前教育建设。实施"学前教育三年行动计划"以来，长垣县多方筹集资金支持学前教育发展，"广覆盖、保基本"的学前教育公共服务体系已经形成，"入园难、入园贵"问题得到根本缓解。其次，实施"全面改薄""城镇扩容"中小学标准化建设项目，义务教育均衡发展持续推进，素质教育改革成效初显。开展"养成教育示范性学校"创建活动，推进养成教育和素质教育。最后，各级各类中等教育全面发展。全县普通高中教育教学质量持续提升，实施特殊教育提升工程，特殊教育学校办学水平和教育质量不断提高。民办教育发展迅速，成为全县教育亮点，县教体局获得省民办教育管理先进单位称号。教师队伍建设水平不断提高。建立教师队伍补充机制，不断加强师德师风建设和教师培养培训工作，教师队伍整体素质明显提高。率先建立农村教师补贴制度，不断提高乡村教师待遇。学生资助体系逐步建立健全。建立了从学前教育到高等教育全覆盖的学生资助体系。研究制定《长垣县教育脱贫专项方案》，认真落实教育扶贫和资助政策，做到应助尽助，确保了全县无一名学生因贫困而失学。

（三）就业创业形势稳中有升

近年来，长垣县围绕更高质量就业目标，着力优化就业创业体制机制成立就业创业工作领导小组，建立县、乡、村三级就业和社会保障服务平台。在县就业和社会保障服务中心平台的基础上，建立和完善革命老区乡（镇）就业和社会保障服务所、村级就业和社会保障服务站功能，实现县、乡、村"三级"联动，为返乡就业创业劳动者提供项目信息、开业指导、创业担保、政策咨询等服务，有效地促进了就业创业政策的落实，就业形势稳中有升。通过创业，发展壮大了特色装备制造、卫生材料及医疗器械两大主导产业，培育形成了汽车及零部件、防腐蚀及建筑新材料、生物医药、新能源等新兴产业，长垣县还成为全国最大的起重装备生产基地和重要的卫生材料生产基地。

（四）医疗卫生改革不断深化

近年来，长垣县依托县医管中心，从2012年12月起实施县级公立医院全部药品(中药饮片除外)零差率销售，医药费用大幅降低，从根本上缓解了群众看病难、看病贵等问题。积极探索新模式，推进管办分离、政事分开的改革举措，全面深化县级公立医院改革。2012年8月，长垣县被国家确定为"县级公立医院综合改革试点县"，将县级五家公立医院全部纳入改革范围，统一进行综合改革，并且围绕政事分开、管办分离、资源整合、提高"集团化"管理水平等，进一步深化和完善了优化资源配置、建立现代管理制度等多方面的改革。2012年底长垣县全部完成县级公立医院阶段性改革，2013年、2014年进行了全面深化，进一步明确了医管中心的主要职能，建立"全员聘用、岗位管理"的科学用人机制，实行分类、按需设岗，并详细建立岗位职责和工作标准，落实竞聘上岗、签订岗位合同、分流安置人员等有力措施，人事制度改革走在了全省前列。长垣县被评为"河南省医药卫生体制改革先进县"，县公立医院人事分配制度改革经验被国家卫计委向全国推广。此外，长垣县还积极推动社会资本办医，积极鼓励、支持民营资本发展医疗卫生事业，制定"公""私"医院同级检查结果互认制度等措施，吸引民营资本进入医疗领域，为当地的民营医院营造了良好的发展环境。长垣县在全国率先实施民生托底保障制度、整县实施无创产前基因检测；城乡居民大病保险全面推开，新农合参合率达100%，被确定为全省社会保障卡发行试点县。

（五）社会保障覆盖面不断扩大

长垣县以社会保险、社会救助、社会福利为基础，以基本养老、基本医疗、最低生活保障制度为重点，努力构建城乡一体化的社会保体系。一是不断扩大社会保障覆盖面。建立健全社会保障制度和管理体系，扩大社会保障覆盖范围，逐步提高保障标准。重点完善被征地农民利益保障机制。全面实行了民生托底保障制度，大病返贫、特困及无脱贫致富能力人员得到及时救助。严格落实城乡低保政策，扩大新农合、养老、医疗等社会保险覆盖面，被确定为全国重特大疾病医疗救助试点县、全省社会保障卡发行试点县。社会养老保险参保率达99%，新农合参合率达100%。二是不断完善城乡社会救助体系。建立以基本生活保障为基础，专项救助相配套，应急救助、法律援助、社会互助为补充的社会救助体系。完善城乡最低生活保障制度；建立健全城乡医疗救助、助学、住房等救济制度；健全救灾工作应急机制，建立多种形式的社会救助机制。三是持续完善社会福利体系。加大社会福利事业投入，建立社会福利服务中心和民生便利服务中心；建设老年公寓和老年社会福利服务中心；保障残疾人教育、就业等权益。

（六）大力推进生态文明建设

这一时期，长垣县委、县政府高度重视环境保护工作，把环境保护作为贯彻落实科学发展观、转变经济发展方式的重要举措，坚持在发展中保护，在保护中发展，大力推进生态文明建设，提出了建设美丽长垣的宏伟目标。长垣以创建国家生态文明建设示范县为载体，重点实施了蓝天工程、碧水工程和乡村清洁工程等重大任务，集中整治突出环境问题，生态环境保护工作实现了重大突破，美丽长垣建设成效初显。一是污染减排工作取得明显成效。长垣县全面推进工程减排、结构减排和管理减排，加快推进工业、农业等重点领域的循环经济发展进程，逐步降低资源消耗，提升资源综合利用效率，取得了良好的社会效益和环境效益，循环经济工作成效显著。二是大气环境质量得到明显改善。为加快大气环境质量改善，长垣县开展了"蓝天工程"大气污染整治专项行动，深入开展了大气污染物排放重点行业专项整治、燃煤锅炉整治、城市清洁空气行动方案实施、扬尘控制和餐饮业油烟控制等多项专项治理活动。三是水环境质量逐渐改善。长垣县高度重视河流污染治理，认真组织开展了"碧水工程"，出台了《长垣县2015年碧水工程实施方案》（长政办1253号），深入推进重点流域水污染防治规划的实施。四是生态和农环楚不断改善。长垣县在实施乡村清洁工程的基础上，开展了"村庄净化""住房安全""设施提升""美化村庄"四大行动，保护农村饮用水水源，防治农村工业污染、生活污染、畜禽养殖污染和原污染，有效改善了农村生态环境。

（七）社会治理能力持续提升

为了给经济社会发展营造一个良好稳定的社会环境，长垣县紧紧围绕平安创建工作，充分利用多种渠道加强平安建设，结合网格化管理，全方位创新社会治理方式，推动社会整体治理水平不断提升。长垣县始终围绕影响群众安全感的突出问题，坚持源头治理、系统治理、综合治理、依法治理，坚持问题导向、法治思维、改革创新；坚持运用法治思维和法治方式解决矛盾和问题，强化基层基础，完善工作机制，提高执法司法工作能力和水平，忠实履行好维护社会大局稳定、促进社会公平正义、保障人民安居乐业的职责使命，为建设"四个长垣"创造安全稳定的社会环境、公平正义的法治环境、优质高效的服务环境。一是建立健全基层综治服务管理体系，充分发挥基层综治组织的作用，全面推进城乡社区网格化管理，全面推进"一村一警"长效机制建设，全力化解社会矛盾。二是构建预防化解社会矛盾体系，健全"三调联动"工作运行机制，做好不稳定因素预防化解工作，完善矛盾纠纷的应急处置机制。三是健全立体化社会治安防控体系，认真组织开展视频监控体系提升年活动，织密社会治安防控网络。同时，开展大巡防活动，进一步打压犯罪空间。四是完善打击违法犯罪工作体系，强化严打整治工作，确保"打得狠、防得严、管得住、控得实"，让公众安全感指数始终保持全省领先。五是构建平安建设法治化体系，积极培育公民法治精神，持续开展"法治行业""民主法治示范村"创建活动，提升法治创建实效。建成了集民生服务、治安综治、城市综合执法等功能于一体的大"10°"综合服务平台，实现了社会治安技防体系县域全覆盖。全面推行网格化治理模式，建立服务管理长效机制，为群众创造了安定有序的生产生活环境。积极开展平安创建活动，被评为"河南省平安建设工作先进县"，实现了社会和谐稳定，群众安居乐业。

六、革命老区基层党组织建设

基层党组织建设关乎党的执政基础。党的十八大提出了"以服务群众、做群众工作为主要任务，加强基层服务型党组织建设"的总要求。习近平总书记在全国组织工作会议上强调："当前和今后一个时期，要以此来指导党的基层组织建设。"加强基层服务型党组织建设是提高党的执政能力、夯实党的执政根基的必然要求。面对全面建成小康社会的历史重任，如何加强新形势下基层服务型党组织建设，是各级党组织必须不断探索、实践和思考的现实问题。中共中央办公厅印发的《加强基层服务型党组织建设的意见》明确要求，基层党组织要"通过服务贴近群众、团结群众、引导群众、赢得群众"，"使服务成为基层党组织建设的鲜明主题"。这一时期，长垣县以加强革命老区基层服务型党组织建设为抓手，以强化各级党组织政治功能和服务功能为重点，通过深化认识、夯实基础、创新管理、完善机制等方式，在创建基层服务型党组织方面进行了诸多有益探索，不断推进老区基层党组织建设水平全面提升、全面过硬。

（一）构建革命老区"大党建"工作格局

加强基层服务型党组织建设是提高党的执政能力的必然要求，也是践行党的根本宗旨的具体体现。近年来，长垣县把准方向定位、聚焦主责主业、致力善做善成，牢固树立基层"大党建"理念，积极构建基层"大党建"工作格局。通过整合各部门、各领域、各方面力量，突出作风大转变、基层大投入、服务大提升、工作大融合，精准实施凝心聚力行动、强基固本行动、素能提升行动、正风肃纪行动"四项行动"；推进思想政治建设从严、基层组织建设从严、干部队伍建设从严、党风廉政建设从严"四个从严"；坚持责任联担、部署联动、工作联手、考核联抓的"四联机制"；积极构建统一领导、职责明断、有机协调、齐抓共管的大党建工作格局，长垣县逐渐绘就一张科学规划、全局性的"大党建"蓝图，引领和激励着组织和成员始终保持头脑清醒、思路清晰，努力形成"一盘棋"抓党建工作合力，全面提升基层党建科学化水平，为强化基层服务型党组织建设提供了坚强的思想保障和组织保障。

坚持责任联担，促思想上同心。加强县委党建工作领导小组建设，统一领导全县"大党建"工作，下设办公室负责牵头抓总，统筹协调各成员单位具体安排落实，形成县委主抓，县委各部委和群团组织密切配合、优势互补，一级抓一级、层层抓落实的工作格局。实行党建目标责任管理，对照中央、省委要求和县委大党建工作四项行动，各成员单位主动认领任务，明确牵头单位，细化责任分工，党组织书记负总责、副书记专职抓、相关领导参与抓，强力推动党建主体责任落实。

坚持部署联动，促目标上同向。建立"党建引领、党群互动"工作机制，由县委党建工作领导小组办公室牵头负责，每年年初召开党群系统工作安排会，对全县党建工作统一规划部署、统一配置力量；每季度至少召开一次联席会议，听取各成员单位工作汇报，研究推进党建工作重点任务；每年年终召开党建工作总评会，梳理总结全年工作，谋划第二年重点任务。各级党组织强化"一盘棋"抓党建工作合力，纪组宣统等部门通力合作，工青妇等群团组织全面参与，县直单位和乡村党组织共同推进，形成各有侧重又相互协作、彼此穿插又突出重点的党建工作态势。

坚持工作联手，促行动上同步。严格实行集体领导与部门分工相结合制度，建立"大党建"工作台账，做到目标任务、推进措施、完成时限、存在问题、整改内容"五明确"，由各成员单位按照自身职能分解落实，工作进展每月报县委党建工作领导小组办公室备案审查、对账销号，确保任务具体化、问题精准化、督促常态化、整改项目化。探索建立党建资源开放共享和高效利用制度，将各成员单位政策、队伍、信息、培训、载体等优质资源深度对接整合，统筹配置使用，实现组织联建、队伍联管、阵地联用、活动联办、服务联创，促进全县党建工作效能大幅提升。

坚持考核联抓，促落实上同力。由县委党建工作领导小组对党建工作进方统一考核评定，坚持定性与定量相结合，有机整合各成员单位考核内容，定具体考核细则和实施办法，科学设置分值权重，实行百分制综合考评，评成绩作为领导班子和领导干部实施奖惩、职务调整及任用的重要依据。各级党组织每月对党建工作进行一次自查，逐项查漏补缺，及时改进完善。县委党建工作领导小组成立由县委常委牵头的督导组，每季度进行一次督查，每半年组织一次观摩评议，年底结合抓基层党建述职评议，对各成员单位年度目标任务完成情况进行考核验收，对工作落实不力、考核成绩靠后的，限期整改并严肃追责。

（二）强化革命老区党建保障力度

党组织阵地是广大党员学习活动的场所，也是党员发挥先进作用的舞台。在革命老区村，由于经济基础薄弱，党组织阵地基础薄弱的问题比较突出，党的基层组织体系较为不健全，一些基层党组织缺乏专门的人员、场所和资金为党员和群众服务。对此，长垣县委以阵地建设为着力点，出台了一系列政策及措施，推动资源下倾、力量下沉、重心下移，加大人、财、物投入力度，进一步完善服务设施、提升服务能力，努力建立起完善的基层党组织建设保障体系。

持续实施阵地提升工程。近年来，长垣县坚持县财政补贴为主、乡村自筹为辅的投资机制，对基层党组织活动场所进行规范建设。一是规范场地设置，确保设备齐全。按照"两室一厅一广场"布局以及"有旗帜、有牌子、有办公设施、有电教设备、有制度版面"的"五有"标准，对党群活动室、矛盾调解室、便民服务站和卫生室等组织活动场所进行整合。二是积极打造党群综合文体广场实施党群综合文体广场"三年行动"计划。按照有文化长廊、有创文专栏、有标识牌和宣传栏、有文艺活动场地和音响设备、有健身设施、有固定LED显示屏、有公共卫生间等便民服务设施的"七有"标准，优先在贫困村、扶贫重点村、基层组织建设先进村、美丽乡村建设示范村、集体经济发展试点村启动建设，实现阵地场所建起来、党的旗帜飘起来、电子屏幕亮起来、广播喇叭响起来、农家书屋办起来、文化墙廊旺起来、健身设施动起来、环境绿化美起来。三是机关、国有企事业单位和"两新"组织活动阵地，按照有场所、有党旗和入党誓词、有牌子、有办公设施、有电教设备、有制度版面的"六有"标准，进行规范建设。这些举措的实施逐步解决了基层党群活动场所少、乱、差现象，为丰富基层党员群众精神文化生活提供了坚实的阵地保障。

合力建强各类基层组织。为了积极推动全面从严治党向基层延伸，长垣县按照"建设服务队伍好、服务阵地好、服务载体好、服务机制好、群众反映好的基层服务型党组织"的要求，统筹推进农村、国企、高校、非公和社会组织、机关等党建工作，持续抓好基层党建七项重点任务，提升基层党组织整体功能。一是着力解决队伍不齐、不力问题，确保基层党建有人抓，长垣县全面推进党组织晋位升级机制。在机关事业单位，按照职工人数2%的比例配备专职党务工作人员，在乡镇成立乡镇(街道)党建工作指导站，推进基层党建督查指导常态化，对非公有制企业选派党建工作指导员，配齐配强党务工作力量，确保基层服务型党组织建设任务落到实处。二是不断加大薄弱领域党建工作力度，努力实现党的组织和工作的全覆盖。重点理顺"两新"党组织、规模以上企业党组织隶属关系，着力优化"一院三所"、产业园区、中小学校等领域组织设置，推动各类商会、行业协会党的建设；以蒲东、蒲西"村改居"为代表的城镇社区和新农村聚居点党建为突破口，推行街道"大工委"和社区"大党委"模式；以社区党群服务中心为抓手，以楼宇党建为支点，大力开展"网格化"党建，为群众提供"一站式"便民服务，努力实现党建区域网格化、活动载体经常化、服务体系全覆盖。这些举措的实施，有利于更好地促进党组织服务发展，将党的组织优势转换为强大的发展动力，使基层服务型党组织建设取得扎扎实实的效果。

着力提升基层服务水平。为有效提升基层服务水平，打造便民服务新常态，近年来，长垣县在提升基层服务水平方面，进行了一系列有效探索：一是持续加大基层服务投入，利用公益性岗位补贴资金，为每个村配备代办员，对于与人民群众日常工作生活紧密相关的民政、计生、劳动保障等多方面业务，能够不离村就可以办理的，由代办员"马上办"，必须群众本人亲自办理的，由代办员"领者办"，切实解决人民群众"办事难""办事慢""办事不方便"的问题。二是不断完善党员干部直接联系服务群众制度。结合"六联六问"，实行每名县领导包村联户制度，拓展便民服务机制，在全县推行县直单位联村、村干部坐班、代办员守岗制度，使党员干部真正走入群众当中，倾听群众呼声，解决群众困难。三是织密县、乡、村三级服务群众"网格"，把事务咨询、公益事业、社会保障等纳入"互联网+组织工作"，大力推进"智慧政务""智慧党建"，构建县、乡、村三级网上服务系统，打通服务群众"最后一公里"。通过不断创新社会管理，主动为群众提供便民、利民服务，长垣县正在逐渐实现服务群众"零距离"，基层组织为民服务、为民办事水平显著提升。

（三）加强革命老区党组织和党员队伍建设

加强基层服务型党组织建设的关键，在于建设一支立场坚定、作风过硬、能力突出的高素质服务型基层党员干部队伍，抓住这个关键，其他问题就会迎刃而解。针对一些基层党组织领导班子战斗力不强、组织软弱涣散、干部队伍整体素质不高等现实问题，长垣县持续加强基层党组织班子队伍建设，通过强化教育培训、严格制度管理、加大培养力度等方式，不断提升基层党组织和党员凝聚力、战斗力，激发基层服务型党组织建设的内生动力。

全面加强基层党组织领导班子建设。加强基层服务型党组织建设，必须要抓好领导班子这个关键，提升基层党组织带头人队伍的质量。近年来，长垣县在领导干部选拔、任用及培养教育上做了大量的工作，努力以坚强有力的班子带动基层服务型党组织建设提档升位。一是坚持整体谋划、统筹调整领导班子配备，不断优化班子结构，严格实施领导干部考核机制，坚持综合考核与专项考核相结合，并将考核结果作为县委选干部配班子的基础依据；实行后备干部动态管理，建立后备干部数据库，把熟悉党务工作、有能力、有担当的党员干部选配到基层党组织带头人的岗位上来。二是围绕县委工作大局，着力抓好干部教育培训。认真贯彻落实《干部教育培训工作条例》，突出抓好集中轮训，深化习近平总书记系列重要讲话精神和治国理政新理念新思想新战略学习教育，引导广大干部更加扎实地推进党中央和省委的决策部署在长垣落地生根；不断增强理想信念教育，由县直各单位、各乡镇(街道)精准化开展党员干部业务培训，坚持缺什么补什么、需什么训什么，强化专业思维、提升专业素养、掌握专业方法，指导基层党组织领导干部破解工作难题、化解基层矛盾，推动基层党组织服务能力的提升。

持续整顿软弱涣散基层党组织。近年来，长垣县坚持以整顿软弱涣散党组织作为巩固拓展党的群众路线教育和"两学一做"学习教育常态化制度化的重要抓手，把软弱涣散党组织整顿列为长期抓、重点抓的工作。按照"应整尽整"的原则，一方面，实行县委常委分包联系贫困村和扶贫重点村软弱涣散党组织制度，建立县级领导干部联系、县直部门结对、干部驻村帮扶和责任包干机制，选派科级后备干部和优秀年轻干部到软弱涣散党组织村和贫困村挂职，开展一对一帮扶、点对点指导；另一方面，着力充实整顿工作队伍，逐村选优配强第一书记，选派优秀干部到村任第一书记，实行定人员、定责任、定目标、定奖惩、包转化的"四定一包"责任制；与此同时，突出抓好第一书记教育管理，选派由组织、纪检、政法、民政等人员参加的整顿工作队，严格按照兰考"六步工作法"开展整顿工作，紧扣村情制定整顿方案，建立工作台账，实行销号管理；落实包村责任兜底整顿办法，连续2年被列为软弱涣散基层党组织的村，由县级领导干部直接分包、蹲点指导，不转化不脱钩，确保软弱涣散党组织顺利晋位升级。

突出抓好基层骨干队伍建设。党员、干部这"两支队伍"是基层党组织的细胞，只有每个细胞都健康，基层党组织才有生机活力。长垣县着眼"有本事、肯干事、干成事"的要求，大力培育基层组织带头人，优化各类骨干队伍，激发党员干部干事创业的激情。一是开展党支部书记"三有三带"建设，锻造"领头雁"，坚持把经济能人、党员、村干部交叉培养，每村至少培养2—3名后备干部，增强基层党组织干部队伍的整体素质和综合实力。二是充分发挥群团组织优势，在机关、国有企事业单位、"两新"组织中做好"推优入党"工作，落实"入党进党校"、农村党组织每两年至少发展1名党员制度，持续优化党员结构，提升党员发展质量。三是坚持建立巡察人才库、开展"农民工入工会"、选聘残疾专职人员、配备农村文化专干、推进妇女干部和村级代办员进村"两委"五措并举，完善党员、职工、团员、村"两委"干部信息管理，做到队伍互助、资源共享，不断优化基层力量。四是逐步提高村级组织运转经费和服务群众专项经费，加大对优秀村党组织书记和生活困难村党组织书记的关怀和表彰力度，充分调动农村党组织骨干队伍的工作激情。

（四）建立健全服务老区群众长效机制

基层服务型党组织建设是各级党组织必须承担的常态化、动态化工作，只能加强不能削弱，只能前进不能后退。建立健全服务群众长效机制，保证基层党组织各项工作落到实处，形成党群互动的良性循环是基层服务型党组织建设的根本归宿。

坚持完善基层党建制度体系。服务群众、做好群众工作，离不开坚实的组织基础、完善的基层组织服务体系。近年来，长垣县持续推进基层党建制度化、规范化，积极构建相互配套、相互衔接、相互补充、相互作用的制度体系，着力解决基层服务型党组织建设靠什么约束、靠什么运行、靠什么保证的问题。一是认真落实基层党建责任。建立各级各领域党组织书记抓基层党建问题清单、任务清单和责任清单，对机关、国有企业、"两新"组织及乡村党组织书记抓基层党建进行考核述职评议，坚持党建项目化管理，确保每个乡镇（街道）每年至少培育3—5个党建示范点。二是严肃党内政治生活。严格落实民主集中制强化各党支部"三会一课"、组织生活会、民主评议党员、领导干部过双重组织生活等制度的刚性执行，推动形成严肃认真的党内政治生活新常态。

持续深化四项基础制度。近年来，长垣县认真贯彻河南省委关于县级以上机关四项基础制度建设相关文件精神，深化认识、增强自觉，在加强基层党组织建设中持续深化四项基础制度。首先，通过持续拓展"四议两公开"工作法，建立干群民主议事和村民代表党员联户制度，充分发扬民主集中制，实现村、社区党组织，村（居）委会以及议事协调机构的良性互动，形成责权清晰、运转有序的工作机制。其次，坚持拓展便民服务机制，大力推进"智慧政务""智慧党建"建设，实现县、乡、村便民服务联网对接，全面推行县直单位联村、村干部坐班、代办员守岗制度，打造群众办事不出村、不出户等服务群众常态机制，打通服务群众的"最后一公里"。再次，持续拓展矛盾纠纷调处机制，整合行政、司法机关以及人民调解组织、行业调解组织等资源，健全工作网络。最后，持续拓展党风政风监督检查机制，认真履行"两个责任"，落实党务、村务和重大事项"三公开"制度，以信息的公开透明，赢得人民群众更多的理解、信任和支持。通过在实践中不断探索和创新，长垣县正逐步实现社会治理由"管控"向"服务"的转变，党群干群关系变得和谐融洽，群众对基层党组织的满意度显著提升。

第七章 重要党史遗址、遗迹

第一节 小渠惨案遗址

小渠惨案遗址位于长垣县赵堤镇前小渠村。

1943年1月，中国共产党在长垣、滑县、濮阳、东明四县交界地区建立了抗日政权——滨河县抗日民主政府。

前小渠村是滨河县抗日武装活动中心。在中国共产党领导下，抗日根据地和抗日武装日渐壮大，不断给敌人以沉重打击。1944年，日军为挽救其失败的命运，疯狂围剿我抗日革命根据地。10月中旬，日军对冀鲁豫九分区进行扫荡。

17日拂晓，1000多名日军从滑县高平分三路向滨河县中心区小渠村合围，形成数十里的包围圈，逐步向内压缩。日军来势凶猛，县委、县政府得到消息，即刻通知了周围村庄的部分干部、民兵和群众转移。及时转移的干部、民兵和群众见敌人已到，纷纷退避。日军用拉网式将逃难的人包围，见到青壮年男子就逐步驱赶、毒打甚至用马将其活活踩死。600多名群众在前小渠村被围困，敌人命令人们解下腰带，将他们分别绑起来。中午，在前街东头关公庙前的场地上、东寨外沟边的树林里、北寨墙根的盐土地上和后街的水井边开始屠杀。有的被砍死，有的被蒙上眼睛当活靶刺杀，有的被活活烧死，有的被逼跳入井中。活人填满了井，敌人又推倒井边的土墙将石磙压在活人身上，井中同胞全部溺死。灭绝人性的屠杀持续了两个多小时，共杀害我同胞690多人。

惨案发生后，抗日民主政府立"小渠惨案"纪念碑1块，小渠惨案殉难同胞名录碑1块，滨河县县长郭涤生题词"从日寇手中讨还这笔血债！"碑1块。新中国成立后，长垣县人民政府立碑2块。1978年9月，小渠惨案遗址被县政府定为县重点文物保护单位，并立小渠惨案遗址碑1块。这些纪念碑其中4块立于县烈士陵园，2块立于惨案遗址。蒙难同胞合葬墓尚存，同胞蒙难井已盖，沟坑已无迹象。

近几年，赵堤镇积极筹集资金，保护红色印记，开发红色资源，发展红色旅游，建设小渠惨案纪念场馆和小渠红色文化体验区，对于在此及其附近发生的小渠对日阻击战、小渠惨案、滨河县委建立、新店会议、岸下地下医院等重大党史事件和新时代红色文化，在文化墙、浮雕墙、墙体画中上进行体现，小渠惨案遗址成为一处集红色教育、爱国教育、军民教育、廉政教育于一体的综合性教育服务场所，为全县党员及群众瞻仰、凭吊，开展党史教育、国防教育和爱国主义教育提供了的场所。

第二节　岸下"地下医院"

1940年以后，长垣县的抗日战争进入艰苦相持阶段，共产党领导的抗日军民对日寇的打击遭到日寇的疯狂反扑，国民党反共顽固势力也大肆捕杀共产党和抗日群众，抗日形势极其严峻。为打击日本侵略者，中共冀鲁豫区党委同地方党组织决定，开展游击战争。为使部队伤员能及时得到救治和安全养伤，1942年8月，岸下村金廷才、陈自修、陈景泰组织50多名共产党员在岸下村北距村半里地的一个荒草坡里用一个晚上时间修建了一个"地下医院"。这个医院确实建在地下，他们预先绘制好图纸，准备好应用物资，上半夜包干分工挖坑，下半夜搬运木料，一夜建成，逐步完善。

地下医院共有5个大房间，27个小房间。大房间有两间房那么大，最小的房间也可住下4个人，里边设土桌、土炕、铺草等。全院总计可容纳一百多个伤员。医院的顶棚用木板列铺排就，上面盖上二尺多厚的土层，再栽上杂草，周围用圆木顶着。为使病房空气流通，上边间隔一定距离留有透气孔，每个透气孔的上端造一座假坟墓，并种上野草作掩护。入门是假坟顶，五尺深往里便是斜梯形，一眼望去，就是一片乱坟岗。洞口是根据当地乡下的风俗习惯，用一个大瓦盆坐着。盆里装满了土，并插上几十个小纸旗，像真坟一样。为以防万一，又挖了几道伸向远方的地下通道，如遇紧急情况，可及时从通道将伤员转移出去。

地下医院在抗日战争和解放战争时期，对隐蔽伤病员和对伤员进行安全治疗起到了重要作用。白天可防敌机轰炸，夜间能及时输送和转移伤员。在那极其恶劣的战争环境里，敌人虽然多次进村搜捕我八路军伤病员，但次次扑空。先后在地下医院得到医治的伤病员多达1700多人，最多时有90多人住院治疗。八路军九分区司令杨勇同志曾在该院长时间治疗。

新中国成立后，地下医院被平整为耕地。

第三节 新店会议遗址

新店会议遗址位于长垣县赵堤镇新东村。

新店会议是一次民主整风会议。1944年2月，中共滨河县委贯彻落实党的各项方针政策，根据濮阳、范县、观城等老区取得的经验，领导群众开展民主民生斗争和以减租减息为主要内容的群众运动。县委结合本地情况，制定出切合实际的方法步骤，使减租减息、增资增佃、剿匪反霸等为内容的群众运动，在不长的时间里就打开了局面，取得了初步胜利。根据地形势不断好转，一切权力归农会，党和政府的干部每到一处，都受到欢迎。这样，一部分县、区领导干部出现了骄傲自满情绪，作风不民主、包办代替强迫命令，甚至恃功自傲、闹宗派、不团结，在群众中造成了不良影响。此外，在群众运动过程中，由于一些政策制定的不太明确，一部分富裕家庭的部队工作人员的利益受到了冲击，军队干部与地方干部闹矛盾，甚至出现军队干部打骂地方干部和农会干部现象。以上现象的发生严重损害了党在群众中的形象，严重阻碍了民主民生运动的继续开展。

为纠正这种现象，教育干部群众树立抗战到底的思想。1945年3月中旬县委在长垣北部新店村召开民主整风会议，也称新店会议。县、区党政军主要领导都参加了会议。到这里巡视工作的中共冀鲁豫九地委书记赵紫阳参加了会议。参加会议的人员发扬民主作风，人人开展批评与自我批评，主动检查工作中的问题，会议历时10天。地委书记作了会议总结，他肯定了滨河县群众运动的成绩，全面分析了工作中存在暴力行为、中农政策以及农会中出现"新贵化"等问题的原因，要求大家一定避免上述问题的再次发生。

这次会议很成功。大部分地方干部都是第一次参加这样的会议、思想感触很深，不仅充分发表了自己的意见，还在开展批评与自我批评的同时学到了民主解决问题的工作方法。通过这次会议，大家统一了认识，明确了任务，增强了组织观念，克服了宗派主义思想，坚定了依靠群众抗战到底的决心和信心。

新店会议已经过去60多年，但是新东村一些健在的老同志仍对新店会议记忆犹新。开会时用作会议室的房间已被翻建，会议期间用过的桌子尚保存在农民夏秉忠家中。

第四节　张卜寨地道

1945年8月15日，日本宣布无条件投降。中国人民经过8年浴血奋战，终于取得了抗日战争的伟大胜利。抗战胜利后，国民党反动派妄图依靠美帝国主义的支持，抢夺抗日的胜利果实，蓄谋发动内战，以消灭中国共产党及其领导的人民武装力量，恢复其在全国的反动独裁统治。1946年6月26日，国民党反动集团大举进攻中原解放区，发动了全国规模的内战。中国共产党带领广大人民与国民党反动派展开了激烈的斗争。

长垣地处中原，战略位置十分重要，是国民党反动派占据的重点县城之一。长垣人民在中共长垣县委领导下，奋力抗击国民党的军事进攻，以革命的战争反对反革命的战争。在广阔的平原上修地道、挖交通沟，对打击敌人、消灭敌人、粉碎敌人的猖狂进攻起到了很大的作用。

长垣县张三寨镇张卜寨村在抗日战争时期是抗日根据地，在解放战争时期是老解放区。该村广大群众在党组织的培养教育下，政治觉悟很高。1946年6月，内战爆发后，为了同敌人作艰苦持久的斗争，以张卜寨村党员为骨干，全村民兵和广大群众，在党小组带领下，不分昼夜修筑地道。先从村北挖到大砖墓旁边，接着又从村里往南挖，蜿蜒曲折经过官桥营村到河道、韩村，而后东西向又挖了一条。三条地道总长约9公里，地道互相连通，内留有岔道和通气口，每条地道都留有出入口，出入口留在敌人不易发现的隐蔽地方，地道高1.4米、宽1米，人在地道内通行时要稍微弯下腰，顶部有1米厚的土层，保证当地面上行驶车辆时地道不受影响。

地道竣工后，基干民兵配合基干队，在党组织的领导下和敌人展开了激烈的战斗。特别是1946年至1947年，在对敌斗争中取得了一个又一个胜利，对长垣全境的解放起到了重要作用。近几年，由于疏于对地道的管理和维护，地道损毁比较严重，地道口都被村民填埋了。

[参考文献]

1.《中共长垣历史》（第一、二卷）；

2.《中共长垣历史知识读本》（2017年）；

3.《长垣县志》；

4.《滨河烽火》（2021年）。